Couvertures supérieure et inférieure
en couleur

(Conserver la Couverture)

L'ART
D'ÉCRIRE UN LIVRE
DE L'IMPRIMER
ET DE
LE PUBLIER
PAR
EUGÈNE MOUTON

PARIS
H. WELTER, LIBRAIRE-ÉDITEUR
59, RUE BONAPARTE, 59
1896

MÂCON, PROTAT FRÈRES, IMPRIMEURS.

L'ART
D'ÉCRIRE UN LIVRE
DE L'IMPRIMER
ET DE
LE PUBLIER

Tous droits réservés.

Typographie de couleur

L'ART
D'ÉCRIRE UN LIVRE

DE L'IMPRIMER

ET DE

LE PUBLIER

PAR

EUGÈNE MOUTON

PARIS
H. WELTER, LIBRAIRE-ÉDITEUR
59, RUE BONAPARTE, 59
1896

TABLE DES CHAPITRES

Ch. Ier. L'inspiration et la liberté.
II. Du sujet.
III. De l'imitation.
IV. Des genres.
V. Des lieux communs.
VI. Vertus et vices littéraires.
VII. La phrase, lois géométriques et musicales de la pensée.
VIII. Des mauvaises phrases.
IX. Installation, outils et habitudes.
X. Hygiène du travail.
XI. Le travail de composition.
XII. Règles graphiques pour la rédaction du manuscrit.
XIII. Des divisions de l'ouvrage.
XIV. Édition et éditeurs.
XV. Traité, propriété littéraire.
XVI. Des épreuves.
XVII. De la lecture et de la correction des épreuves.
XVIII. Des coquilles.
XIX. L'impression du livre.
XX. La composition typographique.
XXI. La vie et la mort du livre.
XXII. La carrière.

L'ART
D'ÉCRIRE UN LIVRE
DE
L'IMPRIMER ET DE LE PUBLIER

CHAPITRE PREMIER

L'INSPIRATION ET LA LIBERTÉ

Quand on songe à la diversité des esprits et à celle, plus grande encore, des idées qui peuvent devenir le sujet et la forme d'un livre, il semble, au premier abord, impossible de concevoir comment, avec des préceptes généraux, on pourrait éclairer et diriger un écrivain, car son travail consiste précisément, quand il est bien fait, à créer un être intellectuel nouveau et, par cela même, libre de toute loi générale.

Que dans la religion, la science, l'histoire, le droit, l'auteur soit obligé de subordonner ses idées aux faits et aux principes établis, rien n'est plus certain ; dans ce cas la matière régit l'œuvre, et il n'y a pas de conseil à donner. Mais s'il s'agit d'un livre d'imagination ou de raisonnement, autant il est praticable d'en juger lorsqu'il est achevé, autant il semble impossible de conseiller l'auteur, s'il est vrai que l'inspiration et la liberté absolues soient, à ce qu'on dit, la substance même d'un ouvrage de l'esprit.

Mais en y réfléchissant un peu, on arrive à reconnaître que les droits de cette inspiration et de cette liberté, dont on fait tant de fracas, se réduisent à bien peu de chose. Ils sont le cri de guerre de ces émeutes d'anarchistes littéraires qui tous les vingt ans s'insurgent contre le bon sens, la grammaire, le langage, la pudeur, parce que tout cela est un gouvernement de l'esprit, qui opprime leur génie.

La vérité, c'est que si l'on mettait dans une balance, d'un côté les livres réellement originaux, et de l'autre ceux qui procèdent de l'imitation, on reconnaîtrait que plus on se rapproche de notre temps, plus les livres prétendus nouveaux deviennent des copies ou des variantes adroitement singées, à proportion de ce que « l'article » contrefait a de vogue. Pour voir cette vérité risible dans toute sa splendeur, il n'y a qu'à regarder dans leur ensemble les œuvres d'un de ces auteurs qui, depuis qu'ils écrivent, font imperturbablement le même livre. Il n'y a rien à leur dire : d'abord parce que « c'est à eux » et qu'ils ne dépouillent qu'eux-mêmes, et puis parce qu'ils y gagnent beaucoup d'argent.

Il est d'ailleurs reconnu que c'est le seul moyen d'avoir de la réputation : là comme dans toutes les choses de ce monde, l'écrivain ou l'artiste qui s'avise de folâtrer à sa fantaisie hors des chemins battus n'y rencontre que des isolés comme lui. Les critiques équitables, et surtout les auteurs lésés, se plaignent amèrement de cet abandon : mais si favorable que paraisse leur cause, c'est eux qui ont tort, par la raison que quand on veut se faire connaître de beaucoup de gens, on doit aller où va tout le monde.

Il faut en prendre son parti : la liberté a beau se donner des airs de souveraine, elle n'est au fond que la très humble servante de l'opinion, puisque c'est l'opinion qui décide, et sans appel, du sort d'un livre. L'auteur a donc le choix entre l'espoir de réussir s'il se soumet, et la presque certitude d'échouer s'il ne se soumet pas. Voilà une leçon de plus pour apprendre comment, en littérature comme en politique, il ne suffit pas d'afficher une prétention pour s'en faire un droit.

L'inspiration est-elle mieux fondée à revendiquer le droit divin dont elle prétend justifier sa souveraineté? Sans aller chercher bien loin, le nom seul dont elle s'appelle marque assez quelle peut être la mesure de sa spontanéité. Inspiration ! est-ce que ce mot n'est pas la définition parfaite de son origine et de sa nature? Quel est donc ce souffle qu'elle respire et faute duquel elle ne serait pas? Qu'est-elle par elle-même? De quelle lumière, de quelle chaleur est-elle animée, quels en sont les éléments? Où l'homme les a-t-il puisés, car enfin l'inspiration, comme tout ce qui est en ce monde, ne les a pas plus créés qu'ils n'ont pu se créer eux-mêmes?

Où ? Là où tout prend sa source : dans le présent, dans le passé, dans ce qui existe, idée ou matière, autour de lui. Au milieu de la vie et de l'âme universelles, qu'est-il autre chose qu'un atome pensant, comme dit Pascal ? Il est si inconcevablement petit que, sans sa vanité, qui est infinie, on n'aurait jamais pu mesurer son insignifiance.

Rien que par la génération, tout homme est fait de la chair et de l'âme de plusieurs milliards d'ancêtres dont chacun lui a transmis, avec une goutte de son sang, quelque chose de ce que d'autres milliards d'ancêtres lui avaient transmis à lui-même. Enfant, on lui enseigne tout ; sa science, c'est de connaître ce qui est ; son art, de représenter l'image des choses ; sa sagesse, de se conformer à sa propre nature ; ses rêves sont faits de réalités déformées ; son imagination enfin n'est qu'une mémoire embrouillée par un encombrement de souvenirs : ce qu'elle retrouve, elle croit l'inventer.

Depuis les institutions et le culte d'un peuple jusqu'aux pierres de ses maisons, est-ce que tout ne se fait pas sur le même plan et dans les mêmes formes ? Est-ce que le souci éternel de l'homme n'est pas de ramener sans cesse toutes ses œuvres à l'uniformité, de les reproduire, de les conserver, de les épargner, pour les transmettre immuables à ses descendants ?

Au reste ce n'est pas autrement que procède la nature. Ses lois sont celles mêmes qui régissent l'humanité : elle ne se lasse pas de conserver et d'étendre les formes et les espèces, elle ne cesse pas de tirer des individus nouveaux, et toujours invariables, du fonds immuable de l'univers.

Et quand, dans l'humanité et dans la nature, tout marche ainsi sans avoir jamais varié, même une fois, on aurait la folie de prétendre qu'un griffonneur de papier, un joueur de flûte, un barbouilleur de toile, un histrion, formerait à lui tout seul un monde libre des lois de l'univers, et ferait balance avec le créateur de toutes choses !

Voilà pourtant ce qu'il faudrait lire entre les lignes de certains dithyrambes, autrement dits réclames ou boniments, où l'on notifie aux peuples, comme s'il s'agissait d'un lever de soleil, l'apparition d'un roman, l'exécution d'un morceau par un pianiste *de génie*, l'achèvement d'une croûte sacro-sainte, ou la rumeur qui précède un père noble de comédie en tournée.

Qu'on honore le talent, qu'on remercie les hommes intelligents et sensibles auxquels nous devons de voir notre vie, parfois bien sévère, hélas ! s'élargir de tout un monde idéal où nous pouvons nous délasser un instant de nos misères, rien de plus juste, mais à condition de ne pas faire un dieu de ce qui n'est qu'un miroir ou un écho.

L'écrivain, le poète, le peintre, le sculpteur, ne font que représenter des images de choses ou d'idées, et sauf les primitifs, tous le font d'après des modèles. Prenez, en littérature, les plus grands hommes de notre pays : La Fontaine, qu'a-t-il fait dans ses fables et dans ses contes, que traduire Ésope et Boccace ? Il le dit lui-même, en s'excusant sur ce que les qualités d'Ésope sont au-dessus de sa portée ! Robert a fait deux volumes in-8 sur les fables d'anciens auteurs qu'il a imitées. Racine, c'est Sophocle et Euripide accommodés aux airs de cour du grand siècle. Dans Molière, sans parler de ses autres pièces, cet *Amphitryon*, qui est peut-être le plus éblouissant de ses chefs-d'œuvre, est copié mot pour mot, on peut dire, de l'*Amphitryon* de Plaute. Bossuet lui-même, c'est la Bible. Et cette *Tristesse d'Olympio*, où tant d'âmes naïves se sont pâmées, qu'est-ce autre chose qu'un lourd pastiche, inspiré à Victor Hugo par la folle espérance de surpasser *Le Lac*, cet incomparable chef-d'œuvre du plus grand des poètes de la terre?

Si tout cela n'était pas la vérité même, quelle idée représenterait ce mot d'« école » qui sert à grouper, à toutes les époques de l'art et de la littérature, les disciples avec les maîtres? Disciples et maîtres, c'est-à-dire modèles et copistes. Or, loin d'en faire un reproche à ceux qui se rassemblent pour se communiquer leurs tendances et leurs procédés, on ne les en estime que davantage, tant l'imitation est reconnue, de l'aveu de tous, comme une nécessité faute de laquelle il n'y aurait jamais eu un tableau ni un livre au monde.

Aussi quand La Bruyère, deux siècles et demi avant notre âge, écrivait, à la première ligne de son livre des *Caractères*: « Tout est dit; et l'on vient trop tard depuis sept mille ans qu'il y a des hommes, et qui pensent », il réduisait à leur juste mesure les apothéoses auxquelles on nous fait assister aujourd'hui.

On aura beau dire, chanter et crier, toute œuvre de l'esprit humain est prise dans la nature et dans l'esprit humain; les idées ne s'inventent pas, elles s'imitent, et la seule chose qui appartienne à l'auteur, c'est la façon de les présenter. Cela suffit pour faire un Lamartine, un Rembrandt, un Phidias : mais il faut être de la force de ceux-là pour y réussir et c'est, à ce qu'il semble, assez de gloire sans qu'il y faille ajouter encore l'idolâtrie. Sans doute l'art et la littérature sont de fort belles choses, qui donnent à un certain nombre d'oisifs élégants de doux et nobles plaisirs, et qui surtout ont le précieux avantage de faire vivre leur homme en y ajoutant parfois les honneurs et la gloire par surcroît ; sans doute il est fort heureux pour les critiques de trouver matière à s'enrichir et à se pourvoir de prébendes succulentes sans autre peine que de fendre des cheveux en quatre à propos d'un travail d'encre ou de peinture, mais il ne faut pourtant pas que ce pontificat, qu'on tolère bonnement, dégénère en persécution et en tyrannie, et qu'après nous avoir épuisés de jouissance à force d'abus et d'importunité, on veuille nous faire agenouiller devant les écrivains et les artistes comme devant des dieux.

Aussi qu'est-il arrivé, c'est que le peuple se révolte, à la fin ! Qu'il y ait des livres partout, des expositions tous les jours, de la musique jour et nuit, c'est déjà suffisant pour énerver le patient le plus robuste : et alors, ô spectacle lamentable ! on voit l'indifférence succéder par degrés à l'enthousiasme d'antan, puis enfin des cris s'élèvent, et les victimes, hier si résignées, se dérobent d'un air ennuyé au couteau du sacrificateur.

Ils sont bien coupables, ceux qui nous ont amenés à cette décadence. Comme ces livres nous faisaient battre le cœur !

Comme nos yeux rayonnaient devant les tableaux des jeunes maîtres! Riches et pauvres s'y passionnaient comme à des événements d'importance; on se précipitait aux expositions d'art, on se battait dans les théâtres pour un drame nouveau. Ils ont tué tout cela...

Qui sont les coupables? Nous tous. C'est la faute des auteurs, ils ont trop écrit; des éditeurs, ils ont trop édité; du public, il a trop lu. La leçon est infligée : espérons que, chacun rentrant en soi-même, elle profitera, et que nous redeviendrons sages, heureux, et surtout gais comme autrefois. Car véritablement la littérature et l'art sont en deuil, et leurs crêpes débordent sur nous.

Tout ceci est dur à entendre, mais il faut avoir le courage de le dire, et j'ose l'écrire, quand ce ne serait que pour m'en préserver moi-même. Rien de plus légitime que d'écrire, ne fût-ce que pour répandre ses idées, pour occuper ses loisirs, pour aider au progrès de la vérité, pour gagner sa vie : à un tel travail, il y a de l'honneur, et parfois de la gloire, à contenter les plus insatiables. Mais plus, vraiment c'est trop.

Est-ce que les écrivains ont commencé par être autre chose que de simples mortels? Le hasard et les circonstances, aussi souvent et plus que le génie, en ont porté quelques-uns au pinacle : mais sauf Homère, Platon, Dante, l'Arioste, Virgile, Voltaire, Gœthe et tant d'auteurs dont personne aujourd'hui, soit dit en passant, ne pourrait supporter la lecture, où sont les livres des autres? Savoir seulement leurs noms est devenu une science tellement ardue qu'elle mène à l'Institut ceux qui la possèdent à fond!

Nous tous donc qui voulons faire profession d'écrire, ne nous imaginons pas que nous allons devenir de grands hommes parce que nous mettrons du noir sur du blanc. Non seulement nous en serons plus heureux et plus dignes, mais si nous avons une chance de faire de bons livres, cet acte de raison et d'esprit nous en donnera deux.

Il y a enfin à observer un précepte qu'au premier abord on pourra prendre pour une boutade, et qui est au fond beaucoup plus grave qu'il n'en a l'air : c'est qu'il ne faut jamais, soit dans son for intérieur, soit dans les livres qu'on publie, traiter d'imbéciles les lecteurs auxquels on s'adresse. Outre que ce procédé est contraire à la civilité, il n'est pas logique, car du moment qu'on demande aux gens leur jugement, c'est-à-dire leur suffrage et même leur admiration, les considérer comme des imbéciles est une sottise de la part de l'auteur, et une sottise aussi, dans une autre acception, à l'adresse de ceux qu'on sollicite. L'auteur s'expose donc à voir rebondir sur lui le fâcheux adjectif qu'il a décoché du haut de ses tréteaux, sans compter que certains lecteurs susceptibles peuvent lui jeter son livre à la figure, ce qui serait bien fait.

Si peu concevable qu'elle paraisse, cette pratique est plus commune qu'on ne pense, non seulement en pensée et en propos, mais parfois en propres termes où l'auteur dit le gros mot. Nous ne saurions trop prémunir les jeunes auteurs contre ce qu'il faut appeler, pour dire nous aussi le gros mot, des insolences.

D'ailleurs ces airs de matamore ne trompent personne, et le

lecteur indulgent qui daigne ne pas s'en émouvoir sait très bien que c'est là le procédé enfantin d'un homme qui tremble de peur et, n'étant pas sûr de réussir par le talent, s'imagine qu'il s'imposera par l'effroi.

Il faut être miséricordieux à ces débutants : ils voient tant de gens réussir à côté d'eux rien que par l'ennui ! Seulement l'instinct leur fait sentir qu'eux-mêmes ne sont pas encore de force à manœuvrer ce redoutable instrument d'usurpation et de terreur, et voilà pourquoi ils s'en tiennent à un épouvantail moins menaçant.

Qu'on se pénètre bien de cette différence : dans toute campagne littéraire, l'impertinence, c'est le simple pétard de l'écolier ; mais l'ennui, c'est la torpille : rien n'y résiste !

CHAPITRE II

DU SUJET

Quand on songe au nombre des livres d'imagination ou de raisonnement qui ont été écrits par la main des hommes, il semble d'abord inexplicable que tant d'auteurs, et cela pendant des siècles, aient pu trouver quelque chose à dire : dès les premiers jours du monde, tout était dit. Les choses de la vie, décidément, n'ont rien d'infini ; notre pauvre petit globe est grand comme la main, tout le monde y fait deux ou trois choses toujours les mêmes, et de la même façon ou à peu près ; on ne vit qu'une fois. Donc, lorsque les premiers écrivains vinrent à décès en compagnie de leurs lecteurs, il n'y avait qu'à garder leurs livres et à se les passer de génération en génération, comme on fait pour les inscriptions et les monuments. C'est à quoi on s'en est tenu pendant quelques siècles, mais on a fini par s'en lasser, comme de tout ce qui est sage.

Il est en effet incontestable que l'humanité, à moins d'aller chercher des idées dans la lune, ne peut avoir d'autre source d'inspiration que sa sensibilité et sa raison, qui ne changent jamais et qui n'ont pas d'autre sujet qu'elle-même dans ses relations avec le monde extérieur.

Et cependant les livres sont là; ils ont coulé d'abord comme une source, puis comme un fleuve : maintenant c'est une marée montante qui menace de submerger tout, jusqu'à l'intelligence des hommes. Mais les peuples tiennent bon et ne paraissent pas s'en porter plus mal : c'est que le livre, au point où il est parvenu, a complètement changé de nature, ou plutôt il a atteint son entier développement; c'est désormais un second langage, par lequel chaque homme peut converser directement avec l'humanité.

Les premiers livres n'étaient pas cela : par l'exiguïté de leur sphère d'action, ils différaient peu des inscriptions gravées sur les monuments : on peut dire que c'étaient des inscriptions d'une grande étendue, et que le commun des hommes ne songeait pas à lire.

Tant qu'on s'en était tenu aux tablettes de cire pour tracer l'écriture, il n'existait que des ouvrages manuscrits dont on faisait tirer quelques copies, et qui ne sortaient pas d'un cercle fort étroit.

Mais quand, au vi^e siècle, le papyrus fut importé en Grèce, on vit sortir de terre une véritable moisson intellectuelle. Ce que les Grecs savaient, pensaient et disaient depuis des siècles, ils l'écrivirent immédiatement; et comme ils étaient le peuple le plus intelligent du monde ancien, leur poésie, leur éloquence, leur philosophie, leur morale, leur politique, leurs arts, tout un univers de pensée enfin, se trouvèrent promulgués du jour au lendemain comme une loi destinée à régir désormais les idées et les établissements des hommes.

L'utilisation du parchemin, et plus tard l'invention du papier, multiplièrent de plus en plus le nombre des livres, et dès le commencement, ces livres n'étaient que des imitations d'ouvrages composés par les Grecs ou les Romains. C'est ainsi que se constitua ce qu'on appelle l'antiquité, et qui pendant des siècles a été considéré comme l'alpha et l'oméga de toutes les idées. Partant de là, le génie consistait à imiter les anciens, à s'assimiler leurs idées, à les reproduire le plus exactement possible, et ce n'était qu'à ce prix qu'on pouvait se dire savant, artiste, écrivain, orateur.

Voilà qui semble bien loin de nous, bien singulier, et pourtant cette histoire est la nôtre. On aura beau se pâmer sur les progrès de l'esprit humain, mieux on observera l'espèce humaine, plus on s'assurera que, depuis le commencement du monde, les hommes ont toujours fait la même chose, par l'excellente raison qu'il n'y a qu'une manière de vivre, de sentir et de penser, quelle que soit l'heure où chacun de nous traverse la scène. Ils ne connaissent bien positivement qu'un objet, qui est eux : toutes leurs idées se rapportant à cet objet unique et éternel de leur intérêt, autant de fois on leur parlera d'eux-mêmes, quand on leur raconterait pour la cent-millième fois la même histoire d'amour, de guerre ou de douleur, ils écouteront avec la même avidité toujours insatiable.

On découvre alors dans tout son éclat cette vérité formidable, bien faite pour mettre en lumière la vanité de la critique littéraire : c'est qu'il n'y a jamais eu qu'un livre au monde, et que la littérature n'a consisté, ne consiste et ne consistera jamais qu'à recopier ce livre en y donnant une autre forme. L'auteur qui trouve cette forme est un homme de talent, parfois de génie, mais quant à découvrir quoi que ce soit, c'est impossible : d'abord par ce qu'un être qui a la conscience n'a plus rien à découvrir sur lui-même, et puis parce que si, par miracle, un écrivain parvenait à dénicher quelque chose d'inconnu sur l'esprit ou le cœur des mortels, on en hausserait les épaules, on ne le croirait pas.

C'est pourtant sur ce rêve ou cette prétention que vivent les romanciers, les philosophes et les poètes, sans comprendre que, les passions et les intérêts ne pouvant et n'ayant jamais pu changer, on n'y peut rien trouver qui n'ait été connu de toute éternité.

Les philosophes s'en sont tirés en raisonnant sur les raisonnements les uns des autres, ce qui a transformé la philosophie en histoire : mais les romanciers, voyant que décidément toutes les combinaisons imaginables d'événements et de caractères étaient épuisées, ont essayé d'intéresser, soit par des énormités plus ou moins tolérables, soit par le scandale, le dégoût, l'horreur des faits ou des termes employés, soit enfin par l'ennui redoutable des descriptions de lieux, par des analyses écrasantes de l'amour ou de la putréfaction morale.

Enfin certains poètes, après avoir essayé de tout sans réussir à se faire supporter par les populations exaspérées, en sont arrivés, de parnasses en tréteaux et de cimetières en égouts, à supprimer dans leurs vers, d'abord la mesure, puis la rime, puis la syntaxe, puis le sens des mots, puis enfin le vers lui-même, dont il ne reste que quelques têtes et quelques queues frétillant par-ci par-là dans une bouillie de mots sans signification présumable.

Voilà par quelle suite de révolutions la littérature proprement dite en est arrivée à l'état critique où elle se trouve aujourd'hui, et qu'on appelle le krach du livre.

Cependant, chose incroyable, on écrit plus que jamais, on écrira toujours; les écoles et les krachs passeront, mais il y aura toujours des livres. Seulement, comme pour toutes les choses de ce monde, ce que nous prenons pour une agonie serait plus tard une résurrection.

Qui sait même si, en se tenant bien à quatre pour réfléchir, on n'arriverait pas tout doucement à s'aviser que cette agonie et cette résurrection ne sont que des mots; que ces soi-disant révolutions littéraires, après un grand bruit de quelques jours, finissent, comme les autres révolutions, par la continuation de l'ordre imperturbable des choses? Or c'est là le vrai point, car tandis qu'une douzaine d'impuissants s'égosillent et se désarticulent à vouloir répandre le scandale et la consternation dans les âmes littéraires, tous les autres auteurs persistent à penser et à écrire à l'ancienne mode, et ne s'en trouvent pas plus mal.

Dans la nature, rien ne se perd, rien ne se crée, pas plus pour les choses humaines que pour tout le reste de l'univers : rien ne peut être nouveau sous le soleil.

De ce que nous venons de faire voir, il résulte des vérités hors desquelles un jeune écrivain ne retirera de ses audaces que l'impuissance et le ridicule. La première de ces vérités est que l'art d'écrire, comme les autres, n'a rien que de parfaitement humain ; qu'il est à la portée de tout homme intelligent, instruit, et surtout modeste ; que s'il diffère en un point des autres carrières auxquelles nous pouvons nous consacrer, c'est en ce que le premier venu, de sa propre autorité, peut se conférer le titre et les fonctions d'écrivain, sans être astreint à aucun examen de capacité ni même de moralité ; ceci d'ailleurs est le moindre de ses titres à la vénération des peuples.

La seconde vérité, c'est que, surtout à l'âge avancé où l'humanité est parvenue, la vie et l'âme sont depuis des siècles en possession de tout leur développement, à supposer, ce qui serait absurde, qu'elles aient eu une enfance et une jeunesse : que prétendre révéler aux hommes une nouvelle manière de penser ou de sentir est dès lors aussi enfantin que si on voulait leur enseigner une nouvelle manière de respirer ou de digérer.

Enfin, et c'est le plus essentiel, il faut se dire que tout ce qui est vrai dans les idées est connu, qu'on n'y peut rien découvrir de nouveau, et que dès qu'on essaye de sortir de ce domaine, tout est faux d'avance.

On peut donc se raffermir contre ce qui est, pour la plupart des auteurs, l'effroi suprême, c'est-à-dire le choix du sujet. Chose singulière, les artistes sont guéris de cet effroi, du moins en théorie : c'est une parole courante parmi eux que « le sujet ne fait rien ». Chez les écrivains, beaucoup pensent de même, et tous ceux qui savent recommencer indéfiniment le même livre n'y manquent point, parce que c'est, comme nous l'avons dit plus haut, le plus sûr moyen de réussir. Est-il meilleure preuve pour faire voir comment, dans un livre ou dans un tableau, le sujet importe peu au public ?

Dans un livre d'imagination ou de raisonnement, en effet, que cherche le public ? Tout ce qu'on va lui dire, il le sait, et s'il ne le savait pas, quelle que soit sa curiosité apparente, le livre ne l'intéresserait point : il faut qu'il y retrouve ses sentiments et ses idées.

Ce qu'il cherche dans un livre, c'est l'homme, c'est ce frère en passion et en faiblesse, en douleur et en joie, qui a vécu de sa vie, qui sort de la foule, se met debout devant lui, et lui ouvre une âme et un cœur ignorés. Voilà ce qui fait un livre, et dont aucun lecteur ne se lassera jamais, pourvu que dans ce livre il voie un homme, dont la pensée va le faire penser ; le sentiment, l'émouvoir ; la passion, l'exalter : un autre lui-même enfin, plus ardent, plus généreux, plus vivant ! Alors, comme dans un miroir magique, il verra sa propre image transfigurer peu à peu celle de l'auteur, et il se reconnaîtra en s'écriant : C'est bien moi !

Quoi qu'on puisse dire, voilà, sauf erreur ou omission, de quoi est faite la gloire des écrivains et des artistes. Le temps a beau emporter jusqu'au souvenir des œuvres les plus sublimes, il ne peut rien sur le nom : c'est dans le nom que rayonne l'immortalité, parce que le nom, c'est l'homme.

On peut prendre les uns après les autres les plus illustres auteurs : pour tous on verra que c'est leur personnalité qui a fait le succès de leurs ouvrages. La preuve, c'est qu'on ne les lit plus ; les livres sont morts, mais l'écrivain leur survit et leur survivra toujours.

Voilà qui pourrait paraître difficile à concevoir, et pourtant cela est. Cela est précisément par la raison que nous en avons donnée, par la raison que rien ne peut subsister, en littérature, hors des lieux communs, des idées-mères, qui constituent le fonds invariable de l'âme des peuples, et le plus grand des génies y perd sa puissance. Toute sa magie, tout le délire de ses admirateurs, s'évanouissent devant la forteresse de diamant où le genre humain garde son âme.

Les imaginations et les rêves des auteurs de génie meurent donc avec eux. Mais ce qui ne meurt pas, c'est la manière dont ils les ont présentés, la forme.

Des formes, voilà ce qui fait le génie, et voilà ce qui donne l'immortalité, parce que si l'écrivain ne peut rien changer au fond des idées générales, il peut tout dans l'art de créer des figures merveilleuses et inconnues pour représenter l'idée, le sentiment, la nature. Et comme les hommes et les choses sont toujours là sous les yeux des vivants, qu'il y faut une image sensible, si cette image est belle et vraie, elle devient et reste un type.

Tout le monde ne peut pas être immortel, quand ce ne serait que pour laisser un peu de place aux vivants : mais à défaut de cette apothéose toujours inespérée, il y a la renommée, qui récompense le talent heureux ; il y a le mérite, grâce auquel le plus obscur des auteurs peut se consoler d'avoir écrit... Leur condition est la même que celle du génie, créer des formes. Un auteur n'y pourra réussir que s'il reste lui-même, s'il se concentre, et s'il imprime à l'œuvre le cachet de son caractère et de sa personnalité.

Les formes ne s'imitent pas : on peut les copier, les parodier, mais pour en créer de vraiment nouvelles, il faut qu'on y mette le souffle de sa poitrine et la moelle de ses os.

S'il est vrai, comme il nous semble l'avoir montré, que le plus grand souci de l'écrivain doive être de rester lui-même, le meilleur moyen qui puisse l'y aider, c'est de se relire toujours et sans cesse, non seulement pendant qu'il compose, mais encore quand ses livres sont imprimés.

Si on s'imagine que l'auteur, à se réingurgiter à si longs traits, savoure des délices de vanité satisfaite, on se trompe fort : c'est un rude labeur, d'autant plus rude que, pour qui a écrit un livre, la lecture n'a ni les émotions ni les surprises qu'un étranger y pourrait rencontrer. L'auteur sait tout d'avance, et en même temps il repasse par tous les efforts qu'il lui a fallu faire à chaque phrase pour imaginer les idées, leur trouver une forme et leur assigner un ordre.

Il faut des années pour que les fibres du cerveau se remettent des secousses qu'elles ont subies; comme des membres excédés par un violent effort, longtemps elles restent endolories, et cette souffrance est d'autant plus vive que le travail aura été plus difficile : c'est fouler pour la seconde fois le sentier où l'on s'était déchiré les pieds. Quiconque a beaucoup écrit a passé par là : quand, en relisant ses propres ouvrages, on arrive à certains passages où la fatigue et l'angoisse ont été plus accablantes, on se sent pris d'un vague effroi, comme au souvenir d'un événement funeste : il semble qu'on va souffrir autant que la première fois.

Il y a bien parfois, pour se remettre de ces impressions fâcheuses, quelques rencontres agréables, mais elles sont rares, car il est bien peu de livres qui puissent résister à la lecture indéfinie telle qu'on la pratiquait autrefois.

En ce temps-là on voyait couramment dans le monde des septuagénaires ou même des octogénaires qui, depuis leur âge de raison, n'avaient cessé de lire et de relire chaque matin Virgile, Horace ou La Fontaine, et occupaient le reste de la journée à les citer à tout propos. Dans ces conditions-là, un livre ne peut plus être une source d'idées, c'est plutôt une sorte de tabatière à musique qui se met dans la poche, et dont on prise de temps en temps un petit air, comme on priserait du tabac d'Espagne.

Ces temps heureux sont passés : aujourd'hui le livre, ainsi que tous les autres produits de l'industrie humaine, se consomme par l'usage aussi vite, plus vite même, que la basane et le carton dont il est vainement cuirassé. C'est affreux à dire, mais le mal est trop grand pour le cacher : désormais ce qui tue les livres, c'est la lecture ! Positivement, le regard les use : quand un certain nombre d'yeux ont passé dessus, il n'en reste aucun souvenir; ils sont nés, ils ont vécu, ils ont vieilli, ils sont morts : les voilà enterrés dans l'oubli. A d'autres.

Or, par l'effet des habitudes de mesure et d'équilibre

établies depuis quelques années dans le monde littéraire, ce qui se passe chez les lecteurs se passe chez les auteurs eux-mêmes : à part quelques âmes simples ou ridicules, les auteurs éprouvent, hélas ! à relire leurs propres ouvrages, presque autant de désenchantement que le public ; plus d'un de leurs livres leur paraissent vieillis, et quant à ceux qui dès le principe étaient mauvais, ils en voient tous les défauts.

En voilà déjà plus qu'il n'en faudrait pour faire voir combien cette pratique est utile pour nous préserver de la suffisance qui nous aveuglerait sur nos devoirs envers nous-mêmes et envers nos lecteurs : mais à côté des leçons un peu rudes que nous ne manquerons pas d'y attraper, nous y gagnerons, à nous rendre compte de nos erreurs et de nos fautes, des conseils que le plus savant des maîtres et le plus sage des amis ne pourraient nous donner. D'ailleurs, si nous sommes modestes, si même nous ne le sommes pas, et qu'il nous arrive de découvrir par-ci par-là quelque trait heureux, le plaisir passera la peine.

A part le profit que nous en tirerons, cet examen de conscience est par lui-même un exercice littéraire plus attachant qu'on ne saurait croire, pourvu qu'on ait eu le bon sens d'en écarter toute vanité personnelle. Il n'y a pas de jugement qui puisse valoir celui de l'auteur sur son propre ouvrage : c'est la différence entre le critique assis au parterre, ne pouvant se rendre compte que de l'effet, et l'acteur en scène, qui seul connaît les moyens de le produire. Or le livre, comme une pièce de théâtre, n'est qu'un assemblage de moyens combinés ; et comme l'auteur seul se connaît lui-même, personne mieux que lui ne juge exactement la valeur de ce genre de travail. Quant à l'effet, il peut en avoir une idée quand, après avoir écrit, il se fait lecteur de soi-même et qu'il a la force d'être impartial.

Mais tous ces examens de conscience et toutes ces leçons ne valent pas le profit suprême qu'on gagne à la lecture de ses propres ouvrages : rester soi-même, se confirmer dans ce qu'on est ; graver plus profondément dans son œuvre ses défauts et ses qualités, faute desquels on ne serait personne que le premier venu. Se risquer à pareil casse-cou peut sembler d'abord insensé, mais c'est la raison pure.

Nous l'avons dit et nous le répèterons toujours : s'imaginer qu'on va s'approprier les qualités de tel auteur et se préserver des défauts de tel autre, simplement parce qu'on aura lu leurs œuvres, c'est une illusion. De deux choses l'une, ou vous devez réussir par vos qualités, ou vous devez échouer par vos défauts : tous les livres du monde ne vous donneront rien de ce qui vous manque et n'ajouteront rien à ce que vous avez. Lancez-vous donc à corps perdu ; vous vous sentez poussé, entraîné ou attiré : vous êtes trop heureux ! laissez-vous aller. C'est un coup de partie, mais il n'y en a pas d'autre à jouer. Si vous réussissez, ce sera grâce à votre hardiesse : si vous échouez, vous aurez échappé aux regrets amers, aux humiliations ridicules, qu'on se prépare en s'obstinant à écrire quand on n'y est pas de force.

CHAPITRE III

DE L'IMITATION

Rien ne peut être plus salutaire, pour régler ses idées et former son style, que la lecture fréquente des bons auteurs : cela ne fait pas question, puisque personne ne pourrait jamais écrire, fût-ce une phrase, s'il n'avait appris à en faire, de ceux qui écrivaient avant lui.

Mais pour que la lecture soit profitable, il faut la bien choisir, en user modérément, et surtout ne pas chercher à s'approprier le style ou les idées de l'écrivain. En effet, ou on aura toujours relu le même auteur, et on arrivera tout au plus à l'imiter servilement, ou on en aura lu plusieurs pour s'approprier leurs qualités diverses, et tout ce qu'on pourrait avoir d'originalité n'y résistera pas.

Il y a d'ailleurs une raison plus décisive : s'il est facile de sentir l'effet d'un beau style, il est extrêmement difficile de s'expliquer pourquoi ce style est beau.

Les critiques professent là-dessus des théories très dogmatiques, mais comme ils en ont chacun une, généralement opposée à celle de tous leurs confrères, quand même on serait aussi savant qu'eux on ne saurait pas grand'chose.

Il est probable que là comme en tout, la connaissance du beau est un sentiment et non pas un raisonnement, et que le plus sûr moyen de la détruire est de l'analyser. Autant en arrive, du reste, toutes les fois qu'on veut appliquer l'analyse à des idées telles que l'amour, l'honneur, le devoir, la vie, qui sont des êtres synthétiques, et qui se réduisent à des débris quand on les casse en petits morceaux comme du sucre, ou qu'on les roule en pilules comme de l'opium.

Lisez un sermon de Bossuet, puis un de Bourdaloue ; prenez chaque phrase, vous la trouverez, dans l'un ou l'autre de ces deux auteurs, également irréprochable comme raisonnement, comme correction, comme sentiment. Laissez Bossuet, et comparez à Bourdaloue un écrivain d'ordre un peu inférieur, vous conclurez de même.

Vous pouvez continuer, en descendant à chaque fois d'un degré, jusqu'aux sermons « de Cassagne ou de l'abbé Cottin ». Mais, arrivé là, si vous levez les yeux vers Bossuet, sa grandeur vous écrasera et pourtant vous avez descendu, sans vous en apercevoir presque, de l'aigle au canard.

Gardez-vous donc de raisonner l'admiration qui vous aura porté vers tel auteur ; gardez-vous encore davantage de vouloir l'imiter. Que savez-vous si votre sympathie n'est pas le signe de quelque rapport plus ou moins éloigné entre sa manière de sentir et la vôtre? Quand ce ne serait que par la crainte de rompre le charme qui vous unit à lui, ignorez pieusement ce que la critique a pu dire de ses ouvrages. Laissez-vous pénétrer par la fécondité des belles choses, sans vous inquiéter comment elles fertilisent votre pensée. Ne vous imaginez pas qu'on peut s'ingurgiter un chef-d'œuvre : on le respire.

Cela étant, et il suffit, pour s'en convaincre, d'ouvrir le premier livre venu d'un auteur renommé, le meilleur conseil qu'on puisse donner à l'écrivain, c'est qu'il se garde comme de la peste de chercher des inspirations, sur le sujet qu'il va traiter, dans quelque livre fait par un autre. D'abord il n'y trouvera pas d'inspiration, parce que la même inspiration, pas plus que l'air déjà respiré, ne peut servir deux fois ; mais ce qui est plus fatal, même quand il n'aurait lu le livre que pour éviter tout hasard d'imitation, s'il n'en prend pas le fond il en prendra la forme, l'aspect, par je ne sais quelle contagion.

Vous écrivez ; placez à côté de votre papier quelques lignes d'une écriture différente de la vôtre : avant un quart d'heure, sans que vous y ayez mis la moindre intention, votre écriture aura pris le caractère de l'autre. Ce qui est vrai au physique est encore plus vrai au moral, et toujours, même quand on ne considère un modèle que pour en prendre le contrepied ou en éviter les défauts, si on ne le décalque pas à l'endroit, on le calque à l'envers.

C'est par l'association des idées qu'on est amené à choisir un sujet, à le considérer sous un certain aspect, à imaginer et à déduire les raisonnements et les faits qui doivent en enchaîner la suite, en tracer la marche, en déterminer enfin la conclusion. Dans toute autre pensée que la vôtre, rien ne s'est fait de même : dès la première ligne du livre qu'un autre a écrit sur le même sujet, l'aspect, les raisonnements, les faits, tout est différent ou contraire ; les idées suivent un autre cours, et les vôtres, lorsque vous serez arrivé à la fin, n'auront plus cette direction ferme et hardie que garde la pensée tant qu'elle reste spontanée. Vous avez perdu la meilleure part de votre inspiration, la liberté ; vous avez troublé le cours de vos idées, cette force acquise sans laquelle il n'y a pas d'entraînement possible, pas de confiance aveugle, pas de foi enfin, dans ce rêve dont il faut qu'un écrivain se berce s'il veut conserver jusqu'au bout le courage et l'illusion.

Il est d'ailleurs à peine besoin de dire que s'il s'agit d'un travail d'histoire, de recherches, de critique et, à plus forte raison, de polémique, la lecture préalable des livres écrits sur le même sujet est au contraire de règle, puisqu'ils forment le siège même de la matière qu'on se propose de traiter.

Voilà pour la prose. Mais ne veut-on faire que de la poésie, on n'en aura jamais lu assez avant de s'y mettre.

La poésie est une langue, une intelligence et un sentiment, à part ; elle est faite d'un nombre fixe d'idées et d'images qui ne peuvent devenir poétiques qu'à la condition d'être revêtues d'une forme plus ou moins hyperbolique, plus ou moins éloignée de la réalité.

C'est de cette inexactitude de proportions que se constitue la poésie : on n'est pas poète si on ne se tient pas sans cesse en dehors, au-dessus ou au-dessous de la réalité, puisque l'idéal n'est que là : mais c'est aussi ce qui limite beaucoup la portée de cet art, parce que le procédé y est toujours le même. D'autre part, les nécessités de la mesure, du rythme, de l'harmonie, non seulement interdisent certaines combinaisons de syntaxe et certains rapprochements de mots, mais obligent, par la rime, à placer coûte que coûte des mots souvent malencontreux.

Telle est la tyrannie de la métrique, qu'elle donne un air de ressemblance à tous les vers : quand on a lu un grand nombre de poésies, on finit par ne plus pouvoir distinguer une ode d'une ode, un sonnet d'un sonnet, et même à confondre les tragédies entre elles, tant les apparences extérieures des ouvrages de poésie sont faciles à imiter. L'auteur, naturellement, est le premier à subir cette illusion, et c'est ainsi qu'on arrive, comme Pradon, à croire sa *Phèdre* supérieure, ou du moins égale, à celle de Racine.

Au reste on doit convenir qu'au temps où nous vivons il faut être très fort en littérature pour savoir distinguer une bonne tragédie d'une mauvaise, tant ce genre comporte de rigueur dans l'impitoyable uniformité de ses moyens et de ses effets. Malgré tout ce qu'on peut dire, il demeure constant que l'intrigue d'une tragédie se ramène invariablement à la question de savoir quand et comment on va égorger le héros : c'est monotone et d'ailleurs triste. Il faut croire, quand on songe avec quelle admiration nos aïeux ont accueilli les tragédies de Voltaire, qu'ils n'étaient pas mieux fixés que nous sur la véritable valeur de ce genre funéraire.

On en peut dire autant de ces poètes imitateurs dont quelques-uns, après peu d'années de célébrité, sont tombés dans l'oubli. Tel est le cas de Reboul de Nîmes, boulanger de son état. Toutes les fois que paraissait quelque belle pièce de vers, il en faisait aussitôt une copie si adroite que les plus sévères s'en pâmaient! Sans doute son titre de boulanger y était pour beaucoup : la difficulté vaincue est un mérite curieux, mais il n'y a qu'à le lire pour voir jusqu'où l'illusion peut aller en poésie.

Pour qui n'a d'autre ambition, en se vouant à la poésie, que de faire des vers, le but est atteint et il n'y a pas grand mal : mais si l'on se sent l'ambition plus haute de devenir sérieusement un poète, il faut qu'après avoir acquis par la lecture le tour de main nécessaire pour manier la langue poétique, on sache ensuite s'en servir pour dire quelque chose de son cru, et qui soit de la poésie.

La prose, bien qu'elle expose ceux qui s'y risquent à tomber de plus haut, n'a pas du moins les écueils redoutables que nous venons de signaler : à moins de copier, il est difficile d'imiter sérieusement un prosateur éminent. De plus, et précisément parce que la prose est la forme naturelle et absolue de la pensée, elle présente les idées dans leur vrai jour, elle peut inspirer le lecteur sans l'éblouir. Il suit de là qu'à la différence de ce qui a lieu pour les vers, plus on lit de bonne prose, plus on se rend compte du génie des grands prosateurs et de la difficulté de les égaler.

Nous n'aurons d'ailleurs qu'à suivre cette dernière observation pour voir se marquer d'elle-même la différence entre ces lectures générales, qui inspirent des idées de même ordre où tout est profit, et ces lectures préméditées, où l'on n'a d'autre chance que de se fourvoyer ou de se perdre. Tout ce qui élargit le cercle des connaissances, tout ce qui ouvre de nouvelles échappées sur l'homme, tout ce qui exerce la pensée à des mouvements nouveaux, tout ce qui, enfin, change le cours des idées, ajoute littéralement des quantités de substance et de force à notre âme.

C'est pourquoi les ouvrages scientifiques sont si salutaires au développement et à l'équilibre des idées. Rien qu'en eux-mêmes, par le simple exposé des vérités naturelles, il nous apprennent à mieux discerner jusqu'où peut aller l'intelligence et où elle doit s'arrêter, ce qui est déjà une puissante discipline pour la raison et pour l'imagination. Mais si c'est un Buffon, un Cuvier, un Claude Bernard, qui nous donne ces grandes leçons, nous y trouvons des formes de style inconnues des littérateurs de profession : la clarté, la précision, la simplicité, la modération des termes et des idées, nous frappent d'une admiration respectueuse et nous découvrent tout un art d'écrire grandement supérieur à cette « littérature littéraire » faut-il dire, où, à force de prédominer sur la pensée, la forme absorbe le fond, et de moyen devient objet.

Maintenant, si vous m'en croyez, ne comptez pas sur la critique pour vous donner du talent. Le métier de critique demande, pour être exercé en pleine lucidité d'esprit, des qualités absolument opposées à celles qu'on recherche dans un lecteur. Ne perdez jamais de vue ce principe essentiel : c'est le lecteur qui juge, et qui fait la gloire ou la chute d'un livre.

La profession du critique comporte en premier lieu un renoncement presque monacal à toute tentative de procréation littéraire, sans quoi il serait exposé à prendre ses œuvres pour des modèles, ses déboires pour des attentats, et ses rivaux pour des insurgés. En second lieu, même quand il se refuse aux joies de la paternité littéraire, il doit se renfermer dans une impartialité aussi sereine que possible, et se garder de toutes les émotions, de tous les entraînements, qui pourraient troubler son cœur ou influencer son jugement. C'est un savant, un docteur, qui, au nom de la science littéraire, fait l'autopsie anatomique et pathologique du sujet étendu sur sa table de dissection ; et comme le sujet est vivant, parfois même immortel, l'opérateur doit se faire des entrailles de vivisecteur pour garder son sang-froid.

Rien donc ne ressemble moins à un lecteur qu'un critique ; c'est une opposition absolue : il ne fait que de l'analyse, le lecteur ne fait que de la synthèse ; il juge toujours d'après certains principes à lui personnels, le lecteur n'en fait qu'à sa tête et ne s'en rapporte qu'à sa propre impression.

D'ailleurs il faut que le critique soit ainsi : ce n'est qu'à cette condition qu'il peut remplir son office, qui est de maintenir l'usage littéraire, dans la même mesure que l'Académie le maintient dans la langue française. Tant que cet usage reste en pratique, il doit le soutenir à l'aide des principes en vigueur : dès qu'il le voit décidément tombé en désuétude, il doit, comme un bon pilote qui voit le vent changé, gouverner dans une autre direction la nef de la littérature nationale.

Telle est, dans sa fonction la plus noble et la plus bienfaisante, la mission du critique ; c'est là qu'elle est vraiment indiscutable, tandis que s'il y fait intervenir des systèmes, des théories, des goûts personnels, il n'est plus qu'un simple lecteur plus ou moins éclairé.

Il faut donc accepter avec reconnaissance les enseignements d'un critique digne de ce nom, et tâcher d'en profiter pour quand on écrira son prochain ouvrage, mais sur un livre déjà fait, ne pas lui demander de conseil, parce que, encore un coup, il ne peut pas et ne doit pas voir comme un lecteur.

On ne trouvera guère non plus d'avantage à faire lire son manuscrit par un ami, et encore moins à le lui lire soi-même. Un livre ne se lit réellement que quand il est imprimé : il faut avoir écrit pour se rendre compte de ce que l'impression a de puissance pour solidifier, oserai-je dire, la consistance réelle d'un ouvrage de l'esprit. Déjà l'auteur, lorsqu'il corrige les épreuves en placard, voit se serrer la trame de ses idées ; à partir des épreuves en page, la concentration lui semble achevée : et pourtant, lorsqu'il ouvrira son livre broché, l'effet sera plus ou moins modifié.

L'ami qui lira votre manuscrit n'aura donc pas une idée exacte de votre œuvre ; quant à celui qui le connaîtrait seulement pour en avoir entendu la lecture, il en pourra encore moins juger exactement, parce que l'audition d'une voix étrangère n'a pas le même effet que l'action de notre regard : elle peut parfois être un prestige, mais sans parler des personnes qui s'endorment ou n'écoutent pas, elle risque de faire languir l'attention de l'auditeur, et finalement de l'ennuyer. Après tant de peine de part et d'autre, d'ailleurs, il ne sort de ces lectures de ménage que des compliments aussi insignifiants que sincères.

On n'écrit pas pour ses amis, on écrit pour des inconnus : hors de là, l'épreuve est nulle. Aussi n'y a-t-il rien de plus puéril que ces préfaces où, en croyant faire preuve de simple modestie, certains auteurs confessent leur incapacité « avant même que les chandelles soient allumées », et allèguent pour excuse qu'ils ont écrit pour leurs amis. S'il ne s'agit que d'une marque d'affection, que ne leur écrivent-ils tout bonnement par la poste?

CHAPITRE IV

DES GENRES

Quelle que soit l'innombrable variété des livres qui depuis des siècles se produisent dans l'univers, on peut les ramener à trois groupes bien définis : les livres techniques, les livres historiques, et tous les autres, qui ont pour sujet l'idée sous une forme quelconque. C'est de ceux-ci seulement que nous aurons à nous occuper, car ce sont les seuls où le travail soit fait de toutes pièces par l'écrivain, au gré de son imagination, sans qu'il ait à répondre du choix de son sujet et de sa façon de le traiter. Au contraire, en matière scientifique, technique ou professionnelle, le sujet et ses applications sont la substance même du livre; en matière d'histoire, si les jugements sont libres, l'exactitude des faits est rigoureusement obligatoire, la genèse est toujours la même, et procède de l'impulsion générale qui fait marcher du même pas la science, l'histoire, et la collection toujours inachevée des documents s'y rapportant.

Restent, et le champ des observations est encore assez vaste, les livres d'imagination ou de génie sur la religion, la philosophie, la politique, l'art, la poésie, le théâtre, le roman, qui forment plus particulièrement la littérature.

Il faudrait écrire plusieurs volumes in-folio pour dire comment les auteurs conçoivent et exécutent le projet d'écrire un livre : mais il peut suffire de quelques exemples pour faire voir que, malgré l'infinie diversité des esprits et des sujets, cette inspiration part toujours de trois sources principales dont tout le reste n'est que des dérivés.

Ces sources sont :

Premièrement, le génie : c'est la plus rare ;

Secondement, le désir de passer sa vie à rien faire en écrivant ;

Troisièmement, l'espoir de gagner de l'argent, des honneurs et de la gloire.

Sans l'impulsion d'un ou de plusieurs de ces mobiles, peu de gens, hors les théologiens, les savants et les pédagogues, s'aviseraient qu'ils sont inspirés et qu'il faut absolument donner un libre cours au génie qui les étouffe.

Comme la maladie sur les corps débiles, c'est sur les esprits faibles et les caractères paresseux que la manie d'écrire sévit particulièrement. La maladie s'annonce par des vers : si elle se confirme à l'état chronique, il se produit un cas de poésie ; si elle tourne à l'amour ou à la psychologie purulente, c'est un roman qui perce.

Ces maladies étant les plus répandues parmi les auteurs, nous les prendrons pour sujets d'observation. Il est d'ailleurs entendu que nous laisserons de côté, comme appartenant plus particulièrement à la tératologie littéraire, les livres des plagiaires et des pornographes ; ce ne sont pas des nouveau-nés, ce sont des monstres non viables : mettre son nom à un livre fait par un autre, ou le mettre en tête d'un paquet d'ordures, ce peut être gagner de l'argent, mais ce n'est pas écrire.

L'idée d'un roman ou d'une pièce de vers vient souvent d'une réflexion ou d'un sentiment sur un fait réel dont vous avez été témoin ou qu'on vous a raconté, et c'est en développant, en modifiant ce fait, en y intervertissant les rapports et les proportions, que vous arrivez à tisser le canevas sur lequel vous broderez. D'autres fois c'est dans l'histoire, dans une relation de voyage, dans un événement public ou ignoré, que seront pris les détails du récit.

On écrit quelques notes un peu plus étendues, on esquisse un plan, on dort là-dessus, on s'occupe d'autre chose. Pendant des jours, des semaines, des mois, vous croyez avoir oublié votre roman : erreur, vous l'avez perdu de vue. Mais il est toujours dans un coin de votre tête, et *il se travaille lui-même*.

Je souligne ces derniers mots, parce que rien n'est plus mystérieux ni plus certain que cette élaboration inconsciente d'une idée dont le cerveau s'est emparé, et qu'il tourne, retourne et pétrit, faisant la digestion de cette idée comme l'estomac fait la digestion de l'aliment, à notre insu. Ce que la réflexion volontaire n'a pu vous donner, la pensée va le produire, et un beau jour, sans que rien vous en ait averti, en touchant par hasard à quelque papier, vous tombez sur une note, et vous voyez votre roman comme s'il était écrit d'un bout à l'autre. Vous n'avez plus qu'à vous mettre à votre bureau : la plume va marcher tout d'une haleine depuis la première jusqu'à la dernière page.

Voilà donc l'auteur assis à sa table : le papier s'étale devant lui, l'encrier regorge et frémit, la plume est aiguisée, et désormais, jusqu'à l'achèvement de l'œuvre, il va s'occuper d'arrache-pied de cette unique pensée, soit qu'il écrive, soit qu'il relise, rature, ajoute, retranche ou remanie ses pages.

Mais c'est là que tout, ressources et difficultés, ensemble et détails, inspirations heureuses et pauvretés désolantes, va commencer à se tirailler, à s'entre-choquer, dans la cervelle éperdue de ce malheureux. Il est là comme le roi Dagobert sur le porche de Saint-Denis, entre les diables qui l'entraînent vers l'enfer, et les anges qui le retiennent pour l'emmener au paradis. Le plan était pourtant irréprochable, tout se suivait dans un ordre parfait, et voilà que le fil s'embrouille d'abord, puis se casse net, et rien ne peut plus arriver : il y a en travers du chemin un fossé sans fond.

Voilà, entre mille, une des péripéties sans nombre par lesquelles passe la composition d'un livre d'imagination. Et ce n'est pas tout.

On ne saurait trop, quand on se prépare à écrire, se mettre en garde contre la tentation d' « empailler » son livre d'une conception étrangère au sujet. Autre chose est de s'inspirer d'un sentiment ou d'une idée pour en faire l'âme d'un roman, d'un poème, autre chose de l'en bourrer comme qui bourrerait une oie de marrons en s'imaginant qu'il va obtenir une dinde truffée. *Age quod agis*, dit le proverbe : si vous voulez faire un roman ou un poème, faites-le, mais si la théorie que vous avez entreprise d'y insérer est tellement précieuse, tirez-en un livre à part. Car ou elle est bonne et elle absorbera le sujet, ou elle est mauvaise, et votre histoire, montée sur un échafaudage qui s'écroule, tombe à plat.

Le répertoire de ces dangereux procédés n'est pas bien long à faire : c'est proprement un petit manuel de recettes, d'ailleurs vieilles comme le monde, qui ne trompent personne et qui, sauf quelques gloires d'un jour décédées avec leurs titulaires, n'ont jamais produit un seul chef-d'œuvre.

Le premier rang y appartient incontestablement à ce qu'on pourrait appeler l'école des navrants, et qui consiste à choisir pour sujet tout ce qui peut attrister, abattre, désoler, désespérer une âme sensible. C'est le lot et la joie des malades, des esprits malsains, des poitrinaires, auteurs ou lecteurs, et surtout des cœurs secs et impuissants qui, n'ayant jamais su ni rire ni pleurer, croient se régénérer en buvant à la coupe frelatée des peines imaginaires.

Celui qui a souffert, non pas dans un rêve littéraire, mais dans la réalité poignante d'une grande douleur, ne songera jamais à en faire le sujet d'un griffonnage élégant : celui qui n'a pas connu le chagrin pourra faire des phrases plus ou moins tristes, plus ou moins désolantes, mais s'il réussit à soutirer quelques pleurs à des lecteurs de larme facile, il ne trompera pas ceux qui ont eu des chagrins vrais : pour ceux-là l'effet de cette singerie sera révoltant.

C'est aussi la muse des commençants et des maladroits. Avec des malheurs, des crimes, des cadavres, des horreurs ou des infamies, on est sûr de consterner un instant le lecteur de hasard, mais un instant seulement, et quand ce lecteur s'aperçoit que décidément toutes les pages du livre sont bardées de larmes, de sang ou d'ordure, il se sent ému à peu près comme s'il lisait l'histoire de Croquemitaine, à la seule différence que c'est plus ennuyeux.

Viennent ensuite le pessimisme et la misanthropie. Tout est pour le plus mal; le bon Dieu l'a fait exprès pour avoir le plaisir de nous voir souffrir; plus on fera de bien, plus il nous en punira; mais si nous sommes bien scélérats, il nous fera parvenir aux plus grands honneurs, afin de dégoûter les hommes de la vertu : voilà pour le pessimisme.

Tous les hommes sont méchants, bêtes, égoïstes, lâches; il faut les haïr, les fuir, leur faire le moins de bien et le plus de mal possible : voilà pour la misanthropie.

C'est odieux, faux, et de plus, criminel. Quand on pense que beaucoup d'écrivains ont imaginé de prendre ces vilaines sottises pour en faire des guirlandes à leurs élucubrations et se rendre admirables au public, on se prend la tête dans les mains et on se demande où peut s'arrêter la vanité de l'homme lorsque la démangeaison d'écrire le tient et qu'il se sent incapable d'y réussir sans tricher.

L'ironie et le scepticisme sont deux affectations dont le but est le même. En proclamant qu'il ne croit à rien et qu'il se raille de tout, l'auteur se pose au-dessus de la crédulité des esprits simples; il croit que sa neutralité sur tout ce que le monde peut aimer ou haïr lui assurera celle du public. Mais l'acidité de l'ironie, pour peu qu'elle se prolonge, agace les dents; le scepticisme éteint et décolore tout ce qu'il touche, même les livres qui se croient le plus transcendants, et tel qui, à ce jeu-là, s'imagine faire gronder le tonnerre, ne fait que souffler dans un mirliton crevé depuis des siècles.

Au moins le sceptique n'est pas méchant, tandis que l'athée est un vilain homme à tête grosse comme le poing, et qui a la rage du prosélytisme. Quand il écrit, il fait du mal. Ce simple aperçu doit suffire pour détourner un jeune auteur de toute incursion de ce côté-là: pour quelques athées qui l'applaudiront, il ameutera contre lui les deux ou trois milliards de gens qui croient en Dieu.

On n'a pas à espérer mieux des thèses morales, philosophiques, politiques ou fantastiques. On peut y appliquer ce que nous disions plus haut: ce sont des corps étrangers, qui ne peuvent qu'absorber le sujet ou en faire voir l'inanité.

Nous ne parlerons que pour mémoire de ces procédés littéraires empruntés au surnaturel: la féerie, la sorcellerie, l'hypnotisme, la suggestion. Tout cela n'est au fond que le merveilleux et le fantastique, ces deux formes exquises de l'imagination, tombées aux pattes de singes maladroits: il n'est pas de chose si charmante dont un sot ne puisse faire une sottise.

On ne saurait d'ailleurs trop se mettre en garde contre ce genre sinistre, qui peut mener à la folie, quand il n'en vient pas.

Tous les artifices dont nous avons donné jusqu'ici les recettes ont pour caractère commun d'être, somme toute, plus ou moins enfantins à cause même des airs de supériorité que l'auteur y prend sur les âmes vulgaires. On ne voit pas qu'il en soit résulté beaucoup de gloire pour ceux qui y avaient mis leurs espérances. C'est qu'en effet rien n'est lourd et encombrant comme une théorie dans un livre d'imagination ; elle pèse sur tout, à chaque page il faut l'enjamber pour aller plus loin, et un ennui mortel va s'épaississant à mesure que le fardeau s'aggrave d'élucubrations nouvelles. Si l'auteur lui paraît sincère, le lecteur le prend en pitié, mais il le méprise s'il voit que la théorie n'est qu'un artifice pour l'éblouir.

On risque fort de se loger à la même enseigne en prenant pour sujet une théorie scientifique avec l'espérance de faire passer sous ce couvert une thèse d'opinion philosophique ou de sentiment. L'objectif habituel de ces sortes d'ouvrages est presque toujours le matérialisme ou l'immoralité. Quand l'amour se trouve malaxé dans cette mixture, cela devient parfois abominable. Naturellement c'est presque toujours l'hypnotisme, la suggestion, la psychologie d'hôpital enfin, qui servent d'excipients à ces drastiques de la sensibilité.

Les lecteurs de ces livres sont bien à plaindre, mais les auteurs qui se consacrent à cette répugnante besogne sont encore plus dignes de compassion.

Le macabre est la nuance funèbre du fantastique. L'assaisonnement de mort, de squelettes et de fantômes, qui en est le fond obligé, tente trop souvent des auteurs novices ; ils se flattent d'en tirer à coup sûr des effets saisissants. Mais comme pour tous les genres violents, ce n'est qu'avec un sang-froid imperturbable et une légèreté de main extrême qu'on y peut toucher sans se brûler les doigts. A la différence du fantastique, où il faut que l'auteur paraisse toujours sérieux et convaincu, le macabre admet comme tempérament un souffle de gaîté, mais de gaîté fine et discrète, qui fait ressortir encore mieux les traits effrayants et en rend l'impression moins rude. Quand ces conditions s'y trouvent réalisées, le macabre peut devenir un genre de haute volée, et de plus très amusant, tandis que si on n'y met que des fantômes et des têtes de mort avec des chandelles, au lieu de faire frissonner le lecteur on le fait bâiller.

Au delà de ces excès d'imagination, il ne restait plus que la folie, et beaucoup d'esprits faibles, exaltés, ou même promis à cette sinistre maladie, en ont fait le sujet de nouvelles et de romans qu'on ne peut lire sans frissonner d'horreur. Ces sortes de livres sont plus qu'émouvants, ils donnent le cauchemar, ils rendent malade. Conteur ou lecteur, qu'on s'en garde comme de la folie elle-même, dont ils ne sont le plus souvent qu'un symptôme, et dont ils portent avec eux la redoutable contagion. Nous avons eu la douleur de voir un de nos plus éminents romanciers enlevé, corps et âme, dans le tourbillon de la folie : depuis bien des années, celui qui écrit ces lignes, à la lecture de certaines nouvelles de ce grand écrivain, voyait venir la catastrophe.

Il ne faut donc ni lire ni écrire ces livres affreux : s'ils ne produisent pas l'aliénation mentale, ils l'annoncent ou la préparent, et on peut tenir pour assuré que, sans ces livres, de ces écrivains et de ces lecteurs tombés aux griffes du monstre, beaucoup auraient échappé. Au surplus il est à peine besoin d'ajouter que, soit comme sujet principal, soit comme moyen d'émotion, une maladie aussi lugubre ne saurait, pas plus que la torture ou l'égorgement, être tenue pour légitime dans notre littérature française, si délicate et si mesurée.

Beaucoup prétendent opposer la liberté, comme un bouclier sacré, à quiconque ose leur demander compte de ce qu'ils ont écrit. A moins de prétendre que tout ce qui est exécutable est légitime, il faut pourtant bien reconnaître qu'il y a un point où commence la responsabilité de l'écrivain.

Or, dans le sujet qui nous occupe, s'il est loisible à un auteur de s'aventurer à ses risques et périls, il n'a pas le droit de nuire à ses lecteurs. Que son livre ait échoué ou réussi, il n'en reste pas moins tout le mal qu'il laisse derrière lui pour avoir propagé des idées funestes ou des sentiments coupables. Quand il ne l'aurait fait que par sottise sincère, ce serait déjà une mauvaise action ; mais s'il l'a fait sans conviction et dans l'intérêt de sa vanité, c'est un crime, car la tristesse, l'immoralité, la haine de nos semblables, l'oubli des vérités suprêmes, le dégoût de la vie, et la folie elle-même, sont trop souvent le fruit d'un livre odieux tombé par malheur entre les mains de quelque sot.

Et si ce n'était que les sots ! Mais où les mauvais livres font le plus de mal, c'est dans la jeunesse, à cet âge où l'homme nouveau, impatient d'ouvrir ses ailes, s'élance dans la vie, laissant derrière lui le nid paternel et les idées séculaires de la famille pour aller chercher, dans l'espace ouvert à sa liberté, d'autres nids et d'autres idées. Ce que tous les bons livres du monde ne pourront faire pour le rendre sage, un seul mauvais livre le fera pour le rendre fou. Chose horrible, plus le livre sera violent, insensé, féroce, plus cette âme, qui n'a pas encore assez vécu pour discerner le bien du mal, en sera transportée jusqu'au délire, jusqu'au crime.

Nous le voyons bien en ce temps d'horreurs et d'épouvante. Ce ne sont pas les vieux qui font sauter les maisons ou périr les hommes, ce sont les jeunes, presque des enfants. Les vieux, plus prudents et plus sages, se contentent de les exciter au crime et de les pousser à l'échafaud.

Eh bien, ce qui est vrai de ceux-là est vrai de tout écrivain qui, fût-ce par une seule ligne, par un seul mot de ses livres, aura causé le malheur, la folie, le suicide ou le meurtre d'un seul homme. Il n'est pas complice, il est coupable. Si on le faisait passer en jugement, je défierais le plus retors des défenseurs de trouver à dire pour lui autre chose sinon qu'il n'a pas adressé sa provocation à tel ou tel, mais qu'il l'a lancée au hasard à tous ceux qui pourraient se trouver disposés à y obéir.

Devant la mort, la folie, l'assassinat, avec la guillotine pour conclusion, il n'y a pas de cynisme ou de casuistique qui tienne : écrire un livre est une action sérieuse ou ne l'est pas. Si un homme veut qu'on lui sache gré du bien, il doit se soumettre au châtiment du mal.

Qu'on y prenne bien garde, il ne s'agit pas ici de ces vagues prophéties qu'on lance comme péroraison pour passionner le débat : ce sont des faits.

Toute manifestation d'un mal rend le mal contagieux et, ce qui est plus épouvantable, d'autant plus contagieux que ce mal est plus grand. On connaît l'histoire de cette guérite où, un factionnaire s'étant suicidé pendant la nuit, cinq autres se suicidèrent successivement, de la même façon et à la même heure.

La contagion par le livre n'est pas moins dangereuse que celle de l'exemple.

Au moment même où nous venions d'achever les deux alinéas qui précèdent, M. J. Bourdeau citait récemment (*Journal des Débats*, 19 avril 1894, *les Dangereuses Lectures*) le cas d'un jeune Allemand nommé Mainlœder, qui ayant, pour son malheur, mis par hasard la main sur le *Monde comme volonté et comme représentation*, de Schopenhauer, songea d'abord à se jeter à l'eau, puis, se ravisant, écrivit un livre sur la *Philosophie de la rédemption*, après quoi il se donna paisiblement la mort.

M. J. Bourdeau rappelle à ce propos les suicides suggérés par la lecture de *Werther*. Gœthe avouait que *Werther* était une « fusée incendiaire » ; il se gardait de le relire, crainte de tomber dans l'état maladif d'où ce livre de sa jeunesse était sorti, mais il se justifiait en ces termes des maux qu'il avait causés : « Vous damnez un ouvrage, s'écriait-il, qui, mal compris par quelques intelligences étroites, a délivré le monde tout au plus d'une douzaine de têtes folles et de vauriens qui ne pouvaient rien faire de mieux que d'éteindre tout à fait le pauvre reste de leur méchante lumière. Je croyais avoir rendu à l'humanité un vrai service et mérité ses remerciements, et voilà que vous voulez m'imputer à crime *cet heureux petit fait d'armes.* »

C'est se féliciter gaîment d'une douzaine d'assassinats; et soyez sûr que quand ce misérable disait cela, il se sentait gonflé d'orgueil de son pouvoir homicide, absolument comme la coquette qui a fait mourir de chagrin un de ses amants.

Mais quand on se sera rendu maître de la fureur qui vous enrage à lire de pareilles infamies, on voit jusqu'où la vanité d'écrire peut entraîner un honnête homme. Du même égoïsme et du même orgueil dont elle fait les scélérats, la littérature fait des espèces de monstres intellectuels, incapables de distinguer le bien du mal dès qu'il s'agit de ce qu'ils appellent leur gloire.

Sans doute c'est un châtiment, mais on ne peut s'empêcher de regretter que les « têtes folles et les vauriens » qui ne sont bons qu'à pousser les autres au crime ou au suicide ne commencent pas par donner l'exemple en se faisant exécuter pour assassinat ou en se pendant le plus tôt possible au plus prochain réverbère. Il y en a bien eu quelqu'un par-ci par-là, mais si peu!

Nous pourrions ajouter bien des pages à cette nomenclature de procédés maladroits ou coupables dont un écrivain doit se garder. Ce qu'il en faut surtout retenir, et que nous espérons avoir montré jusqu'à l'évidence, c'est que ce sont en effet des procédés, et que ni la liberté d'écrire ni le droit d'inspiration n'y ont rien à prétendre.

Que ressort-il de cet examen ? C'est, en définitive, que rien n'est difficile à sentir et à représenter comme le vrai, le beau, le bien, rien de plus facile à faire que le faux, le laid, le mal ; qu'il suffit d'un peu de méchante humeur pour prêcher le pessimisme, d'un peu de vanité pour se dire sceptique, d'un peu d'insolence pour être athée, d'un peu de sottise pour ne comprendre de toutes les choses de ce monde que la mort et le désespoir. Pour être apte à pratiquer ces odieuses façons de penser ou d'écrire, il faut se sentir impuissant et misérable d'esprit et de cœur, considérer toutes choses d'un œil méchant, et tirer vanité de ces disgrâces.

Mais tout cela ne suffirait pas à pousser dans une si triste carrière tant d'honnêtes gens devenus écrivains ou artistes, s'il n'y avait pas là pour eux une espérance. Et laquelle ? Celle de se faire distinguer en se posant, comme des génies superbes, au-dessus des hommes et de la vie ; en faisant peur aux naïfs, en abusant de la sensibilité des cœurs tendres pour leur arracher des émotions cruelles, en étonnant le monde par l'audace des absurdités qu'ils débitent en démoralisant les âmes pour les dominer.

Il faut pourtant bien s'entendre une fois pour toutes.

Si ces procédés ne sont qu'une manœuvre commerciale pour faire hausser le cours de leur marchandise littéraire, que ces soi-disant artistes ou écrivains ne nous étourdissent plus du fracas et de l'encombrement dont ils nous obsèdent; en dépit du titre qu'ils prennent, ils ne sont rien de plus que des marchands qui entravent la circulation par leurs étalages plus ou moins répugnants, et peu importe ce qu'ils écrivent.

Mais s'ils prétendent être pris au sérieux, qu'ils se soumettent à la loi commune. On les jugera, non comme demi-dieux, mais comme simples mortels. On leur demandera raison de ce qu'ils ont écrit et du mal qui en sera résulté; on comptera les malheurs, les chagrins, les fautes, les crimes, que leurs ouvrages auront causés, et s'il y a eu mort d'homme, on les condamnera comme meurtriers.

C'est le prendre sur un ton bien tragique, me dira-t-on peut-être, à propos de quelques lignes éparses dans un livre éphémère; autant en emporte le vent.

Si votre fils avait été un des cinq ou six jeunes gens qui, après avoir lu *Werther* ou *le Monde comme volonté et comme représentation*, se sont brûlé la cervelle, et si, sur le moment, vous aviez tenu Gœthe ou Schopenhauer, les auriez-vous étranglés, oui ou non?

Est-il moins coupable, quand on dispose d'un pouvoir indéfini sur des âmes inconnues, d'y semer l'angoisse, la désespérance, d'ôter aux malheureux jusqu'à leurs pauvres petites joies, de tout ravaler, de tout piétiner? Incapables de savoir goûter au banquet de la vie, vous venez tournoyer au-dessus de la table pour en souiller les mets, comme les Harpies.

Un procédé qui tente beaucoup d'écrivains parce qu'il est facile et qu'il produit parfois de grands effets, c'est l'hyperbole ou, en français modeste, l'exagération. Elle se prête merveilleusement au comique, cette donnée dispensant l'auteur de toute mesure dans ses écarts. Mais parfois elle dépasse le but et il en résulte qu'au lieu de faire rire, l'hyperbole fait bâiller.

Le même mécanisme tourne au ridicule l'hyperbole disposée pour produire la terreur ou la pitié, ces deux objectifs du drame et de la tragédie.

C'est donc un moyen qu'on ne doit pas employer à la légère, mais il ne faut pas oublier qu'il a été l'âme de cette école romantique qui a fait le magnifique mouvement du règne de Louis-Philippe, et qui, si l'on y regarde bien, mène toujours la littérature de l'Europe, ou la ramène lorsque de prétendus novateurs ont vainement essayé de s'en affranchir.

La poésie et le roman, qui sont proprement la littérature pure, ne vivent que d'exagération. Si les événements, les idées ou les passions ne s'y présentent pas dans des proportions inusitées au cours de la vie réelle, le public n'y trouvera pas d'intérêt. Ce qu'il cherche, c'est cette seconde vie de l'esprit et du cœur qui, sous les apparences de la réalité, nous fait rêver un autre monde, plus beau ou plus laid, plus vaste ou plus étroit, n'importe, mais qui double l'existence en nous arrachant pour quelques instants à notre ennui ou à notre misère.

Entre les procédés que nous avons examinés jusqu'ici, et les expédients plus ou moins puérils dont nous aurons à chercher la valeur, nous sommes ici sur le vrai terrain où toute œuvre sérieuse pourra trouver sa voie, pourvu que l'auteur sache la choisir et, quand il l'aura choisie, s'y tenir. C'est là seulement qu'il y a place pour tout le monde.

Il y parviendra par la mesure. C'est la mesure qui lui dira jusqu'où il peut aller, où il doit s'arrêter. S'il s'en tient à l'affectation, à la candeur; s'il présente l'idéal sous une forme ridicule, il fait la caricature de ce qu'il y a de plus beau sous le ciel; s'il ne met en jeu que des sentiments moyens ou banals, ses livres pourront réussir, car ils seront médiocres et faits proprement, mais il sera médiocre lui-même comme ses lecteurs.

S'il s'élance à bride abattue dans la carrière en tirant des coups de pistolet, en sonnant de la trompette, en battant la grosse caisse, en le prenant de haut avec le public; si, dans des livres fulminés coup sur coup, il prend pour cri de guerre l'outrance en toutes choses, ou le paradoxe, ou l'horreur, ou le dégoût, il pourra aussi bien, selon le vent qui souffle, s'élever au pinacle ou tomber au plus bas. Mais s'il a la main assez habile pour appuyer à propos sur les ressorts de sa machine ou les lâcher, il peut, à la fin de sa carrière, se retrouver sur ses pieds avec une situation reconnue et acceptée à peu près généralement.

La grande question dans tout ce qui est tour d'adresse ou de force, c'est la justesse : l'auteur n'a pas le tact nécessaire pour y réussir, mais le public, en dépit de ses erreurs, qui n'ont qu'un temps, a ce tact au suprême degré, parce que son opinion définitive n'est autre chose que le sens commun, c'est-à-dire la raison et l'esprit de tout le monde. On peut crier tant qu'on voudra, mais ce jugement-là est sans appel.

La même mesure doit servir de loi dans tous ces procédés de grossissement, de réduction, de complication ; dans le secret, l'énigme, le mystère, auxquels ont recours certains auteurs pour machiner leurs récits : tout cela peut être, comme la langue d'Ésope, excellent ou détestable selon qu'on aura respecté ou forcé la mesure.

La philosophie et la morale elle-même ne sont pas à l'abri de certains écarts du mauvais côté, témoin cet auteur qui, ayant entrepris un dithyrambe sur les avantages de la vieillesse, est arrivé, par des élans successifs d'enthousiasme, à écrire ceci : « La vieillesse est supérieure à la jeunesse, parce qu'elle augmente de jour en jour, tandis que la jeunesse, elle, diminue continuellement. » Évidemment c'est pousser l'éloge trop loin : une flatterie aussi démesurée a dû refroidir plus d'un lecteur au moment où il allait prendre feu.

Il en faut dire autant des étrangetés plus ou moins bizarres qui consistent, par exemple, à imaginer des machines pour remplacer les actes intellectuels de l'homme. On pourrait citer tel auteur dont presque tout l'œuvre n'est que l'application de ce procédé, qui ne réussit pas toujours et dont on fera bien de se méfier, car outre ses dangers, il a l'inconvénient de la monotonie.

Le fantastique à la manière d'Hoffmann ou d'Edgar Poë est encore un genre difficile à imiter. Il faut un tour d'esprit unique pour atteindre à cette logique effrayante, à cette vraisemblance incroyable, qui donnent tant de charme et de puissance aux imaginations de ces deux enchanteurs : on ne doit pas essayer d'imiter ce qui est inimitable. Pour un début, c'est d'ailleurs le dernier genre à choisir, car les lecteurs y sont rares et très difficiles : le goût du public n'y est plus comme autrefois.

Mais ce qui reste et qui restera toujours, c'est la fantaisie. Si vous vous sentez l'esprit alerte, la sensibilité vive, l'humeur vagabonde, le coup d'œil juste, abandonnez-vous à ce jeu charmant et profond. C'est un des produits les plus exquis de l'intelligence humaine, et l'un des plus recherchés, parce qu'il a pour éléments essentiels le bon sens et la gaîté. Aussi, malgré sa finesse, la fantaisie plaît-elle à toutes les classes de lecteurs : elle n'est au fond que l'esprit lui-même sous une forme familière. Maintenant, si vous n'êtes pas tout à fait sûr d'avoir, pour jouer de cet instrument difficile, les aptitudes indispensables, attendez pour vous y risquer que ces aptitudes vous soient venues.

Faute de grives on mange des merles, dit-on. Sur la foi de ce proverbe, il ne faudrait pas se flatter de faire savourer au public la singularité en guise de fantaisie. Tout ce qui est singulier est faux quand il s'agit de représenter la nature, et si le public peut s'y laisser surprendre d'abord, il ne tarde guère à s'en désabuser.

Les anciens, naïfs comme on ne l'est plus, s'en tiraient en racontant avoir vu des hommes qui marchaient la tête en bas, ou qui avaient la figure au milieu du ventre, et les lecteurs s'en contentaient : mais le progrès des lumières nous a rendus plus exigeants. En attendant mieux, les auteurs voués à la singularité ont imaginé un procédé qui, tout en affectant des formes diverses, est au fond toujours le même.

Il ne consiste plus, il est vrai, à nous montrer des hommes la tête en bas, mais c'est l'auteur lui-même qui, marchant dans cette position bizarre, voit les choses et les hommes à rebours et les présente en assurant qu'ils sont ainsi.

Les premiers lecteurs, naturellement, sont étonnés, n'en reviennent pas, et pendant quelque temps on ne s'entretient que de cette nouveauté. Mais cela dure juste le temps de découvrir le mécanisme du procédé, qui est bien simple, car il consiste à remplacer la nature par l'auteur lui-même voyant tout à la renverse et substituant aux notions du sens commun ses conceptions détraquées. Il obtient ainsi des descriptions étourdissantes, des scènes inouïes, des caractères inimaginables. Sa grande prétention est toujours d'avoir photographié la nature, ce qui est vrai : seulement il a mis à son appareil un objectif à facettes, et ses prétendues épreuves ne sont que des déformations.

Ceci nous amène à parler des descriptions, qui sont une des parties principales du roman, car autant l'homme est inséparable de la terre qui le porte, autant il est nécessaire de représenter aux yeux du lecteur les lieux où l'action se déroule. La description est le décor du drame, où, soit par analogie, soit par contraste, elle fait ressortir l'homme et, tandis qu'il se débat dans les agitations de la vie, l'agrandit encore en l'éclairant du reflet de la nature.

Mais c'est à condition qu'elle soit vraiment en rapport avec la scène ou le sujet, car autrement elle fait languir l'intérêt et n'est qu'une interruption impatientante.

Qui dit roman dit amour : le roman d'amour peut donc être considéré comme formant à lui seul une littérature à part qui s'adresse surtout aux femmes, aux collégiens, aux névropathes, aux campagnards, aux timides, qui, n'osant ou ne sachant pas aimer en chair et en os, cherchent à s'assouvir en rêve des amours imaginaires qu'on leur conte dans les romans.

Cette clientèle, par son insatiable crédulité et par son ignorance de la vie, a amené les romanciers à tout oser, non seulement en démoralisation, mais en ennui, et ce qu'il y a d'épouvantable, c'est que plus ils deviennent impudiques et ennuyeux, plus on les admire.

Ce genre d'ouvrages « de l'esprit » est, dans l'ordre de la littérature, ce que la morphine est dans l'ordre de la toxicologie : un poison dont on ne peut perpétuer les délices qu'à condition d'en augmenter toujours la dose : c'est pourquoi les romans de cette école croissent si régulièrement en impudicité et en ennui.

C'est toujours la même chose. Un homme et une femme, également médiocres, également odieux, n'ayant de curieux que leurs vices tout nus ; qui se prennent comme des bêtes, se livrent à leurs ébats sous les yeux du lecteur, se disent des infamies ou des injures, et puis s'en vont dos à dos en se maudissant quand ils ne s'entr'égorgent pas, voilà au fond la « psychologie » éternelle de ces romans.

Comme forme, c'est encore plus banal. La scène se passe toujours dans le même monde : des financiers, des artistes, des politiques, de vieilles coquines, un original pour faire contraste, un philosophe pour raisonner les situations, un niais pour les intermèdes. Comme scène, un salon toujours meublé de même, avec la serre obligée ; la petite maison pour les rendez-vous, ornée d'écrans japonais, de têtes de momies guanches et autres fantaisies ; comme épisodes, la chasse à courre, le mail-coach, le pavillon au fond du parc, la promenade de nuit sur les quais, un soleil couchant. Mais dans tout cela, plus d'obstacles, plus d'angoisses, plus de remords, comme dans les romans d'autrefois : tout va comme sur des roulettes, et ce serait pour le mieux dans le meilleur des mondes possible si au moins les gens étaient contents ! Mais point : tous s'entre-méprisent, tous sont malheureux, à commencer par les deux amants, et le lecteur bâille !

Nous n'avons pas besoin d'insister davantage pour faire voir aux jeunes auteurs les inconvénients de ce genre de littérature. Sans doute, jusqu'à ce qu'il ne reste plus d'amour au monde, il faudra bien qu'on écrive des romans d'amour, mais sans doute aussi il faudra qu'on les écrive autrement, sans quoi ce genre ira rejoindre dans l'oubli les romans philosophiques, politiques, moraux, qui ont fait les délices de nos pères, mais que nous ne pouvons plus lire.

Deux genres inépuisables et qui ne finiront jamais, ce sont le roman historique et le roman d'aventures. Depuis la verve jusqu'au génie, il y a place pour tout ce qui peut nous intéresser dans la vie, puisqu'on peut y faire entrer tous les événements imaginables et inimaginables.

Théophile Gauthier, avec le *Roman de la Momie* et le *Capitaine Fracasse*, Walter Scott et Cooper, avec leurs romans, *Cervantès*, avec *Don Quichotte*, Alexandre Dumas, avec les *Trois Mousquetaires* et cette merveille de *Monte-Cristo*, et tant d'autres qu'il serait trop long de nommer, ont tiré de ces deux genres des chefs-d'œuvre vraiment immortels, car à la différence de tous les autres romans sauf cinq ou six, on ne cesse pas de les lire et de les relire : éternels comme la vie, ils ne meurent ni ne vieillissent.

Quand, désireux de se lancer dans la carrière, un jeune auteur est incertain de sa direction, c'est là qu'il doit frapper. Le travail y est facile, grâce aux nombreux documents dont on peut s'aider ; on n'y est ni embarrassé par des théories, ni engagé ou entravé par des questions d'école ou de philosophie. Qu'on ait le sens du pittoresque, le don de l'émotion, et surtout, de l'esprit tant qu'on pourra, on a toute chance de réussir.

La condition indispensable de ce genre est de savoir y introduire des caractères. En vain vous entasserez des aventures et des catastrophes : si les héros ne sont pas bien humains et n'arrivent pas, dès leur entrée en scène, à donner l'illusion de la vie : à cette condition seulement le lecteur vous permettra tout et vous remerciera de vos plus énormes mensonges.

Dans le tragique comme dans le comique, dans le beau

comme dans le laid, dans le sublime comme dans le ridicule, la vie réelle ne connaît pas de limite : partant de là, plus d'un auteur se croit en droit d'exalter ses conceptions jusqu'à la frontière de l'aliénation mentale, qu'elles franchissent du reste en plus d'une rencontre. A ceux qui lui crient holà ! l'auteur répond d'un ton rogue qu'il n'est pas de ceux qui reconnaissent à la critique qualité pour le questionner sur sa fantaisie ; qu'il n'a pas de compte à rendre ; que le seul droit de la critique est de chercher si l'ouvrage est bon ou mauvais.

Or il se trouve que l'ouvrage est exécrable.

Comment une chose aussi extraordinaire a-t-elle pu arriver ? Tout simplement parce que l'auteur n'a pas l'intelligence nécessaire pour se rendre compte de cette proportion inexplicable, mais manifeste, qui existe entre les moyens et les effets.

On ne peut pas douter qu'il n'y ait, pour la communication régulière des idées entre les hommes, une limite d'intensité au delà de laquelle la communication se fait mal, absolument comme elle ne se fait pas du tout lorsqu'elle est obscure ou incomplète : il faut là un appareil modérateur, qui est la métaphore.

Or la limite d'intensité est beaucoup plus étroite qu'on ne saurait croire. Si l'on comparait la langue de la saine littérature au langage parlé, on serait étonné de leur différence, et de l'atténuation continue qui règne dans la langue écrite.

Cette modération dans les termes du discours écrit est particulièrement propre à la langue française et ne contribue pas peu à lui donner la justesse et la précision qui la caractérisent.

D'une lecture à une scène de la vie réelle, il y a la vie en moins. Un livre n'est que la représentation d'une idée ou d'un sentiment : si au lieu d'une image vous prétendez, à force d'intensité, présenter la chose même, plus cette chose sera intense et exagérée, plus elle paraîtra fausse.

Voyez la tragédie : s'il est un genre où le pathétique confine au grotesque, c'est bien celui-là : plus l'auteur y prodigue les cadavres, plus le rire du spectateur s'épanouit. Est-ce mauvais cœur ? Non, puisque tout ce monde était venu là, sur la promesse de l'affiche, pour pleurer tout son soûl ; mais malgré que la mort n'ait par elle-même rien de particulièrement réjouissant, on rit, parce qu'il est risible de vouloir surenchérir à un moyen suprême d'émotion : quelque génie qu'un auteur s'attribue, il ne peut trouver, au delà du superlatif ou du sublime, que l'absurde. Il y a même plus, c'est que la réserve dans l'expression doit augmenter à proportion que le moyen est plus violent, et cela est si vrai que, même dans les tragédies les plus meurtrières, les convenances interdisent de tuer les héros sur la scène.

L'amour et la mort, voilà deux lieux communs suprêmes, puisqu'ils s'inspirent des deux sentiments les plus violents et les plus tendres qui puissent émouvoir un cœur, et que tout homme qui a un cœur les a éprouvés. Aussi l'amour et la mort sont-ils la source éternelle et inépuisable où viennent s'abreuver les plus grands comme les plus petits des poètes et des romanciers.

Mais si les plus grands en tirent des chefs-d'œuvre immortels, les petits, voyant cette gloire et se persuadant que la quantité pourra suppléer à la qualité, espèrent qu'à force de bourrer leurs ouvrages de morts et d'amoureux, ils arriveront à conquérir l'immortalité.

Malheureusement il n'en va pas toujours ainsi, et nous ne pouvons mieux faire que de rappeler comment, dans une de ses œuvres exquises, un des hommes les plus spirituels de notre temps a caricaturé ce genre d'illusion. Dans *Les Bourgeois de Molinchart*, Champfleury montre une vieille muse de province lisant à une réunion de la « Société Racinienne » une pièce de vers intitulée : *Nésilda, la pauvre mère*. Rien de plus touchant qu'un enfant qui meurt, et sa mère au désespoir. Voilà ce que la bonne dame trouve pour attendrir son monde :

> Dans son bercelet l'enfant dort.
> Elle a des yeux bleus, l'enfant blonde.
> Nésilda veille et l'enfant dort :
> Beau lis sur qui l'orage gronde.
>
> Soudain il rouvre sa paupière ;
> Sa bouche a des sourires d'or.
> Elle s'ouvre en criant : « Ma mère !... »
> Pauvre mère ! L'enfant est mort !!!

Convenez que rien n'est plus drôle. Pourquoi ? Parce qu'au lieu de présenter avec ménagement la scène la plus pathétique du monde, l'auteur nous jette en pleine figure ce petit cadavre.

Est-il possible d'expliquer plus spirituellement pourquoi il y a de par le monde tant d'élégies risibles, de tragédies exhilarantes et de vaudevilles funèbres ?

« Toute vérité n'est pas bonne à dire » est un proverbe qui s'applique à l'art aussi bien qu'à la vie courante. Rien que par leur nature, il est de certains sujets qu'on ne saurait sans scandale traiter en propres termes, et dont il faut même supprimer le substantiel : par exemple l'amour. Le plus clair, le plus vrai, en doit être passé sous silence, sinon l'auteur, au lieu de faire un roman, commettra un gros délit d'outrage à la morale publique.

Il en est de même de certaines horreurs comme les cadavres en putréfaction, les idiots, les fous furieux, les épileptiques, ou bien la chair crevassée d'une fille perdue, rongée par une maladie infâme : tout cela excède la mesure du vrai littéraire, et la preuve en est dans la flétrissure qui s'attache aux livres écrits dans de pareilles conditions.

Enfin, formant un groupe à part, il y a ce qu'on pourrait appeler les genres de convention, comme l'idylle, les paysanneries, la prose poétique, le mysticisme, l'enfantin, le vieux français, la psychologie imaginaire, l'anatomie de l'amour. Quand on y réussit, ce ne peut être qu'auprès d'un petit nombre, par l'élégance ou par la naïveté du procédé; les femmes sensibles s'y prennent assez volontiers pendant quelque temps ; mais quand on n'y réussit pas, la défaite est également lamentable pour l'auteur et pour le lecteur, car c'est l'ennui à l'état colossal.

Ce qui rend ces genres si dangereux, c'est que leur condition obligée est le sublime, sans quoi on ne pourrait excuser l'auteur d'avoir déserté le français pour nous parler nègre ou charabia. Il doit nous faire voir, par la rareté spéciale de son œuvre, qu'il lui fallait vraiment, pour obtenir des effets inusités, se dégager de tout ce qui est usuel, même des idées, même du langage. On voit quelle entreprise !

Pour être vraiment intéressants, les mémoires doivent être faits d'autobiographie d'abord, mais aussi de philosophie et d'histoire. La condition la plus favorable est que l'auteur soit intéressant par lui-même et en proportion avec les événements auxquels il a été mêlé. S'il n'y a figuré que comme comparse, il faut qu'il supplée à l'insignifiance de son rôle par l'intérêt des observations ou des renseignements qu'il aura su recueillir. La véracité, l'impartialité, peuvent seules donner de la valeur à ce genre d'ouvrages, que le public a toujours recherché, et sur lequel il se porte aujourd'hui avec un redoublement d'intérêt et, faut-il le dire ? d'espérance, tant on l'a fatigué de romans et de critique.

Mais ce genre a trois écueils redoutables qui sont : l'indiscrétion, le scandale, et la banalité.

L'auteur excède son droit s'il abuse de l'intimité pour révéler les secrets ou les misères de ses amis ; il commet une infamie si, après avoir imploré et obtenu la faveur des grands de la terre, il les outrage lorsque les retours de la fortune les ont renversés et qu'ils ne peuvent plus punir les traîtres.

Ce n'est pas assez de respecter ses amis, il faut encore respecter ceux de toute maison où on aura eu l'honneur d'être reçu, ne fût-ce qu'une fois. Toute personne qu'un écrivain aura rencontrée dans un salon doit lui être sacrée : c'est la loi de l'hospitalité. Les relations sociales n'auraient plus de sécurité si les amis que nous recevons pouvaient être impunément livrés à la risée ou au mépris par quelque romancier à court d'imagination, qu'on aurait eu le malheur d'inviter, et qui profiterait de son intrusion pour faire argent des misères ou des vilenies qu'il aurait espionnées.

C'est une autre infamie de spéculer sur le scandale, d'abord parce qu'on est toujours coupable quand on jette en pâture à la curiosité malveillante des histoires odieuses, et surtout parce que, exploiter les vices d'autrui pour en tirer profit et vanité d'auteur, c'est presque de la complicité.

Enfin un ouvrage intitulé « Mémoires » manque absolument de sérieux quand, sous couleur de mettre au jour des particularités peu connues d'événements contemporains, l'auteur se borne à raconter ce que tout le monde a pu voir de ses yeux ou lire dans les journaux : le premier almanach venu en dit autant.

Il en est de même des descriptions, des théories, des tirades philosophiques ou morales, qui courent les rues et qui y ont déjà été ramassées cent fois.

Les livres de morale sont tantôt des romans écrits pour donner des exemples de vertu, tantôt des recueils de pensées ou de maximes aménagés sous diverses formes. C'est une chose attristante que de voir combien les romans vertueux ont de peine à intéresser leurs lecteurs, quand on pourrait citer tant d'autres romans écrits sous une inspiration purement littéraire, qui passionnent et entraînent au bien des générations entières. Tout le chagrin qu'on éprouve de cette iniquité apparente ne doit pas empêcher d'en reconnaître la vraie cause et de profiter, s'il est possible, de la leçon qui en résulte : leçon morale sans doute, mais surtout leçon littéraire.

La vertu n'est pas un sujet de roman, parce qu'elle exclut la passion. Imaginer des hommes imperturbablement parfaits n'est qu'un rêve, et tout ce qu'on nous racontera d'eux nous fera à peu près la même impression qu'une fable ou un conte de fée, parce que nous savons parfaitement que ce n'est pas vrai. D'ailleurs nous sommes prévenus que ce qu'on va nous raconter a été composé exprès pour nous édifier ; l'auteur ne s'en cache pas, même il s'en vante : comment voulez-vous que nous donnions dans ce respectable panneau ? Pour s'emparer d'un cœur, il faut le surprendre ; il faut que la morale, qui pourtant n'a plus précisément toutes les grâces de la jeunesse, se glisse derrière nous, sur la pointe des pieds, comme une sœur ferait à son frère, et de ses deux mains nous couvrant les yeux, pose un baiser sur le cou en disant : « Devine ! »

Or c'est précisément ainsi que nous rencontrons la morale dans les romans littéraires dont elle n'est pas le sujet principal, mais qu'elle a pu inspirer sans empêcher l'auteur de vous montrer l'homme tel qu'il est, avec ses vertus sans doute, puisqu'il en a, mais aussi avec ses faiblesses et ses misères. Ah! celui-là, nous le reconnaissons, et qu'il rie ou qu'il pleure, qu'il s'élève ou qu'il tombe, tout en lui nous intéressera : nous aurons pitié de ses fautes, mais nous serons touchés de ses bonnes actions jusqu'à en pleurer d'enthousiasme.

Il faut bien en convenir, les écrivains qui cultivent ce genre sont certainement de fort honnêtes gens, et plus d'un parmi eux se flattent d'exercer un apostolat, mais à part quelques livres comme *La case de l'oncle Tom*, l'école a produit peu de chefs-d'œuvre. Cela tient probablement à ce que l'inspiration y est toute morale, rien ne semblant plus simple à faire qu'un livre intéressant, du moment qu'on se sent inspiré par une idée vertueuse et par le désir d'être utile à ses semblables. Mais outre les illusions qu'on peut se faire sur sa propre valeur morale aussi bien que sur le véritable mobile de cette entreprise, il faut qu'on sache qu'un tel livre est à peu près impossible à faire, parce que la vertu n'est pas un sujet littéraire et qu'il n'est pas plus facile de la mettre en roman que de mettre la géométrie ou l'astronomie en chansons.

On a écrit tant et tant de romans que les formes comme les sujets en sont épuisés. C'est ainsi qu'a disparu le roman par lettres, qui était resté si longtemps en faveur. Quand un genre littéraire a donné *La Nouvelle Héloïse*, il faut qu'il offre, même au génie, des ressources bien particulières.

Cette forme est en effet la seule qui permette de tenir constamment en scène le héros et les autres personnages, et de les faire toujours parler : en les entendant, on croit les voir.

Ici l'auteur n'est plus un historien ni un interprète, ou plutôt il disparaît, laissant le lecteur en tête-à-tête avec chaque personnage : s'il a su donner un caractère bien vivant aux figures dont il a entouré le héros, son roman peut produire des effets aussi puissants que le plus beau drame.

Le roman par lettres a encore un autre avantage : c'est, par la manière dont il découvre le fond de l'âme de chaque personnage, d'intéresser vivement le lecteur au jeu de ses passions et de ses intérêts, et de lui permettre d'en suivre ou d'en prévoir les résultats. C'est autrement intéressant que ces thèses de psychologie qui, tombant à chaque chapitre, lui font subir une suite de conférences écrasantes sur l'anatomie, la physiologie et la pathologie passionnelles de chaque sujet.

Malgré ces avantages, le roman par lettres n'a pu triompher de la monotonie de cette disposition, et à l'heure qu'il est, il ne trouve plus d'éditeurs parce qu'il n'a plus de lecteurs. Ce qu'il y a de mieux à faire, en l'état, c'est d'enfermer dans un tiroir les romans par lettres qu'on n'aurait pu s'empêcher d'écrire, et d'attendre des jours meilleurs, qui certainement reviendront.

La nouvelle est le sonnet de la prose : une nouvelle parfaite vaut seule un long roman. C'est un genre supérieur à raison des conditions étroites où on doit le renfermer. Dans une étendue restreinte à un petit nombre de pages, il faut qu'elle inspire, et d'une façon vive et précise, un intérêt concentré sur un champ réduit. Il faut que le récit, fait en peu de mots et sans trop de détails ni de développements, marche continuellement, sans parenthèses, sans épisodes, sans réflexions, sans descriptions, et les portraits mêmes des personnages doivent être des ébauches. Chaque phrase porte, tout mot fait partie de l'ensemble, car rien ne doit détourner ou même suspendre l'attention. Progressant toujours, les idées se succèdent sans se répéter. Comme dans un tableau, où on ne doit pas trouver deux valeurs égales, il ne faut jamais y rencontrer deux effets pareils. C'est au point que certains mots d'une intensité ou d'un éclat particulier n'y peuvent être employés qu'une fois : deux s'affaibliraient l'un l'autre.

Cela tient à la densité de ce genre : les parties se touchent, les rapports sont immédiats. C'est un tableau : on parcourt les détails, mais l'ensemble est tout entier sous les yeux.

Il suffit d'énoncer ces conditions, sans parler du choix des sujets, pour voir combien la nouvelle est difficile à réussir, et facile à manquer quand on ne se soumet pas à ses règles. Bien faite, c'est un roman concentré, sans toutes les aises accordées aux romanciers : médiocre, elle n'est qu'une histoire banale délayée dans un style fade.

C'est d'ailleurs un genre ingrat. Les journaux et les revues ne les acceptent que très courtes, et il faut de 1500 à 1800 lignes pour pouvoir y mettre l'intérêt et l'indépendance que ce genre comporte. Les éditeurs ne veulent plus les publier, parce que les lecteurs n'achètent que des romans, et encore à condition qu'ils soient assez longs pour fournir de nombreuses lectures.

Par la même raison, mais cette fois avec une résistance

désespérée, le public refuse les volumes faits de pièces et de morceaux détachés ayant paru dans les recueils périodiques.

Autrefois, sous le titre de « Mélanges », ces volumes avaient quelques lecteurs, mais ce genre est mort et ne ressuscitera pas. Même pour les nouvelles, bien qu'on en dissimule la nature en donnant au livre le titre du morceau principal, il faut des noms comme Maupassant, Musset ou Mérimée, pour le faire lire.

Le conte, qui est une réduction de la nouvelle, n'a plus aucune espèce de rapport avec le roman. On le conçoit sous une forme anecdotique et on y cherche toujours quelque chose d'ingénieux, de vif, et surtout d'imprévu, car c'est presque toujours par le rire qu'il saisit le lecteur, et la surprise est, comme on sait, le ressort principal du rire.

Pendant longtemps on a, par suite de cette condition, considéré la gaîté comme une qualité essentielle de ce genre. Mais la littérature moderne y a introduit le tragique et le fantastique. A côté du conte classique, composé surtout de faits comiques, du conte égrillard, philosophique, on a produit, dans le domaine du fantastique, des contes qui constituent un genre à part. On a vu là une fois de plus comment le rire et les larmes, la comédie et le drame, ne sont que deux formes du sentiment, dont les moyens ne diffèrent pas autant qu'il semble, et qui en fin de compte tendent à produire une émotion; s'ils y parviennent, qu'elle laisse le lecteur égayé ou terrifié, l'œuvre est accueillie avec le même plaisir.

Le conte est classé comme littérature légère. Cela pouvait

être vrai autrefois, mais si l'on songe aux noms des maîtres du genre, on est amené à voir qu'ils forment un des groupes les plus illustres de la littérature : Lucien, Boccace, Rabelais, la reine de Navarre, La Fontaine, Perrault, Hamilton, Voltaire, Mérimée, Hoffmann, Edgar Poë, Hawthorne, Méry, Alexandre Dumas, Dickens, Tolstoï, Maupassant, et tant d'autres, dont on peut dire que tous leurs contes sont des chefs-d'œuvre. Encore faut-il ajouter que si l'on compare le conte à la nouvelle et même au roman, le conte, tout bien considéré, a laissé dans la mémoire des hommes plus de gloire et d'immortalité que ces deux autres genres réunis.

La boutade est un genre amusant, gai, aussi facile à écrire qu'à lire. Elle offre des ressources précieuses aux chroniqueurs et aux fantaisistes et convient aux sujets limités ; prolongée, elle devient insupportable, parce qu'à la longue le mécanisme, toujours le même, finit par se faire voir et ôte la surprise, qui est la condition de la gaîté comme de l'émotion.

Au fond c'est une forme dérivée de l'hyperbole, car il est bien difficile de ne pas exagérer quand, tout le long d'un même livre, un auteur ne décolère pas. La boutade doit donc être le plus courte possible. Elle peut prêter une forme piquante et ingénieuse à la critique littéraire, au tableau de mœurs, à la description d'un monument ou d'une œuvre d'art ridicule. En somme, c'est un procédé épisodique souvent charmant, mais comme fond d'un livre, à part certains ouvrages de Barbey d'Aurevilly, dont presque tous les livres ne sont que des boutades, on ne voit pas qu'il ait laissé grand souvenir.

L'invective est plutôt une arme de combat qu'un genre littéraire. L'insulte est en effet une voie de fait terrible, et qui fait rire à tout le moins. On ne peut pas se dissimuler que c'est un genre ignoble. Sa seule excuse est qu'il fait vivre des familles qui sont, plaisons-nous à le croire, moins répugnantes que ceux qui les nourrissent par cette regrettable industrie, de sorte que, au point de vue des intérêts de la population, c'est un résultat. Mais on ne voit guère d'autre bien à en dire, et tout bien considéré, il vaut mieux, quand on peut, adopter un autre moyen de prêcher la morale ou le droit.

Avec tous les avantages du roman par lettres, le récit personnel n'en a pas les inconvénients, parce qu'ici le narrateur et le héros ne font qu'un. Dans le roman par lettres, chacune des missives échangées a trait à des incidents connus ou faciles à prévoir; plus on avance dans la lecture du roman, plus elles prennent la tournure d'un dialogue, mais d'un dialogue où chaque réponse occuperait plusieurs pages et ne viendrait que huit ou quinze jours après chaque question : de là une longueur, un balancement monotone, qui finissent par assoupir l'intérêt. Mais entendre un homme raconter de sa propre bouche ce qu'il a aimé, ce qu'il a souffert, c'est autrement palpitant que le récit d'un étranger plus ou moins ému, plus ou moins véridique. On retrouve là l'intérêt si vif de ces biographies où il nous semble vraiment respirer le souffle des hommes dont nous lisons l'histoire.

Le dialogue a été de tout temps employé avec grand avantage pour certains sujets moraux ou philosophiques. *L'Ode à*

Lydie, d'Horace, a servi de modèle aux dialogues amoureux. Au théâtre, cette forme fait la substance même d'un art qui représente l'homme en chair et en os.

Un de nos contemporains s'est avisé de l'appliquer au roman, étendant ainsi à tout un livre une forme qui a toujours été employée épisodiquement par la plupart des romanciers. Sa tentative a été couronnée de succès.

On ne voit en effet aucune raison pour qu'un roman dialogué soit moins intéressant qu'une pièce de théâtre où les acteurs parlent tout le temps, sans qu'il leur soit permis de se taire au delà de quelques secondes, et s'ils sont obligés de s'en aller, il faut que d'autres entrent aussitôt et continuent à parler.

Si le dialogue moral ou philosophique a épuisé sa fortune, le dialogue épisodique ne cesse et ne cessera jamais d'être un des plus grands moyens d'expression, aussi bien dans les scènes de mœurs que dans les situations pathétiques où sa forme directe et presque vivante donne tant de relief au caractère des personnages.

Le roman dialogué devrait donc tenter les jeunes écrivains en quête d'une bonne route à suivre. Sans parler de tout ce que le dialogue a donné de lumière et de charme aux romans des Walter Scott, des Richardson, des Balzac, des Dumas, en tout cas il les affranchit d'avance de la « description » et de la « psychologie », ce qui leur fait déjà deux chances considérables de succès.

Les voyages, voilà un sujet éternel, et qui sous toutes les

formes et dans toutes les proportions, est accueilli et dévoré par le public avec un plaisir toujours nouveau. Depuis le récit anecdotique jusqu'à la relation la plus étendue, on y trouve matière à des sujets et à des moyens inépuisables. Des ouvrages comme *Le Tour du monde*, les voyages de Victor Jacquemont ou du Bᵒⁿ de Hübner, peuvent soutenir la comparaison avec les plus hautes œuvres de l'esprit humain. Aussi les livres de voyages sont-ils, avec l'histoire, ceux qu'on demande le plus dans les bibliothèques publiques et qui se vendent le plus couramment dans les librairies.

On voit paraître depuis quelques années, soit en poésie, soit en prose, des ouvrages plus ou moins parfumés de mysticisme, chrétien ou autre ; il y a même, assure-t-on, une littérature bouddhique.

En ce temps de stagnation littéraire, pour ne pas dire plus tristement, on voit des « mouvements » partout : on n'a pas manqué d'appeler mouvement cette nouveauté un peu renouvelée des Grecs, surtout des Grecs du Bas-Empire.

La vérité est, comme pour toutes les tentatives de résurrection analogues, que ce n'est pas un mouvement, mais une ressource de nos imaginations aux abois, pour essayer de tirer quelques dernières gouttes d'une veine tarie. Au temps et dans l'état où nous sommes, il y a tant d'intérêts, tant d'industrie, tant de spéculation, tant de besoins, que sous tous les « mouvements » de l'opinion ou du goût, même en littérature, il se trouve un moteur, et ce moteur est l'argent.

Croit-on, pour n'en citer qu'un exemple, que la fureur de

curiosité dont le public s'est pris pour Napoléon n'est pas énergiquement commanditée par les auteurs, les dessinateurs, les éditeurs, les marchands d'aigles, d'armes, de redingotes grises, de médaillons et de gravures? Tout ce monde a faim, ou du moins bon appétit, et profite de toutes les occasions pour gagner sa vie. De son côté, le public, qui ne demande qu'à dépenser son argent pour satisfaire sa curiosité, ne peut acheter que ce qu'on lui offre.

Et voilà comment, quand la presse et le commerce savent s'entendre pour choisir « un article coulant », ils font un « mouvement ».

La plupart des livres de philosophie sont des ouvrages de pédagogie et surtout d'érudition, dont le plus clair consiste dans l'histoire critique des diverses théories tour à tour proposées par tel ou tel philosophe.

Il ne serait ni utile ni même possible de formuler des règles générales applicables à ce genre de travail, puisque la philosophie consiste précisément à chercher des définitions et des analyses nouvelles en psychologie, morale, logique et théodicée, qui sont, comme chacun sait, les quatre divisions primordiales de la philosophie.

On peut voir d'ailleurs comment, de jour en jour, elle ne cesse d'étendre son domaine sur les espaces les plus indéterminés de la politique et de ces sciences inattendues qu'on intitule sociologie, psychologie plus ou moins qualifiée, criminologie, etc.

Ce qu'on peut dire aux philosophes sans leur manquer

de respect, c'est que même dans ce genre de science, qui est un raisonnement plus ou moins plausible sur une matière indéfinissable et sur des organes immatériels, le sens commun garde son autorité entière, parce qu'il est la règle et la mesure de toutes les idées de l'homme. Par suite, quels que puissent être la hardiesse ou même le génie d'un philosophe, celui-ci doit s'y conformer. En dehors de cette condition, qui n'est pas toujours facile à observer, le lecteur n'a d'autre droit que de juger les opinions qu'on lui expose.

Les livres de pensées ou de maximes sont, au contraire des livres de morale théorique, essentiellement sujets à discussion et à critique, puisqu'ils se présentent toujours comme des préceptes à observer ou comme des interprétations de la vie.

Ces sortes d'ouvrages sont la plupart du temps le testament de l'âme d'un vieillard qui, sentant venir la mort, veut laisser à ses amis et aux survivants de sa génération comme un monument de ses idées, de ses sentiments, de ses plaisirs et de ses peines. Sous ce rapport ils sont parfois intéressants, et il est rare qu'on n'y trouve pas quelque pensée juste ou touchante exprimée sous une forme nouvelle.

Après une bataille qui avait duré plusieurs années, on est enfin parvenu à réintégrer le romantisme, la pornographie, le roman de mœurs, et tant d'autres vieux genres, dans leurs cases respectives, d'où ils s'étaient échappés sous le déguisement du *naturalisme*. Tout le monde étant d'accord qu'il y avait là tout simplement une enseigne et non point un genre, la question est sans intérêt, et Dieu garde que nous y revenions pour en réveiller l'immense ennui.

Reste l'analyse. Emprunté à la science, où il n'est employé d'ailleurs que pour reconstituer et faire connaître la synthèse indissoluble des choses, ce procédé, quand on prétend l'appliquer au cœur et à l'âme des hommes, porte dans son nom même la démonstration scientifique de son absurdité : prétendre raisonner le sentiment, c'est comme si on entreprenait de faire sentir la raison. Car si dans ce monde spirituel où, sous un voile impénétrable, les idées et les sensations s'entrelacent en combinaisons infinies, on va prendre une fibre imaginaire, la tirailler ou la chatouiller, on ne peut obtenir que des effets, imaginaires aussi, et tels que pourraient être de fausses notes arrachées à un violon de Stradivarius.

Surtout quand on l'applique à la plus belle, à la plus chère, à la plus mystérieuse de nos passions, ce procédé prend si bien la tournure d'une vivisection, qu'il semble voir, dans un laboratoire sinistre, un pauvre petit Amour, les ailes coupées, sanglé sur la table à expériences, la poitrine ouverte, le cœur à nu, et, penché sur lui, un myope idiot qui fouille ce corps adorable et analyse l'amour !

Nous ne poursuivrons pas plus loin ces observations sur les genres en littérature et sur les procédés qui les caractérisent ; pour pousser jusqu'au bout l'étude, il faudrait reprendre toute l'histoire littéraire. Le peu que nous en avons dit suffira amplement pour établir la situation actuelle des idées littéraires et signaler les avantages et les inconvénients des procédés. Nous n'avons prétendu faire qu'un avertissement analogue à ces cartes marines où l'hydrographe et le navigateur marquent avec la même exactitude les écueils à éviter et les bonnes passes à suivre.

On a pu remarquer d'ailleurs que nous ne sommes guère sorti de la littérature d'imagination ou de raisonnement, c'est-à-dire des livres que tout le monde lit par goût ou par choix : c'est sur cette classe d'ouvrages seulement que porte le « mouvement littéraire », par opposition aux livres scientifiques, techniques ou religieux, dont le public liseur ne s'occupe pas. Mais bien que les bornes de notre sujet, aussi bien que celles de notre compétence, ne nous aient pas permis de nous étendre jusque-là, nous ne douterions pas qu'un plus savant ne pût y trouver matière à des observations au moins aussi utiles, et probablement analogues, puisqu'en définitive l'esprit humain n'a pas deux manières de concevoir et d'exprimer les idées.

CHAPITRE V.

DES LIEUX COMMUNS

Pour faire un livre il ne suffit pas d'écrire : il faut penser, concevoir, exprimer, convaincre, émouvoir, et surtout surprendre par quelque chose d'inattendu. La condition indispensable pour obtenir ce résultat, c'est que le livre trouve dans l'âme de ses lecteurs des idées et des sentiments qui viennent à la rencontre des siens, qui les reconnaissent, qui les accueillent, sinon comme des amis, du moins comme des frères en intelligence, en sensibilité, en raison, faute de quoi le livre ne sera qu'un étranger parlant une langue inconnue.

Or il y a fonds universel et immuable, qui est l'âme même de l'humanité et qu'on appelle « les lieux communs ». Il est vrai que ce mot exaspère ceux qui n'en comprennent pas la profondeur, qu'ils en font une injure, qu'ils le bafouent comme étant la formule de la médiocrité. Mais pour qui sait voir les choses, ces lieux communs tant insultés ne sont que la métaphysique, source éternelle des idées et des sentiments des hommes, cette source où, jusqu'aux derniers jours de la terre, ils ne cesseront de s'abreuver. C'est là que les demi-dieux de l'art et de la pensée ont bu leur génie, c'est là que le plus humble de nous, quand il vient au monde, allume son flambeau pour s'éclairer à travers les ombres de la vie.

Donc, en littérature comme en art, pour qu'une œuvre devienne populaire, il faut qu'elle réponde à une de ces idées-mères ou à un de ces sentiments humains que tout lecteur connaît, qu'il partage ou qu'il affecte ; qui courent les rues enfin, et qu'on appelle « les lieux communs », pour marquer qu'autour d'eux toutes les âmes de la terre vont et viennent et se rassemblent incessamment.

Les lieux communs sont donc les idées moyennes, celles sur lesquelles on s'accorde le plus généralement et se divise le moins. Ce n'est ni la vérité ni la conviction absolues, par conséquent il faut convenir qu'il y a une proportion inévitable d'erreur. De là des esprits impatients ont conclu qu'elles ne sont que des banalités.

Elles sont la sagesse, parce que, sur toutes ces choses de la métaphysique où l'analyse et le raisonnement ne peuvent rien, la science n'a pas d'objet, personne n'ayant qualité pour s'y prétendre savant. Il vaut mieux s'accorder que de se disputer sur des idées sans lesquelles on ne vivrait pas du tout.

Le lieu commun suprême, c'est la langue : elle est la voix des idées, comme l'écriture en est l'image. Pour qu'elle puisse remplir son office, il faut que le mot y ait une signification précise, exclusive et unanimement convenue entre tous les hommes qui parlent la même langue. De cette unité de mots se forme bientôt l'unité de syntaxe, qui donne une disposition particulière à l'articulation des idées. Cette forme du discours s'établit par l'usage, c'est-à-dire par le choix de la majorité, et lorsqu'elle a subi l'épreuve d'un certain temps, elle se fixe et la langue est faite.

Mais comme, avec le discours, se trouve fixée l'expression de la plupart des idées, les mots et les choses arrivent bientôt à ne faire qu'un ; le langage devient le répertoire où chacun de nous peut retrouver, formulées en termes universellement adoptés, toutes les conceptions auxquelles il a pu songer.

Les mots étant désormais la monnaie des idées, est-il possible que les hommes qui les échangent ne s'accordent pas sur leur valeur?

Voilà comment la langue nationale est l'âme même d'un peuple, et comment le seul moyen de nous faire entendre de nos compatriotes est de la parler telle qu'elle est, et non autrement.

Ce n'est donc pas une exigence indiscrète que de demander à nos écrivains d'écrire en français : c'est un droit. Supposez qu'un orateur imagine un jour de nous haranguer en nègre ou en charabia, est-ce qu'on le laisserait parler? On le prierait de parler comme tout le monde, ou sinon de se taire.

Quoi qu'on puisse prétendre, il y a pour la langue écrite, tout comme pour la langue parlée, des lois que personne n'a le droit d'enfreindre, des usages consacrés, une politesse, comme on disait autrefois, une police, comme on devrait la faire aujourd'hui, qui gouverne la littérature de chaque peuple. Tout ce régime, à la fois intellectuel, moral, esthétique et même politique, a pour principe la nécessité de maintenir la langue nationale, et avec la langue, la métaphysique, c'est-à-dire le génie d'un peuple.

La grande prétention que quelques auteurs mettent en avant pour se dispenser d'écrire comme tout le monde, c'est que la langue change, et qu'à la littérature seule appartient, non seulement de consacrer les changements survenus par l'usage, mais d'en imaginer d'autres et d'y donner force de loi. Pour que cela soit vrai, il faudrait que la langue littéraire fût la même que la langue usuelle : or si l'on considère la marche comparée de la littérature et de la langue usuelle, à côté des quelques variations de la littérature on voit que la langue usuelle, depuis le moment où elle a été formée, a beaucoup moins changé qu'on ne veut bien le dire.

Le français est une des premières langues modernes qui se soient formées ; notre littérature, pendant des siècles, s'est développée en progrès de plus en plus rapides, on peut donc trouver là un des meilleurs sujets possibles de comparaison. D'ailleurs si on rapproche ensemble, par exemple, Joinville, Montaigne, Molière, Voltaire, Mérimée, on voit qu'en réalité la langue littéraire elle-même a très peu changé.

Il n'y a donc pas deux français, il n'y en a qu'un, qu'on pourrait appeler le français moyen ; qui va depuis les propos du paysan et de la marchande des halles jusqu'aux dépêches du ministre des affaires étrangères à nos ambassadeurs ; qui comprend la conversation du monde, les lettres officielles ou privées, les publications littéraires de toute sorte, les journaux, les prospectus, les affiches, et jusqu'aux billets de correspondance qu'on vous donne dans les omnibus. Ce français-là n'a pour ainsi dire pas changé depuis Louis XIII. Les idées des hommes vivant en société ne sont pas innombrables, la vie est toujours la même, et quand un peuple civilisé a fait son vocabulaire et sa syntaxe, il n'en change jamais que quelques détails insignifiants. On peut se croire autant de génie qu'on voudra, mais si l'on est trop grand pour se contenter d'une langue qui a suffi à Bossuet, à Buffon, à Rousseau, à Lamartine, il faut se résigner à être pris au sérieux à peu près comme un enfant qui saute pour attraper la lune, et qui injurie sa bonne parce qu'il n'y arrive pas.

Sans doute il est fâcheux que tout auteur qui se sent supérieur au reste de l'humanité n'ait pas le droit de parler une langue à part : mais en conscience, si respectable et si sacrée que soit cette exigence généreuse, la nécessité de comprendre ce qu'un écrivain a voulu dire dans un livre est encore plus sacrée. Même au point de vue peut-être un peu bourgeois de la renommée, c'est positivement plus avantageux.

Nous aurons bientôt, à propos de la rédaction du manuscrit, à revenir sur cette question de la langue, pour spécifier les applications les plus usuelles et les plus générales de la loi que nous avons attestée. Ce qui précède suffit à établir le principe.

Le bon étant, comme chacun sait, le contraire du mauvais, les lieux communs que nous allons formuler pourraient s'appeler les bons moyens. Mais qu'on veuille le croire, il ne s'agit pas ici pour nous de promulguer de notre autorité privée des préceptes à suivre : chacun étant seul maître de son travail, il serait ridicule de dire aux écrivains : « Faites ceci, ne faites pas cela ». Nous n'avons qu'un droit, et nous en usons, qui est de constater en fait ce qui arrive à quiconque rompt en visière à cette manière de voir et de sentir qu'on appelle lieu commun. C'est à l'auteur de s'arrêter, ou de passer outre s'il se croit assez sûr de son originalité pour risquer la bataille.

Il n'y a en effet que l'originalité qui soit de force à tenir tête à un lieu commun fortement établi : mais ce qu'il faut se dire, c'est que cette guerre est vieille comme le monde, que tout ce qui pourrait se conquérir sur les idées universelles est à peu près conquis, et que dans une campagne de ce genre on s'expose à remporter plus de pommes cuites que de lauriers. D'ailleurs s'il est vrai, comme nous l'avons toujours soutenu, que l'esprit soit tout simplement le sens commun sous une forme inattendue, l'originalité, qui est une des plus fines variétés de l'esprit, ne perdra jamais rien à faire bon ménage avec le sens commun.

Quand on a dit d'un livre ou d'un homme : « Cela n'a pas le sens commun », est-ce que tout n'est pas dit ?

Parmi les sixièmes sens que tant de penseurs auraient pu découvrir, il en est un, très complexe, très rare à surprendre parce qu'il se mêle intimement à toutes nos idées ; dont nul ne s'est avisé, et qui cependant règle la destinée de chacun : c'est le sentiment de la vie.

Ne l'a pas qui veut, ce sentiment-là, mais comme c'est un signe de race, beaucoup y prétendent, même les hommes sans cœur et sans croyance, même ceux qui se moquent des lieux communs.

Qu'est-ce que le sentiment de la vie ? Si le « savoir-vivre » n'était pas pris pour les relations du monde, ce serait le mot ; on pourrait encore le définir : « le bon sens dans la vie ». Voir ce qui est comme il est ; sentir comme il faut sentir ; savoir distinguer le bien du mal ; ne se méprendre ni sur les droits ni sur les devoirs envers soi-même ou autrui ; avoir conscience de ce qu'on peut ou qu'on ne peut pas, et par-dessus tout, se rendre compte de ce qu'un homme pèse devant l'univers, voilà le sentiment de la vie.

Sur toutes ces choses il s'est formé un consentement général qu'un écrivain doit respecter même quand il ne le partage pas. L'honneur, le devoir, la vertu, le droit, ont leur orthodoxie aussi rigoureuse que celle de la religion : il faut s'y tenir.

Mais ce sentiment supérieur va plus haut et plus loin : en s'imposant à nous, il nous force à reconnaître combien nos opinions et notre orgueil sont peu de chose devant le consentement universel des hommes : devenus plus humbles et plus modestes, nous pouvons juger avec un peu de clairvoyance ce que valent ces problèmes, ces questions, ces théories, dont on nous offusque pour nous empêcher de vivre en confiance, et que nous trouvons semées, comme des épines cruelles, sur tant de chemins qui pourraient nous conduire au bonheur !

Alors, revenus « au bon sens », nous pourrons, d'un cœur

léger, jouir avec reconnaissance des biens de la terre, en supporter bravement les maux, et lorsque nous tiendrons une plume, respecter la joie des heureux, la foi des croyants, la grandeur des humbles, faire aimer les hommes et la vie : et nous écrirons bien.

Quoi qu'on ait pu prétendre des privilèges et irresponsabilités de l'écrivain, bien qu'on soit allé parfois jusqu'à lui faire un panache de ses désordres et de ses vices, tout porte à croire que le meilleur moyen de bien écrire est encore de bien vivre. Or, de toutes les conditions d'une bonne vie, il n'en est pas, pour élever l'esprit, pour grandir le cœur, pour éclairer l'intelligence, qui égale le respect envers les humbles : j'entends, les humbles honnêtes. Aucun précepte, aucune doctrine, ne vaut la scène muette de tous ces pauvres hommes qui marchent dans la vie à côté de nous, courbés sous la peine, sans plaisirs, sans espérance, n'enviant et ne haïssant personne, ne faisant pas de mal à une mouche ; de qui l'innocence est mille fois plus méritoire que la nôtre ; qui ne se plaignent pas, et qui trouvent encore à ramasser, entre les cailloux de ce dur chemin, quelques petites fleurs de joie, modestes comme eux-mêmes.

On se demande souvent où sont les grands de la terre : les voilà, et celui qui porte dans son cœur le respect de ces saints de la vie peut dormir en paix : il est maître d'un trésor. Devenu humble à son tour, libre d'orgueil et d'envie, content de son sort, il écrira des choses douces et consolantes à lire, et qu'il ait ou non de la gloire, il aura vécu heureux en faisant peut-être un peu de bien.

Le sentiment de la vie fait des heureux et des sages, mais quiconque n'a pas le sentiment de la nature ne pourra être rien de plus qu'un écrivain intelligent. On ne peut pas plus isoler l'homme de la nature que des idées de ses semblables : nous vivons plongés dans l'infini, et tandis que sur nous-mêmes nous ne pouvons savoir que peu de chose, c'est de la terre et du ciel, c'est du spectacle de la vie universelle, que nous tirons le plus clair de notre raison et le plus juste de notre sensibilité.

Quand, après un long effort de travail, vous sentirez votre misère fléchir, s'écraser sous le poids de la pensée, sous l'angoisse du sentiment, fermez vos livres, jetez là votre plume, et sortez. Avancez-vous dans la plaine, regardant le ciel, foulant du pied la terre où tout frissonne de vie autour de vous. Voyez quelle paix, quelle sérénité, respire dans ces êtres sans nombre qui, muets, immobiles, semblent se pencher vers vous comme s'ils avaient une âme pour vous comprendre et des lèvres pour vous parler. C'est la nature : là vous retrouverez le courage, l'espérance, la foi ; vous vous sentirez renaître, et vous reviendrez le cœur en paix, l'âme en fleur. Pourquoi, comment, qui pourrait le dire? Mais enfin vous voilà, petite créature tout à l'heure si misérable, maintenant aussi calme, aussi confiant dans la vie, que les oiseaux du ciel et les brins d'herbe des prés.

C'est là que J.-J. Rousseau allait respirer son génie, errant dans les bois, se roulant dans l'herbe des prairies, s'agenouillant pour admirer des fleurs sauvages, puis tout à coup gravissant les collines, escaladant les rochers, et debout au bord des abîmes, s'enivrant de vertige.

Aussi n'y a-t-il pas de procédé littéraire qui vaille, pour mettre l'ordre et la paix dans l'âme d'un écrivain, un séjour à la campagne ou au bord de la mer; là l'imagination se rafraîchit, les sensations se précisent, et les rapports entre l'homme et la nature se découvrent dans leurs justes proportions. Les descriptions, dont on a si souvent besoin pour caractériser un événement ou une idée, ne seront que de vaines fantaisies si l'auteur n'a pas observé et ressenti par lui-même l'aspect et l'expression des scènes naturelles qu'il va reproduire.

Le vrai en littérature est la représentation incontestée d'un objet matériel ou spirituel. Quels que soient les moyens employés par l'écrivain, si l'objet est reconnu sans hésitation, la représentation est vraie.

Seulement il faut prendre garde que, ne pouvant découvrir la réalité absolue, nous ne connaissons que des apparences. La représentation des choses, en littérature, serait donc fausse si par impossible elle parvenait à les faire voir dans leur réalité. Le moyen de reconnaître ce qui nous est inconnu?

C'est d'ailleurs une absurdité inconcevable de dire qu'avec des mots un écrivain peut se faire fort de nous mettre dans la main la réalité elle-même; de nous la faire palper et manier, et de nous détromper ainsi des idées fausses que nous nous en étions faites. Cela n'a pas de sens, et quand il leur a fallu donner un corps à leurs théories, les soi-disant réalistes ne nous ont mis dans la main que des grossièretés ou des ordures.

Sur cette question du vrai comme sur tant d'autres, on est parti d'une idée juste pour arriver, de subtilités en chinoiseries et de chinoiseries en aberrations, à une conclusion certainement fausse, que tout paraît contredire, et qui d'ailleurs ne peut être vérifiée.

Le sens commun avait reconnu que l'homme, ne pouvant pénétrer la substance des choses, ne pouvait par suite pénétrer le vrai absolu, et que pour lui le vrai n'est que ce dont il se sent certain. C'était plus qu'il n'en fallait pour distinguer couramment le vrai du faux, et la preuve en est que tous les peuples de l'univers, les lois, les arts, la science elle-même, s'en sont contentés et en ont fait le monde humain tel que nous le voyons.

Mais les philosophes et les critiques sont venus, et après eux les incapables et les sots, et ils ont dit : « Ah! vous reconnaissez que le vrai n'est que ce dont nous nous croyons sûrs? Eh bien, nous en concluons, nous, que le vrai n'existe pas, puisque vous ne pouvez en avoir la certitude : donc, ou rien n'est vrai, ou vous devez admettre pour vrai tout ce qui pourra passer par la tête au premier venu. »

Sur ce fondement superbe ils ont bâti une théorie qui certes les aurait mis bien à l'aise si on l'avait subie : aucun jugement ne pouvant faire autorité, les écrivains ou les artistes ont le droit de représenter le vrai comme ils le voient, et ce qui est plus fort, le public est obligé de tenir pour vraies toutes ces représentations, quelque diverses, quelque contradictoires qu'elles soient.

C'est ainsi qu'on a pu voir, dans l'exposition de peinture d'une école fantastique, des paysages avec des gazons écarlates, et qu'au moment où nous écrivons ces lignes, une grande exhibition d'œuvres d'art offre à notre admiration des femmes vertes de peau. Pour nous autres qui jusqu'ici les avions vues en rose, on peut penser ce que ce spectacle a de navrant.

On sait du reste quelles œuvres littéraires sont issues de cette théorie, et quelle en a été la fortune. Le respect qu'on doit à leurs auteurs, tant ils sont morts, ne permet même pas de rappeler les titres de ces livres invraisemblables.

Cela se réduit à une équivoque bonne tout au plus à tromper des enfants. Sans doute les hommes ne connaissent le vrai que par l'idée qu'ils s'en font, et ils n'y sont pas toujours d'accord : seulement, s'ils n'y sont pas toujours d'accord, c'est que les uns le voient droit et les autres de travers ; ceci, on on peut l'affirmer en toute certitude. Or quand on voit d'un côté le genre humain unanime, et en face du genre humain, quelques douzaines d'écrivains ou d'artistes, il y a toutes les raisons du monde de croire que le vrai selon le genre humain est plus probable que le vrai selon ces dissidents, puisque le vrai de l'humanité a produit, en littérature et en art, tout ce qui existe, et leur vrai, rien.

Ce vrai selon le bon sens est encore un des lieux communs auxquels il faut se soumettre, sous peine de n'être ni compris ni accepté : c'est à prendre ou à laisser. Tant qu'on n'écrit que pour soi, sans demander rien à personne, c'est fort bien : mais du moment qu'on s'adresse au public en lui demandant son opinion, le public ne peut manquer de repousser une manière de voir qui, à ses yeux, n'a pas le sens commun.

D'ailleurs ce que tout le monde entend par « le vrai », ce n'est pas la certitude absolue, c'est la certitude relative, relative comme toutes nos autres idées. C'est à force de comparer que les hommes sont parvenus à établir définitivement les différences qui distinguent certaines choses, et les ressemblances qui en assimilent certaines autres.

Nous ne pouvons donc rien connaître que par comparaison, nous n'avons que des idées relatives : mais comme nous sommes nous-mêmes, ainsi que tout ce qui existe, des êtres relatifs, nos jugements sont vrais comme les mathématiques sont vraies : à moins d'être Dieu, on ne peut aller plus loin en matière de certitude.

Or, de même que nous avions besoin de la comparaison pour arriver indirectement à connaître les choses, nous avons dû, lorsqu'il s'agit de les faire connaître à nos semblables, nous servir du même moyen, et c'est ainsi que la métaphore est devenue l'essence même du langage. On n'a qu'à lire attentivement une page de français, et on en trouvera pour ainsi dire à chaque mot. Si le français est la langue la plus claire et la plus précise de toutes, c'est parce qu'elle en est la plus métaphorique.

Il faut se dire que l'homme qui écrit en français tient entre ses doigts le stradivarius de la parole humaine, et que nulle autre langue ne peut rivaliser avec la nôtre pour l'expression du vrai.

Dès lors ce n'est pas seulement du respect que nous devons à la langue française, c'est une observance faute de laquelle nos écrits perdront ce qui constitue la propre substance de notre littérature nationale, c'est-à-dire son caractère métaphorique.

Cette condition observée, le vrai reste le plus sûr et le plus puissant moyen d'intérêt dans une œuvre littéraire. C'est pour cela que le public, quelle que soit la mode du moment, préfère à tout l'histoire, les voyages, les mémoires, les caractères, les débats judiciaires, et jusqu'aux « nouvelles diverses » des journaux. On peut le voir encore dans les bibliothèques publiques, où les livres d'histoire sont plus demandés en lecture que toutes les autres espèces de livres prises ensemble.

Même dans les livres d'imagination comme le roman ou la nouvelle, le plus petit grain de réalité suffit pour donner un rayonnement de lumière, un air de vie, que toute la littérature du monde ne saurait produire.

L'imagination, en somme, n'est autre chose que la mémoire ; selon qu'elle est plus ou moins vive, elle ranime plus ou moins, pour les embellir d'une forme intéressante, des souvenirs qui, racontés en langage courant, n'auraient aucun caractère d'art : mais qu'au lieu d'un de ces souvenirs vagues dont nous n'avons même pas conscience, un fait précis et vivant vienne se mêler à la fable du récit, c'est comme le ferment qui fait lever le pain : tout paraît naturel, et des traits imprévus, des inspirations inattendues, semblent nous tomber du ciel.

Certainement on peut expliquer jusqu'à un certain point cet effet en disant que le vrai nous influence alors par sa forme toute particulière ; que son voisinage change le cours ordinaire de nos idées ; que si nous écrivons mieux, c'est que nous oublions un peu la littérature pour chercher l'expression vraie. Mais cela ne suffit pas à expliquer cette magie : car si nous écrivons mieux, nous n'écrivons pas autrement ; il n'est pas une ligne où l'on ne puisse reconnaître la trace de notre main.

Au risque donc de prétendre deviner quelque lien mystérieux entre le vrai et l'âme des hommes, nous ne pouvons nous empêcher de croire que la vérité naturelle, celle qui vit par elle-même, qui réside dans la substance des choses de ce monde, exerce sur nos conceptions une influence dont nous ne pouvons définir l'action, mais dont les effets sont trop manifestes pour qu'on puisse la révoquer en doute.

Mais si puissant, si magique même, que soit le vrai dans un ouvrage de l'esprit, il n'en a pas moins sa mesure, comme tous les moyens et tous les effets de l'art. Ainsi que nous l'avons rappelé, il nous faut représenter les choses de la même manière que nous les concevons, c'est-à-dire par une interprétation : si, au lieu de les interpréter, nous les présentons en réalité, nous ne faisons plus une œuvre littéraire, nous exhibons un phénomène naturel.

C'est comme le savant de Gulliver, proposant de remplacer les mots par les objets mêmes qu'ils représentent, et qui s'en va portant dans une hotte tous ceux dont il a besoin pour sa leçon du jour.

Du principe ainsi formulé dans sa rigueur, on a tiré une mesure qui ne permet pas de pousser au delà d'un certain degré d'intensité l'expression littéraire du vrai.

Au théâtre, par exemple, la nécessité de cette mesure n'est-elle pas évidente ?

Toute idée élevée, tout sentiment noble, est un lieu commun ; il en est de même de la tristesse, de la douleur physique ou morale, de la guerre, de la paix ; l'élégie, la tragédie, ne vivent que de pitié et de terreur ; les harmonies ou les désordres de la nature, les plaisirs et les peines de la vie, sont des sources d'inspiration également fécondes pour l'art littéraire. Le lieu commun est donc une catégorie d'usage bien plus que de nature propre, et on conçoit que nous ne pouvons penser à entreprendre ici une étude qui n'a pas de limites.

La religion, à elle seule, si l'on essayait d'en faire voir l'influence sur les œuvres de l'esprit humain, suffirait à remplir plusieurs volumes, puisqu'on peut dire qu'elle occupe plus de la moitié du monde moral et social chez tous les peuples de la terre. Il faut donc saluer en elle le lieu commun suprême, celui qui a fait l'*Imitation*, le *Génie du christianisme*, la poésie de Lamartine, et l'*Histoire universelle* de Bossuet.

CHAPITRE VI

VERTUS ET VICES LITTÉRAIRES

Appeler les choses par leur nom, sans les surcharger d'adjectifs ou de périphrases; les présenter directement, et ne pas se mettre devant pour les expliquer et pour faire admirer d'abord son style; s'effacer le plus possible, en se laissant voir tel qu'on est et non tel qu'on se prétend; faire ressentir au lecteur le même effet qu'il éprouverait devant la réalité, voilà le naturel. Cette qualité n'a pas seulement pour résultat de donner à la composition un air de jeunesse et de vie, elle laisse aux parties leur ordre, aux détails leur proportion, et l'auteur s'y montre dégagé de toute préoccupation d'amour-propre ou d'intérêt, et ne songeant qu'à bien faire. Ajoutez à cela que le naturel rend la lecture légère; qu'il n'admet ni la psychologie, ni l'esthétique, ni l'analyse, ni, par conséquent, l'ennui, et le naturel serait certainement la plus haute des qualités personnelles d'un écrivain s'il n'y avait pas la simplicité.

La simplicité dans un écrivain n'est pas une qualité ou une faiblesse, c'est un génie. Dans une œuvre littéraire comme dans une œuvre d'art, il n'est pas de caractère qui se manifeste avec plus de puissance : il n'en est pas dont l'affectation soit plus maladroite et plus insupportable.

Elle règne dans toute la nature, elle est le plan de toutes les choses créées. Quand Képler découvre les lois des mouvements planétaires, Newton, la gravitation, Lavoisier, le principe fondamental de la chimie, c'est la simplicité suprême de leur conception qui en fait la grandeur.

En littérature il en est de même, puisqu'en définitive les idées et les formes d'expression sont, non pas des êtres surnaturels, mais des produits de la vie : elles sortent de l'âme au lieu de sortir du corps, voilà tout. La poésie d'Homère est simple de même, parce qu'elle est née avant la littérature et que les hommes et les choses y sont représentés dans leur simplicité.

Depuis tant de siècles qu'on pense et qu'on écrit, le cours des idées, favorisé par l'esprit d'imitation naturel à l'homme, a créé progressivement, à côté du langage parlé, une langue intellectuelle où les formules des conceptions ont fini par prendre la valeur et l'autorité de véritables mots. Ces formules toutes faites avaient le double avantage d'épargner du travail aux écrivains et de s'échanger comme une monnaie, sans crainte de malentendu sur la valeur de l'expression ou de l'idée qu'elles représentaient.

Ce n'est pas ici le lieu de pousser plus loin cette observation : elle suffit pour faire comprendre comment, tandis que les sujets s'épuisaient peu à peu à force d'avoir été pris et repris, les formes, inépuisables de leur nature, n'ont cessé de prédominer de plus en plus sur le fond des ouvrages littéraires ; et comment un philosophe chagrin, si ce n'est pas quelque lecteur irrité, a pu proférer ce blasphème, qui caractérise bien l'angoisse littéraire de notre siècle :

« Otez d'un livre tout ce qui n'est que de la littérature, il ne reste rien. »

Il y a, hélas ! beaucoup de vrai dans cette vilenie, et nous nous sentons perler quelques gouttes de sueur froide en l'écrivant. Seulement, pour nous mettre à même d'en tirer tout le profit, il faudrait nous dire qu'est-ce qui est de la littérature et qu'est-ce qui n'en est pas ? Or le malheur de nous autres écrivains est que nous ne le saurons jamais, et le public encore moins. Il y aurait bien la ressource des critiques, mais ils sont encore plus divisés sur la question.

C'est ici que la simplicité, si l'on trouvait quelque combinaison pour lui rendre ses droits, pourrait rétablir la situation et, ramenant la littérature au temps heureux où elle n'existait pas encore, faire de nous des primitifs comme Homère et nous donner pour héros des colombes comme Hélène ou des butors comme Achille ; il ne resterait plus qu'à créer, par les procédés bien connus de la zootechnie, des races de lecteurs aménagés pour digérer nos chefs-d'œuvre.

En attendant cette nouvelle renaissance, la simplicité nous reste, et il ne tient qu'à nous, auteurs et lecteurs, de faire notre examen de conscience, de comparer nos ouvrages et nos lectures ; de prendre les expressions et les formules de diverses époques littéraires, et de nous demander comment, au temps où nous sommes, nous « parlerions » tel ou tel sentiment, telle ou telle pensée, au lieu de l'écrire. On verrait à cette comparaison la même différence qu'entre l'éloquence d'il y a cinquante ans et celle d'aujourd'hui : et de même qu'on n'oserait plus dire : « L'hydre de l'anarchie » pour signifier l'émeute, on renoncerait à écrire « cruelle énigme » pour signifier « possession paisible d'une maîtresse charmante ».

Seulement, avant de nous engager dans cette entreprise, il faudrait savoir ce que c'est que la simplicité. Car quand on lit certaines antiquités littéraires comme la *République* de Platon, les idylles de Théocrite, les tragédies de Sophocle, et même la Bible, on a quelque peine à découvrir en quoi cette littérature est plus simple que la nôtre. Si de là nous passons aux modernes, la simplicité s'y présente tantôt si niaise et tantôt si savante qu'on la prendrait pour un artifice littéraire.

Mais ce n'est pas dans les phrases d'un écrivain qu'il faut chercher, c'est dans le fond de ses sentiments et de ses idées ; tel, sous les formes les plus raffinées, se montrera simple au fond, pendant qu'à côté de lui, à grand renfort de platitudes ou de grossièretés, un autre, qui se croit plus habile, ne réussira qu'à faire un livre plat et grossier, mais nullement simple.

Il faut donc, pour que la simplicité se marque dans l'œuvre, qu'elle soit dans l'écrivain. La chercher, c'est s'assurer d'avance qu'on ne la trouvera pas ; l'affecter, c'est se consacrer au ridicule. Tout le talent du monde ne suppléera jamais cet instinct, ce don indéfinissable d'aller droit aux choses, de les sentir et de les comprendre telles qu'elles nous paraissent, et une fois l'idée fixée, de s'en faire une certitude que rien ne puisse nous arracher.

Sans doute la simplicité n'est pas infaillible ; l'inégalité des intelligences, et plus encore, la diversité des caractères, l'exposent à des erreurs et à des écarts souvent terribles, puisqu'elle mène parfois jusqu'au crime : mais c'est une puissance sans rivale, car elle seule peut faire ces caractères tout d'un bloc, où les forces sensitives et intellectuelles d'un homme, concentrées en un petit nombre d'idées, forment une sorte de bataillon carré impénétrable.

Jean Huss va mourir dans les flammes. Courbée par l'âge, les mains tremblantes, les yeux levés au ciel, une vieille femme s'avance pieusement, s'agenouille au pied du bûcher, y jette un fagot, et se retire en faisant des signes de croix.

« *O sancta simplicitas*! » dit-il.

On peut hardiment défier tous les rhétoriciens et tous les philosophes de donner une définition aussi majestueuse de la simplicité : il faudrait bien des volumes pour développer le monde d'idées contenu dans ces trois mots.

Dans cette rapide revue des éléments de l'art littéraire, nous ne pouvions nous soustraire à l'obligation d'en aborder le plus important, mais qui en est aussi le plus difficile à déterminer ; nous n'osons pas nous flatter d'avoir suffisamment fait comprendre en quoi consiste la simplicité. Faute de la mieux définir, nous pouvons du moins offrir un sûr moyen de la pratiquer : ce serait, quand on écrit, de faire toujours ses phrases pour faire valoir le sujet, et jamais pour se faire valoir soi-même.

Qui sait ? A force de pratiquer cette sagesse, on en fera peut-être une vertu...

Rien n'est plus caractéristique que l'originalité : rien n'est plus difficile à définir. Il faut d'abord éliminer la fausse originalité, qui est tantôt une affectation, tantôt une bizarrerie, et qui, sous l'une ou l'autre de ces formes, est également désagréable ; mais cela fait, on n'est guère plus avancé, puisque la nature de ce caractère consiste précisément à se dérober à toute comparaison. Dans l'original, tout, idées et expression, diffère du courant auquel nous sommes accoutumés, et prend des proportions et des aspects inconnus.

De là des effets très opposés : ce qui a ravi tel lecteur fera grincer des dents tel critique, et réciproquement. De plus, comme le jugement du public se fait d'une majorité où les idées moyennes dominent inévitablement, c'est une question de savoir si l'originalité est un avantage ou un danger. Pour qui ne cherche que le mérite, elle peut donner à un livre des qualités si hautes, si exceptionnelles, qu'elle en fera un chef-d'œuvre aux yeux d'une élite de quinze ou vingt lecteurs : mais s'il s'agit de réussir dans le sens où le public l'entend et où l'auteur l'espère, on risque fort d'en retirer plus de déboires que de profit.

N'est pas original qui veut, mais on peut l'être malgré soi, avec d'autant plus de candeur qu'on reste longtemps, et quelquefois toujours, à l'ignorer ou à s'en défendre. Il est rare qu'on n'arrive pas à s'en convaincre à force de se l'entendre corner aux oreilles, et alors on doit se faire une raison difficile à pratiquer. Il faut se régler, se modérer, ne pas trop oser, tout en gardant ce don précieux ; se faire enfin une mesure qu'on ne dépassera pas, mais qu'on remplira sans hésiter si décidément il n'y a pas d'autre ressource qu'un tour plus ou moins original.

On aura parfois bien de la peine, on fera plus d'un écart, mais celui qui sera parvenu à dompter la bête capricieuse qu'il est, pourra donner un libre cours à ses plus brillantes espérances. Car l'originalité n'a d'autre défaut que l'excès ou l'abus, et n'est un danger qu'entre les mains des lourdauds ou des maladroits : alors elle n'y va pas de main-morte, et elle devient un genre odieux fait pour exaspérer quand il n'endort pas.

Mais cela même est une leçon de cacographie qui, mieux que tous les conseils, nous met à même de comparer la vraie originalité avec la fausse, le strass avec le diamant. Car c'est un diamant : chacun de ses rayons porte une des étincelles du soleil et une des couleurs de l'arc-en-ciel.

Après qu'il s'est bien appliqué, bien caressé de félicitations intérieures, bien bercé d'espérance ; après avoir, d'un œil sévère, passé la revue de son manuscrit comme un général passe la revue de ses troupes au moment de les lancer au combat, l'auteur gonfle sa poitrine d'un grand soupir de joie, et se dit :

« Oui, voilà bien mon œuvre telle que je l'avais rêvée... Tout est bien, rien n'y manque. Allez, feuilles légères, déployez-vous comme des ailes, et répandez de toutes parts cette grande nouvelle qu'un écrivain nous est né ! Bientôt des milliers de cœurs vont battre pour moi, des milliers de bouches vont proclamer mon nom ; par mon intelligence, par mon talent, je vais me voir élevé au niveau des têtes les plus hautes. A bientôt la gloire : pourquoi pas ?

L'imprudent n'a oublié qu'une chose, c'est que tout livre naissant peut porter dans ses flancs, sans qu'on puisse savoir où il se cache, un monstre qui va s'élancer de quelque page oubliée, et d'une seule étreinte, faire du nouveau-né un ange pour les limbes.

La bêtise, voilà le monstre ! Le livre est très bien fait ; l'idée en est heureuse ; on y passe tour à tour du plaisant au sévère ; les caractères sont parfaitement tracés ; les descriptions, pleines de charme et de vérité ; l'émotion et la curiosité s'y partagent l'intérêt du lecteur : pour un peu, ce serait un chef-d'œuvre.

Mais le livre est bête...

L'origine de la bêtise se perd dans la nuit des temps. Ses évolutions sont d'autant plus difficiles à suivre qu'elle est indéfinissable, et que, comme la sottise sa sœur, elle se dérobe et se cache sous mille apparences toujours trompeuses. Ce qu'il y a de plus terrible, c'est son inconscience : l'homme le plus spirituel, l'homme de génie lui-même, fait une bêtise et ne s'en doute pas : c'est le couac de l'intelligence, mais un couac dont le chanteur ne s'apercevrait pas. Or quand l'esprit le plus sublime n'échappe pas à cet accident, comment un auteur, s'il n'a qu'une dose honorable d'esprit et de talent, pourrait-il se flatter d'en être à l'abri ?

La bêtise est un trouble mental : on peut, pour la définir, emprunter aux aliénistes leur distinction entre les maladies larvées et les maladies franches. C'est surtout en littérature que la bêtise larvée exerce ses ravages sous sa forme insidieuse. Le plus pénétrant diagnostic tombe en défaut devant ce protée qui, avec un art infernal, sait prendre toutes les formes et tous les masques. C'est tantôt la simplicité, tantôt la finesse ; sagesse austère, sentiment tendre, gaîté folle, mélancolie auguste, enthousiasme, doute, amour, fureur, tout lui est bon : il en fait des images proprement copiées, des trompe-l'œil décevants, et on éprouve la même illusion que devant ces figures de cire qui nous représentent des scènes tour à tour gracieuses ou tragiques.

Dans un livre bête, la bêtise est partout, et précisément parce qu'elle est partout, on ne la distingue pas du corps de l'ouvrage ; tout en est imbibé, et rien ne paraît, rien n'est saisissable : c'est comme une éponge trempée dans une liqueur insipide et incolore, on voit l'éponge, on ne voit pas la liqueur.

Une erreur, un oubli, une simple inadvertance, peut répandre, dans un livre d'ailleurs bien fait, cette espèce d'infection qui gâte tout. Tantôt une seule bêtise, si elle est bien pommée, y suffit; tantôt il y en a plusieurs, qui s'aggravent mutuellement, si bien qu'à la douzième le lecteur furieux met le livre au cabinet.

S'il est presque impossible de déterminer précisément la nature propre de la bêtise, rien ne serait plus facile que d'en observer les cas très nombreux que chacun de nous a sous la main. On comprend quelles raisons de convenance et peut-être, hélas! de sécurité personnelle, nous interdisent de citer un nom d'auteur ou un titre d'ouvrage, mais que chacun rappelle ses souvenirs : toutes les fois qu'il a jeté un livre sur sa table en disant : « C'est absurde, c'est odieux, ça n'a pas le sens commun, c'est idiot, c'est assommant! » il n'a fait que paraphraser sous des formes plus modernes ce mot simple, précis et terrible où se résume la condamnation de tous les méchants livres, condamnation sans appel : « C'est bête! »

Quand le malheur provient, comment dire cela poliment? d'une... idiosyncrasie... propre à l'auteur, il n'y a point de remède à ce qui est une irréparable malfaçon de la nature : mais si l'intelligence est suffisante ou, à plus forte raison, supérieure, on peut avoir de l'espoir, non pas pour le livre puisqu'il est mort, mais pour ceux qui viendraient au monde après lui.

A cet effet, avant de se mettre à écrire, l'auteur en deuil commencera par exciter autant que possible ses regrets, et s'il réussit à s'en procurer, ses remords.

Il se donnera quinze jours pour méditer le plan de son livre, et quand les quinze jours seront écoulés, il méditera encore quinze autres jours.

Ayant couché par écrit le plan adopté, il s'occupera de tout excepté de son livre, mais il y pensera dans ses moments perdus.

Alors seulement il se mettra à l'œuvre. S'il trouve un ami, ou mieux, un indifférent, en état de lui donner une réponse intelligente, il lui exposera son projet, et tiendra compte de ses observations jusqu'à y renoncer si la réponse contient quelque objection décisive.

A mesure qu'il avancera dans son travail, il se relira sans cesse, depuis la première jusqu'à la dernière page, souvent à haute voix, et obligera à l'écouter les personnes sur lesquelles il a quelque autorité.

Le manuscrit achevé, il le relira deux ou trois fois, puis il laissera passer quelques jours et prendra le plus de distractions possibles afin d'oublier son livre.

Au bout de quelque temps, un mois au moins, il s'étendra dans un fauteuil, et se racontera son livre à lui-même comme ferait un lecteur qui se résume son impression.

Ainsi condensé dans sa substance et dépouillé de sa forme, son livre lui montrera en un relief exagéré ses qualités comme ses défauts, et s'il y a une ou plusieurs choses choquantes, elles ressortiront d'autant plus qu'elles paraîtront là nues et rapprochées les unes des autres. Très probablement, à moins de vanité incurable, l'auteur découvrira le point faible de son ouvrage, et lorsque, relisant son manuscrit avec des dispositions nouvelles, il reconnaîtra les passages défectueux, il tombera de son haut en se demandant comment il a pu écrire ceci ou cela.

Si tous les auteurs voulaient se soumettre à cette sage pratique, nous ne leur promettons pas qu'ils pourront transformer tous leurs manuscrits en chefs-d'œuvre, mais nous pouvons les assurer qu'il y aurait de par le monde beaucoup moins de livres « bêtes » et, par conséquent, d'auteurs en deuil (sans compter les éditeurs).

La déplorable manie d'exagération qui s'est introduite dans notre langage, et qui a pour origine le romantisme de 1830, a écarté de l'usage des mots bien regrettables, des mots de fond, pourrait-on dire, qui par leur précision, par leur portée, fixaient d'un trait le caractère d'un homme ou d'une chose ; le pis est qu'en disparaissant le mot a emporté l'idée. « Sot » est dans ce cas.

Aujourd'hui nous disons : un imbécile, un idiot, une brute, un crétin, un gâteux : toutes ces injures se valent, elles ne caractérisent pas plus tel homme que tel autre ; c'est une enchère d'hyperboles, à qui trouvera la plus grosse énormité. Mais tous ces mots amoncelés ne nous donnent pas la moindre idée du sot, du vieux sot de nos pères, de ce personnage si original, si complet, si homogène, et qui, tantôt triomphant tantôt conspué, jouait à côté d'Harpagon, de Tartuffe ou de Polichinelle, un des grands rôles de la comédie humaine.

Pour voir ce qu'on entendait autrefois par les « sots », il n'y a qu'à lire Molière : ses pièces en sont comme une galerie,

Quand, après avoir bien ri, on fait le compte de ce que ces vilaines gens représentent d'ennuis et de malheurs pour quiconque a affaire avec eux, on découvre que si les sots sont ridicules, ils sont encore plus odieux et nuisibles.

C'est d'orgueil et d'envie que la sottise est faite. Suivant qu'il est plus ou moins faible d'esprit, vaniteux, vexé de son infériorité, égoïste, méchant, violent, le sot est capable de tout. En philosophie, en morale, en religion, en justice, les grands scélérats sont toujours et par-dessus tout des monstres de sottise.

Avec les difficultés croissantes de la vie, l'agitation des esprits et le débordement d'une instruction insuffisante et malintentionnée, la sottise ne pouvait manquer, à une époque troublée comme la nôtre, de s'étendre en s'aggravant. Ce n'est pas ici le lieu de rappeler ce qu'elle a produit en politique, mais elle a eu sur la littérature une influence trop funeste pour qu'on puisse la passer sous silence.

Le scandale, la cruauté, la violence, l'injure, et enfin l'impudicité, d'une part; d'autre part, l'audace à présenter des livres inconcevablement absurdes ou éperdument ennuyeux, voilà, sans parler de tous les maux qui s'ensuivent, ce qu'a produit le débordement de la sottise dans la littérature de l'Europe. Et tout ce mal pourquoi? Pour soulever le dégoût et le mépris de tous les honnêtes gens, et pour avilir les auteurs de ces infamies, sans leur donner même une satisfaction de vanité ni les quelques sous qu'ils espéraient gagner à ce vilain métier-là.

Car enfin, s'il y a de par le monde plus de sots qu'il n'en faudrait, un peuple a son bon sens ; eux n'en sont que la lie ou l'écume, et tandis que leur troupe crie et s'agite pour s'étourdir sur sa misérable nullité, on voit dans la littérature et dans l'art, passer majestueusement le cours éternel des idées et des formes qui sont comme l'âme des peuples, et que nulle insolence ne détruira jamais. Il n'y a qu'un bon chemin dans la vie, et quiconque s'en écarte est perdu.

Nous tous qui tenons une plume, soyons modestes ; partons de cette idée que tout homme intelligent et instruit peut faire un livre, mais que le livre sera une mauvaise action s'il est inspiré par un sentiment odieux, et une œuvre pitoyable s'il est inspiré par la vanité d'écrire.

Dans le rapide coup d'œil que nous venons de jeter sur la carrière où l'écrivain va s'engager, il nous a bien fallu montrer en perspective plus de disgrâces que de faveurs, puisqu'en toute destinée telle est la loi de la vie. Mais quand, pour alléger nos misères et pour illuminer notre intelligence, Dieu nous a donné l'esprit, ce seul bienfait est un remède à tous les maux que nous encourons par notre malice et notre sottise, et nous devons l'en remercier à deux genoux.

Si la joie est la vertu des forts, l'esprit est la gaîté de l'intelligence. A part les sots ou les fâcheux qui le craignent, tout le monde l'aime parce qu'il amuse, mais bien peu observent le respect qui lui est dû.

Cependant l'esprit est la forme supérieure de la raison ; il saisit d'un coup d'œil, entre les idées et les choses, des rapports que le vulgaire ne trouverait jamais, et d'un trait rapide et juste, les pointe en peu de mots toujours inattendus.

Mais il a beau être une forme supérieure de la raison, comme c'est une forme riante, on en est venu, les sots et les fâcheux aidant, à prétendre qu'il est l'opposé du bon sens, quand il est le bon sens lui-même couronné de roses ! Ce qui est sérieux n'est pas gai, donc ce qui est gai n'est pas sérieux : voilà ce qu'ils ont osé prétendre.

Or le sérieux étant la suprême prétention des écrivains et l'exigence la plus générale du public, l'esprit a été peu à peu confiné parmi les genres secondaires de la littérature, pour laisser toute la place au sérieux. Comme la tristesse, la lourdeur et la pauvreté d'imagination, sont à la portée du plus grand nombre, les esprits doués de ces qualités se sont jetés dans la carrière avec tant d'entrain que quelques-uns ont élevé l'ennui jusqu'au génie.

Nous avons rappelé ailleurs le mot terrible de Barbey d'Aurevilly sur la puissance de ce sceptre de plomb, et longtemps la terreur a régné sur la multitude assommée : mais depuis quelque temps il semble que les têtes se relèvent peu à peu et que les lecteurs commencent à se demander si ce régime de consternation, d'angoisse et de chirurgie sentimentale, durera encore bien longtemps.

Ce phénomène d'un peuple demandant à être amusé et applaudissant une littérature qui l'ennuie, serait incompréhensible si l'on essayait de l'expliquer par la seule action des auteurs, car en tout autre temps que le nôtre, quiconque se fût avisé d'écrire dans cet ordre d'idées un seul volume n'en aurait pas écrit un second.

Dans ce temps-là les esprits étaient bien loin de tout ce qui ressemble à l'abattement, au dégoût, aux chinoiseries morales. L'espérance, l'orgueil, la joie de vivre, animaient tous les cœurs ; l'énergie française, épuisée un moment par vingt années de guerre, remontait des souches brisées aux rejetons, et l'on vit refleurir l'âme épique des pères dans l'héroïsme intellectuel des enfants. C'est ainsi que s'épanouit, dans la littérature, dans la science et dans l'art, ce magnifique mouvement de génie que l'histoire appellera « le siècle de Louis-Philippe », et dont le mot « romantisme » n'est que la devise bien incomplète.

Or ce qui caractérise nettement cette grande époque, c'est l'esprit. Tous ces hommes, et on les comptait par centaines, avaient de l'esprit jusqu'au bout des ongles, et chacun le sien, si vigoureux, si original, qu'à la première ligne d'un livre on reconnaissait l'auteur. Tous, avec une puissance et une facilité de travail inouïes, étaient pleins de force, heureux, et gais à faire rire le plus morose des lecteurs.

Tout est bien changé : il semble qu'un long siècle ait passé sur cette brillante illumination de l'esprit français. La raison, une raison plate, la sagesse, une sagesse bourgeoise, ont remplacé la généreuse folie de nos aînés ; le plaisir se débite à tant la livre, comme un article d'épicerie, et de tous les beaux rêves d'autrefois il ne reste à la génération actuelle qu'un égoïsme sans illusion et sans joie.

Sans doute ce peut être parfois un jeu téméraire que de comparer le présent au passé, surtout à un passé d'hier, mais la cause du changement est trop évidente pour qu'on puisse s'y tromper. Si haut qu'elle se soit relevée, l'âme de la France est encore en deuil des malheurs que notre pays a traversés. Les hommes faits d'à présent sont nés le crêpe au bras ; ils ont grandi au milieu de nos défaites, des discordes qui y ont succédé ; pendant de longues années, ils ont respiré le souffle de haine qui régnait dans l'air du pays. Arrivés à la jeunesse, ils se sont trouvés en face d'une vie difficile, menaçante ; où auraient-ils trouvé de quoi rêver et de quoi rire ?

De là ce sérieux, ce positivisme, qui domine dans la littérature et dans l'art actuels ; que le public supporte parce qu'il est en grande partie dans le même état d'esprit, et qui rend plus facile la tâche des écrivains et des artistes de l'école actuelle, parce qu'il est en effet plus facile d'être triste que gai, sérieux que spirituel, ennuyeux, hélas ! qu'amusant. Et l'esprit, comme nous l'avons remarqué plus haut, s'est vu confiné aux rangs inférieurs de la littérature, comme n'étant pas assez sérieux.

Mais qu'on se rassure, ce n'est qu'un exil, et qui n'a plus longtemps à durer. Déjà, nous l'avons dit tout à l'heure, des craquements favorables annoncent la ruine prochaine de cette citadelle de l'ennui, qui depuis tant d'années nous mitraillait de ses pavots ; les souvenirs cruels des douleurs de notre patrie s'éteindront enfin, et l'esprit, don immortel de notre race, reprendra son rang dans cette littérature française dont il a si longtemps fait la gloire.

Concluons donc en conseillant aux jeunes auteurs, et même aux vieux, de ne pas se laisser effrayer par tout ce qu'on a dit et écrit pour nous dégoûter de l'esprit et de la gaîté : nous ne craignons pas de leur garantir, à ce prix, le sérieux dont on fait si grand cas, et l'originalité, dont on parle trop peu, tant elle est rare. Ce qu'il y a de plus sérieux dans une cervelle humaine, c'est la gaîté ; ce qu'il y a de plus original, c'est l'esprit.

CHAPITRE VII.

LA PHRASE. LOIS GÉOMÉTRIQUES ET MUSICALES DE LA PENSÉE

Un livre se fait avec des phrases : c'est là peut-être le principe fondamental de l'art d'écrire. Il est d'autant plus important d'y insister que cette vérité est celle dont on s'avise le moins.

Beaucoup écrivent, beaucoup lisent, avec la conviction que quand un auteur a exprimé des mots et des idées, il a fait un livre. Non : il aura discouru, mais il n'aura pas écrit, parce que, pour cela faire, il faut donner une forme particulière aux idées, les composer en groupes et en proportions, et les développer dans une ordonnance qui, de la liaison des parties, forme le tout ensemble, comme disent les peintres.

La phrase représente, dans la construction de l'édifice littéraire ce qu'est la pierre taillée à l'avance pour prendre place sur un point déterminé des murs ou des voûtes : ce n'est pas un produit de hasard, c'est un organe intellectuel façonné par l'âme de l'écrivain.

Dans le courant des choses de la vie, le vocabulaire et la syntaxe sont à peu près les mêmes pour tout le monde, mais dans les livres, autant d'auteurs, autant de différences dans la manière de composer des phrases. C'est ainsi que dans leurs tableaux, avec des couleurs pareilles, les peintres ont des manières si diverses de représenter la nature.

Le style est la « manière » de l'écrivain, sa façon à lui d'exprimer l'idée qu'il veut faire passer dans l'esprit du lecteur. On croit généralement qu'un auteur peut à sa volonté choisir son style, soit qu'il l'imite d'autrui, soit qu'il le forme de toutes pièces par une combinaison calculée. Rien n'est moins vrai : le style est la forme visible, on dirait presque palpable, de l'âme de l'écrivain ; qu'il se laisse aller ou qu'il affecte, qu'il crée ou qu'il copie, c'est toujours lui qu'on voit. S'il en était autrement, le dernier des grimauds n'aurait qu'à copier un grand auteur pour se faire homme de génie, mais il aura beau faire, son style restera médiocre comme devant.

C'est que, comme l'a dit Buffon, « le style est l'homme même » : quoi que fasse un auteur, et nous ne nous lasserons pas de le répéter, le sujet de tout ce qu'il écrit, c'est lui, et on l'y voit au naturel. S'il est affligé d'une de ces âmes filandreuses, lourdes, obscures, désagréables, mauvaises, quand il envelopperait de plumes d'aigle ou d'un duvet de cygne les plus sublimes ou les plus suaves élucubrations, il ennuiera ou il agacera : s'il est sensible, bon, intelligent, gai, sincère, il pourra écrire à sa fantaisie sur les sujets les plus opposés, on le reconnaîtra toujours pour ce qu'il est.

C'est ce qui explique comment il peut s'écrire vingt

phrases différentes sur le même sujet, ce qui n'empêche pas qu'il n'y en ait une meilleure que toutes les autres, et une pire : c'est ainsi que, dans nos compositions d'écoliers en narration française, nous étions premiers ou derniers selon que notre copie était la meilleure ou la pire, et pourtant nous avions tous traité le même sujet. Ce qui est vrai de la phrase est vrai d'un morceau, vrai d'un livre : le style, c'est l'homme.

Partant de là, les novateurs littéraires de tous les temps ont prétendu en inférer le droit pour tout un chacun de construire ses phrases comme il lui plaît : s'il est vrai qu'il y ait tant de manières d'exprimer une même pensée, nous avons bien le droit de choisir, disent-ils.

Non, parce que cela n'a jamais été prétendu qu'en littérature, en art, en philosophie, en poésie, et toujours sans succès. Mais dans toutes les autres affaires de ce monde, transactions, actes publics ou privés, documents légaux ou administratifs ; en religion, en science, en politique, en diplomatie, il y a une langue absolue et obligatoire, faite du plus pur du génie et du bon sens d'un peuple. La langue est la monnaie des idées : la valeur des mots y est invariable, il n'est pas permis de les choisir à sa fantaisie : la phrase se constitue d'elle-même, quand on a trouvé la meilleure, il n'est pas permis d'en prendre une autre.

Si, en dehors de sa littérature personnelle, quelqu'un de nos novateurs entreprenait de parler sa langue imaginaire dans les relations de la vie courante ou des affaires sérieuses ; si, par exemple, officier, notaire ou magistrat, il s'avisait de commander ses soldats, de formuler ses actes ou de rendre ses jugements en ces termes inconnus, on dirait qu'il est fou. En tout cas, s'il élevait la prétention de se faire reconnaître en qualité de candidat à la gloire littéraire, on l'éliminerait comme un concurrent qui, pour un prix de l'Académie française, aurait présenté un ouvrage rédigé en langue iroquoise.

Ce n'est pas la première fois que se produit cette levée de boucliers contre la langue de l'usage. A la renaissance, la pléiade avait entrepris de bouleverser le vocabulaire et la syntaxe. Elle réussit à dénaturer pour quelque temps l'orthographe, mais cela même ne dura pas, et sans les y grecs échoués par-ci par-là dans quelques mots d'où on les extirpe de temps en temps, c'est tout ce qui en reste.

Il en arrivera de même autant de fois qu'un groupe aura entrepris de changer la langue littéraire : c'est en réalité vouloir forcer un peuple à changer de langue, car s'il n'abandonne pas l'ancienne pour apprendre la nouvelle, les livres n'existeront plus pour lui, et la littérature aura cessé d'être.

Nous n'oserons pas, uniquement parce que nous n'osons pas, dire que tous les écrivains devraient chercher les préceptes de l'art d'écrire dans les codes, les circulaires ministérielles, les minutes des notaires et les avertissements du percepteur : mais ce que nous osons dire, c'est que si les jeunes auteurs prenaient le courage de lire avec attention et respect certains de ces textes officiels, ils finiraient par y reconnaître, plus pure et plus imposante que dans bien des livres célèbres, la majesté de l'esprit humain.

Pour bien écrire, il faut bien penser ; pour bien penser, il ne suffit ni d'avoir vécu pour son propre compte ni d'avoir lu beaucoup de livres : on ne peut être indépendant et désintéressé de sa propre vanité qu'à condition d'avoir pensé et travaillé pour d'autres que pour soi, sous une responsabilité qui vous oblige : avoir eu, comme on dit, « charge d'âmes », y compris la sienne.

Voilà pourquoi les hommes qui exercent une autorité écrivent mieux que le commun des littérateurs de profession.

Quand on inventera, ce qui ne peut manquer un jour ou l'autre, l'*École de Littérature*, la première condition à exiger des candidats devra être un stage de dix ans dans une administration publique.

S'il est une langue qui fasse paraître cette vérité dans tout son éclat, c'est la nôtre. Pour qui a pu lire avec quelque suite les circulaires, les instructions, la correspondance, de nos administrations et de nos corps constitués, cet ensemble de documents forme une littérature aussi supérieure à celle des écrivains, des poètes et des philosophes, qu'un peuple est supérieur à un homme : c'est l'âme d'une patrie.

Les circulaires du garde des sceaux, le Bulletin de la marine, et surtout la correspondance du ministère des affaires étrangères, sont des chefs-d'œuvre de raison, de précision, de simplicité, et comme français, de noblesse et de pureté.

Il faut en faire honneur au mérite d'un personnel hors ligne, mais il faut nous enorgueillir encore davantage d'avoir, parmi nos autres gloires, celle de ce langage sans pareil au monde, et tellement préférable à celui des autres nations, que toutes d'un commun accord l'ont adopté pour leur correspondance diplomatique et pour la rédaction des traités, reconnaisssant ainsi que tant qu'une idée ou un fait n'a pas été exprimé en langue française, il peut rester un doute sur le sens des documents qui s'y rapportent.

On entend souvent répéter, sur la foi du vieux Voltaire, que le français est une langue pauvre parce qu'il n'a pas beaucoup de mots : cette idée est fausse.

La richesse d'une langue n'est pas dans le nombre des mots : elle est dans celui de leurs combinaisons. Avoir plusieurs mots pour désigner le même objet est plus qu'inutile : au lieu de rester précise, l'idée en devient plus vague. Dans une langue parfaite, il ne devrait y avoir aucun synonyme, puisqu'il n'existe pas dans le monde un seul objet qui ne diffère en quelque point de tous les autres.

Les mots ne sont donc pas plus la langue que les notes ne sont la musique ou que les caractères ne sont la typographie. Un mot isolé n'a pas de sens : il n'en peut acquérir qu'à la condition de se rapporter à une idée. Prenez les premiers mots venus, prononcez-les sans penser à rien, plus il y en aura, moins vous pourrez même supposer qu'ils aient un sens ; c'est ainsi que parlent les fous.

Tant qu'un homme ne fait que réfléchir dans son for intérieur, il n'a pas besoin de s'exprimer à lui-même sa pensée par des mots. Il le fait cependant souvent. Par exemple, quand nous apprenons une langue étrangère, le maître nous conseillera de penser en cette langue si nous n'avons pas là quelqu'un avec qui la parler. Mais ceci même montre combien l'usage de penser en mots est naturel à l'homme ; on y voit encore plus clairement comment la pensée ne peut prendre de forme sensible que par des phrases composées d'abord en toutes lettres dans notre esprit et reproduites ensuite au dehors par l'écriture ou par la parole.

C'est donc par phrases que nous pensons pour écrire, parce que l'unité de pensée est la phrase. Et comme la langue n'est que la collection de ces sortes d'unités, la condition *sine quâ non* de l'existence d'un livre est que ce livre soit écrit dans la langue où l'auteur prétend faire penser son lecteur.

Essayer de démontrer comment il faut composer une phrase, ce serait entreprendre de faire un cours de génie. Il n'y a qu'un moyen d'apprendre à écrire le mieux possible, c'est de lire les bons auteurs et de tâcher à comprendre en quoi ils sont bons.

Bossuet, Pascal, Buffon et J.-J. Rousseau pour la prose, Lamartine pour la poésie, voilà ceux qu'on peut appeler, non pas seulement des écrivains sublimes, mais « les cinq écrivains suprêmes », parce qu'ils ont donné à l'art d'écrire en français cinq types de forme en dehors desquels personne n'a trouvé ni ne trouvera rien.

« Il y a de la *géométrie* dans tout », a dit Descartes, tant son génie lui en présentait à analyser dans toutes les choses de la nature et de la pensée : ce serait une exception inconcevable que la phrase, œuvre de la pensée et de la nature, n'eût point de proportions.

Elle en a, et nous les sentons.

Sans aller plus loin, on pourrait s'en convaincre par une raison fort simple, c'est qu'il y a dix parties du discours, pas une de plus, pas une de moins, et qu'en dehors du sujet, de l'attribut, du verbe et du régime direct ou indirect, la syntaxe n'a pas d'autre combinaison pour formuler la pensée. Ce sont là des mesures et des proportions aussi rigoureuses, aussi absolues, que celles d'un corps organisé, et l'écrivain ne peut pas plus ajouter une partie au discours ou une combinaison à la syntaxe, que le naturaliste, un membre ou une fonction à un animal.

La première indication qui le montre, c'est que nous trouvons certaines phrases trop longues, certaines autres trop courtes. A quoi nous rapportons-nous pour les mesurer, si ce n'est aux proportions habituelles des phrases courantes en conversation ou en littérature?

Mais il y a là plus qu'une notion d'expérience : la raison, et la pratique que nous en faisons nous-mêmes, nous font comprendre que la langue d'une phrase doit être proportionnée à l'étendue et aux détails du sujet.

Nous sentons donc que l'effet sera en rapport avec la proportion, et que par conséquent il faut étendre ou resserrer la phrase selon l'effet cherché. On verra cette règle dans toute son évidence en comparant, par exemple, la phrase de l'oraison funèbre d'Henriette d'Angleterre : « Celui qui règne dans les cieux, à qui seul appartient la gloire, la majesté et l'indépendance, » etc., avec celle de Pascal sur la faiblesse humaine : « L'homme n'est qu'un roseau le plus faible de la nature, mais c'est un roseau pensant. » Il y a autant de pensée, autant de génie, dans l'une que dans l'autre, mais quelle différence d'effet ! La première vous cloue à la terre, la seconde vous enlève jusqu'au ciel.

On peut donc dire d'une manière générale que les phrases courtes doivent être choisies pour concentrer l'idée ou le sentiment, et que les longues doivent servir, soit pour les développements d'une idée complexe, soit pour les énumérations, les analyses, les descriptions, qui forment un tout.

Des disproportions irrégulières entre les phrases d'un même livre sont pour choquer le lecteur : imaginez un livre qui, dans sa première moitié, n'aurait que des phrases d'une ou deux lignes, et qui dans la seconde les aurait toutes de quinze à vingt, ce serait inouï : inouï en effet, car on n'a jamais entendu parler d'un monstre pareil.

Chaque écrivain, d'ailleurs, a ses proportions de phrases. Les uns, comme les romanciers, les philosophes, n'en ont qu'une, parce qu'ils écrivent dans un seul style : tel est J.-J. Rousseau ; d'autres, comme Bossuet et Buffon, emploient tantôt la période, tantôt la phrase concise, selon le sujet.

Nous avons pensé qu'il pourrait être intéressant, à l'appui de ces remarques, de présenter à nos lecteurs un relevé, à vol d'oiseau, bien entendu, des dimensions de la phrase chez des auteurs illustres.

Pour cent lignes de chaque auteur, nous avons trouvé :

Dans Bossuet : 34 ou 35 phrases ;

Dans Buffon : de 20 à 28 ;
Dans J.-J. Rousseau : 35 environ ;
Dans Voltaire : 36.

Cela donne une moyenne de 3 à 6 lignes par phrase. Si après ces auteurs on feuillette un recueil de littérature, et puis qu'on lise le journal d'hier, on retrouvera à peu de chose près la même moyenne, avec les exceptions spécifiées plus haut.

Bien que la proportion des alinéas se doive déterminer par des rapports entre des groupes de phrases, rapports plus étendus, naturellement, que ceux des idées dans chaque phrase prise à part, le même instinct qui nous porte à donner une mesure à l'étendue des phrases nous fait sentir qu'il doit y en avoir une aussi pour les alinéas : si les phrases d'un auteur sont courtes, ses alinéas doivent l'être ; si elles sont généralement longues, de longs alinéas conviendront mieux.

La phrase a donc, comme tout organe à fonction et à puissance limitées, un calibre proportionné à la force de l'intelligence humaine.

Mais ce n'est pas tout, et si l'on veut bien l'observer avec quelque suite, on y distinguera des groupes ou membres allant le plus souvent par deux, trois ou quatre, absolument comme en musique, où la mesure est à deux, trois ou quatre temps. En dehors de cette sorte de loi, il n'y a que les périodes, les énumérations et autres développements, qui fassent exception, mais ils confirment la généralité de la règle.

Dans le style sublime, la mesure à quatre se remarque

de façon frappante. L'*Oraison funèbre d'Henriette d'Angleterre*, dans l'exorde que nous venons de rappeler, en peut servir d'exemple ; les phrases les plus célèbres de Pascal le montrent souvent, tandis que chez Rousseau, Voltaire et les modernes, la coupe en trois parties est de beaucoup la plus usitée.

On n'attend pas de nous une statistique à l'appui de notre évaluation : nous ne cherchons pas au delà de l'évidence qui, plus nous lisons, plus nous semble se confirmer.

Mais nous croyons ne rien ôter à la valeur de ces conclusions, bien au contraire, en convenant que nous y avons été amené par des observations antérieures sur la phrase en poésie dans ses rapports avec la musique. Nous avons en effet été conduit, par la lecture de la poésie, à remarquer les analogies frappantes de la métrique du vers avec celle de la musique.

Les nombres 2, 3 et 4, s'y retrouvent dans les diverses coupes du vers, et des multiples de 2, 3 et 4 mesurent les strophes.

Considérant alors les proportions des phrases dans les diverses coupes de vers, nous avons constaté ce qui suit :

L'alexandrin se compose de quatre parties ;

Il accouple deux distiques reliés par une idée commune ;

Ces deux distiques se réunissent pour composer un quatrain, lequel forme la phrase poétique, c'est-à-dire la phrase carrée telle qu'elle existe dans la musique.

Les vers de 8 à 10 pieds se divisent en trois parties ; ceux de 4, 5, 6, 7 pieds et au-dessus, en deux.

Nous n'avons pas besoin d'expliquer que ces proportions et ces mesures ne sont pas des épures de géométrie, et qu'on y rencontrera plus d'une dérogation à la règle : mais partout où les exigences de la versification ne s'y opposent pas, cette mesure est tellement évidente qu'on ne peut la contester.

Voici, par exemple, la première scène d'Athalie : divisons les vers par groupes d'idées, et nous aurons :

1ᵉʳ QUATRAIN

I Oui, je viens | dans son temple | adorer | l'Éternel, |
II Je viens, | selon l'usage | antique | et solennel, |
III Célébrer | avec vous | la fameuse | journée |
IV Où, | sur le mont Sina, | la loi | nous fut donnée. |

2ᵐᵉ QUATRAIN :

I Les temps | sont bien changés : | sitôt que | de ce jour |
II La trompette | sacrée | annonçait | le retour,
III Du temple, | orné partout | de festons | magnifiques,
IV Le peuple saint | en foule | inondait | les portiques, | etc.

On peut continuer tout le morceau, et après avoir lu la tragédie entière, lire autant d'autres grands vers qu'on voudra, on reconnaîtra que, sauf un très petit nombre d'exceptions comme les énumérations et les dialogues coupés, il en est toujours ainsi.

Dans les vers de 4, 5, 6, 7, 8 et 10 pieds, on retrouvera les divisions en deux ou en trois que nous avons indiquées.

Par exemple, pour la mesure de 8 pieds, dans *Le Soir*, de Lamartine :

    I Le soir | ramène | le silence,
   II Assis | sur ces rochers | déserts,
  III Je suis, | dans le vague | des airs,
  IV Le char | de la nuit | qui s'avance ;

Pour celle de 10 pieds, dans la *Chanson* d'Alfred de Musset :

    I J'ai dit | à mon cœur, | à mon faible cœur :
   II N'est-ce point assez | d'aimer | sa maîtresse,
  III Et ne vois-tu pas | que changer | sans cesse,
  IV C'est perdre | en désirs | le temps du bonheur ?

Ces citations suffisent pour faire voir comment, dans les vers, ces coupures correspondent à des groupes ou sections d'idées parfaitement distincts, et proportionnels à la mesure, mais n'allant jamais que par 2, 3 ou 4.

Maintenant, pour se rendre compte de l'unité de proportion entre la phrase poétique et la phrase musicale, il n'y a qu'à se rappeler la première chanson venue, surtout si elle est populaire, car les airs de ces chansons ont souvent été faits en même temps que les vers :

MALBROUK

    I Malbrouk | s'en va- | t'en guerre
   II Mironton | ton ton, | mirontaine,
  III Malbrouk | s'en va- | t'en guerre
  IV Ne sais | quand | reviendra.

AU CLAIR DE LA LUNE

   I Au clair | de la lune,
  II Mon ami | Pierrot,
 III Prête-moi | ta plume
 IV Pour écrire | un mot.

   I Ma chandelle | est morte,
  II Je n'ai plus | de feu,
 III Ouvre-moi | ta porte,
 IV Pour l'amour | de Dieu!

On voit qu'à chaque vers correspond un membre de phrase musicale, et que cette phrase est carrée comme le quatrain du couplet.

On retrouvera cette concordance dans toutes les pièces de nos grands poètes mises en musique par des compositeurs ou par les poètes eux-mêmes. Tout le monde a entendu *Le Lac*, *Le Soir*, *Le Vallon*, de Lamartine, chantés sur les mélodies de Niedermeyer et de Gounod ; nous avons encore à rappeler *Souvenir*, et *Le Rosier*, de J.-J. Rousseau, mais surtout *La Marseillaise*, composés paroles et musique par leurs auteurs.

D'ailleurs, de même que la carrure se forme dans les vers indépendamment de leur union avec la musique qui peut les accompagner, de même elle a lieu dans la musique purement instrumentale. Il suffit de citer soit des airs sans paroles, comme le *Menuet* et les airs de danse, soit les symphonies ou mélodies de Mozart, l'*Invitation à la valse*, la *Dernière Pensée* de Weber, etc.

Les choses de l'art, comme celles de la nature, n'ont pas qu'une seule proportion : elles en ont autant qu'il y a de points de vue d'où l'on puisse les considérer.

Devant une analogie si frappante entre la musique et la poésie, nous ne pouvions manquer de chercher s'il n'en serait pas de même pour la prose.

Après avoir noté dans nos lectures courantes un très grand nombre d'observations, nous ne pouvons mieux faire que d'inviter nos lecteurs à prendre garde, lorsqu'ils liront de loisir, aux divisions très nettes qu'on peut voir marquées dans chaque phrase, et que les grammairiens appellent des membres de phrases : ils constateront comme nous que la plupart du temps, et d'autant plus souvent que l'écrivain est plus éminent, la phrase de prose se divise en quatre parties lorsqu'elle a une idée ample à développer, et en trois parties lorsqu'il s'agit d'une idée de moindre importance.

On remarquera encore que « la mesure à quatre », s'il nous est permis d'employer ce terme, est plus habituelle à certains écrivains, et à d'autres, la mesure à trois.

Enfin, dans tous les écrivains indistinctement, cette dernière régit un nombre surprenant d'énumérations composées de trois mots analogues, trois verbes, trois adjectifs, etc., comme : « bon, généreux, sensible ; naître, vivre, mourir ; avant, pendant et après ». C'est ce qu'il faut appeler la *triade*, c'est-à-dire la combinaison de trois mots pour former un jugement qui est comme la conclusion d'un syllogisme.

Dans une affirmation où il nous faudrait faire entendre pour témoins tous les livre imaginables, nous ne pouvons, on le comprendra, essayer de réussir à force de citations. Nous nous bornons donc à produire ici les quelques pièces qui vont suivre, en y marquant par des coupures la division des groupes de pensées qui s'y peuvent compter par quatre ou par trois.

I — « Celui qui règne dans les cieux, et de qui relèvent tous les empires,
II à qui seul appartient la gloire, la majesté et l'indépendance,
III est aussi le seul qui se glorifie de faire la loi aux rois,
IV et de leur donner, quand il lui plait, de grandes et terribles leçons.

I Soit qu'il élève les trônes, soit qu'il les abaisse,
II soit qu'il communique sa puissance aux princes, soit qu'il la retire à lui-même,
III et ne leur laisse que leur propre faiblesse,
IV il leur apprend leurs devoirs d'une manière souveraine et digne de lui ».

(Bossuet.)

I « Mais quand l'univers l'écraserait,
II l'homme serait encore plus noble que ce qui le tue,
III parce qu'il sait qu'il meurt ;
IV et l'avantage que l'univers a sur lui, l'univers n'en sait rien. »

(Pascal.)

I Ce sont là des jours qui ont fait le bonheur de ma vie ;
II bonheur sans amertume, sans ennuis, sans regrets,
III et auquel j'aurais borné volontiers tout celui de mon existence.

(J.-J. Rousseau, les *Confessions*.)

Et la fameuse phrase de *La Nouvelle Héloïse*, voit-on assez la coupe à trois, dans l'effrayant syllogisme qui la termine ?

I ...la roche est escarpée,
II l'eau est profonde,
III et je suis au désespoir.

(J.-J. Rousseau.)

Ces citations suffisent, il nous semble, pour servir de terme de comparaison aux recherches que chacun pourra faire lui-même.

Une observation infiniment plus étendue vient donner une portée considérable à ces proportions de la phrase française : c'est qu'on les retrouve, à peu de chose près, dans le grec, le latin, le roman, le provençal, le languedocien, ainsi que dans nos autres patois ; dans l'italien, l'espagnol, le portugais, le roumain. On est donc autorisé à voir là une conformité générale dans l'ordre de la pensée, au moins pour la plupart des peuples de l'Europe, et de l'Amérique aussi, dont la population est formée de races européennes.

Notre ignorance des langues germaniques ou slaves nous a empêché de continuer nos recherches dans cette direction, mais à en juger par ce que les traductions nous en apprennent, les formules du sentiment et de la pensée s'y rapprochent assez des nôtres pour que les lecteurs français en apprécient les qualités les plus délicates et les plus intenses.

Dans les langues sémitiques orientales, au contraire, la syntaxe n'est plus la même : la phrase commence par le verbe, puis vient le sujet, et après le sujet, le complément direct. On peut voir, par cette comparaison entre les deux parties du monde les plus populeuses, comment la formule de la phrase se modèle sur la façon de penser propre à chaque civilisation.

Ainsi donc les idées ont leur mesure, leurs proportions et leur syntaxe, dans la phrase, qui en est la formule. Elles se limitent d'elles-mêmes, plus exactement qu'on ne croirait, par une sorte de cristallisation dont on ne découvrira probablement jamais le mystère, mais qui est manifeste pour qui se donne la peine de compter en lisant.

Trouvera-t-on le secret, c'est ce qu'il est bien difficile d'espérer : mais si nous ignorons les lois de cette formation, nous en voyons parfois le résidu, lorsqu'il nous arrive de voir reparaître sous notre plume une idée qui refuse d'entrer dans la phrase en cours de rédaction : très souvent, en pareil cas, nous finissons par nous rappeler que cette idée a déjà figuré dans quelque phrase précédente, qu'elle y est combinée avec d'autres ; elle ne peut plus entrer dans la phrase que nous cherchons. Cette observation très curieuse fait entrevoir pourquoi et comment la même idée ne peut pas servir plusieurs fois dans le même ouvrage, et cela aidera à éviter bien des répétitions dont l'écrivain ne se sera pas aperçu.

La même loi qui fixe ainsi les proportions et la « cristallisation » des phrases en règle probablement la succession : son ordre d'arrangement est cette même syntaxe dont nous avons fait remarquer l'unité dans un si grand nombre de langues européennes, et qui est, là tout au moins, le graphique des mouvements de l'intelligence.

Les parties du discours doivent donc défiler dans les phrases selon l'ordre de la syntaxe. En effet, par la même raison que les idées suivent un ordre dans la phrase, les phrases, qui sont des groupes d'idées, doivent nécessairement se succéder suivant un ordre déterminé. Cet ordre, il faudrait un travail immense pour en dégager la formule, mais il n'est pas moins évident qu'il existe, car tout en ne pouvant pas l'analyser directement, nous le constatons indirectement par la confusion et l'obscurité des ouvrages où il a été enfreint.

Il est facile de s'édifier là-dessus : on n'a qu'à prendre quelqu'un de ces auteurs, comme il en passe de temps à autre dans la littérature française, renommé pour sa lourdeur et son obscurité, et à lire ensuite quelques lignes de Voltaire ou de Mérimée.

A cette épreuve simplement pratique on peut ajouter quelques réflexions tirées de la direction générale qui mène un ouvrage de l'esprit, et où la main de l'écrivain doit se sentir toujours, serrant les rênes et tendant au but.

Sur cette trajectoire qui marque la direction et mesure la portée d'un livre, il faut que l'idée générale se développe en avançant toujours; qu'elle marche d'un pas égal, sans s'écarter de la ligne droite : elle peut faire halte pour mesurer le chemin parcouru, mais s'arrêter, battre la campagne, et surtout reculer, jamais. Dans un livre bien fait, les idées ne se renversent pas comme un amas de pierres rebondissant au hasard dans toutes les directions : elles coulent d'un mouvement uniforme, en gardant toujours leur pente, comme un fleuve.

Or qu'est-elle autre chose, cette marche des groupes d'idées les uns après les autres, que celle qui règle l'ordre des idées dans chaque groupe, c'est-à-dire dans chaque phrase? Il y a donc là une syntaxe, plus générale sans doute, mais de même essence, parce que c'est la même raison, la même logique, qui l'ont réglée.

Comme complément aux observations qui précèdent, nous croyons utile de les terminer par une statistique des monosyllabes dans la langue française. On y verra une preuve de plus de la connexité qui conforme si absolument l'ordre et la composition du discours aux règles de la syntaxe.

Si l'on parcourt d'un coup d'œil les pages d'un volume de poésie, on sera frappé de l'uniformité presque absolue qui marque les commencements de vers : tous, à un très petit nombre d'exceptions près, s'ouvrent par un monosyllabe. On peut prendre n'importe quel poète, c'est de même chez tous.

Qu'on fasse la même épreuve sur la prose, on verra que la plupart des phrases commencent également par un monosyllabe.

Il ne faut que lire une ou deux pages d'un dictionnaire français pour voir combien, dans notre langue, le nombre des mots monosyllabiques excède celui des autres mots : on pourrait en faire le compte, mais tout en laissant à de plus courageux la gloire de cette entreprise fastidieuse, un relevé fait sur quelques pages de prose peut fournir la proportion moyenne du monosyllabe dans les commencements de phrase. En comptant, dans une page suffisamment fournie, le nombre des monosyllabes, on en obtiendra également la proportion très approximative.

D'un relevé fait par nous dans J.-J. Rousseau, un des écrivains où la langue française se présente sous sa forme la plus pure, il résulte que, dans les 56 pages dont se compose la 1ʳᵉ partie du 1ᵉʳ livre des *Confessions*, sur 433 phrases fermées par un point, 375 commencent par un monosyllabe, et 58 seulement par un polysyllabe. Ce dernier chiffre se réduirait à beaucoup moins si on tenait compte des mots disyllabiques comme : « elle, toute, pourtant, enfin, lorsque, quoique, cela, bientôt, jamais, ainsi, voilà, » qui constituent des pronoms représentant le sujet, des adverbes ou des conjonctions servant de lien ou de transition aux propositions.

Pour ce qui est de la proportion dans la substance même du discours, nous avons pu constater que dans la page 255 du même morceau, qui est formée de 31 lignes de 45 lettres, (édition Werdet et Lequien, Paris, 1828), sur 325 mots dont se compose cette page, il y a 220 monosyllabes contre 105 polysyllabes seulement.

Ces proportions semblent d'abord surprenantes comme tout ce qui sort du cercle ordinaire de notre attention, mais il suffit de réfléchir un peu pour en voir l'explication, qui est dans la construction même de la syntaxe française. En effet, sauf le cas où elle débute par une inversion, ce qui est rare, la phrase française commence presque toujours par le sujet, et le sujet est la plupart du temps précédé de son article; quand ce n'est pas par le sujet, c'est neuf fois sur dix par une conjonction ou un adverbe monosyllabique.

Voilà comment il arrive que la plupart des phrases d'un livre commencent par un monosyllabe; comment la chose paraît plus frappante dans les pages de vers, parce que les lignes et les phrases y sont plus courtes, et que tous les commencements de vers sont alignés en colonne à gauche des pages.

En typographie, cette prédominance des monosyllabes donne lieu à des effets fâcheux qui entraînent des remaniements pénibles, parfois même impraticables : c'est quand, au bord d'un alinéa, il se trouve quatre ou cinq lignes de suite finissant par des monosyllabes. Les auteurs ne doivent pas s'étonner de ces défauts, et les compositeurs, de leur côté, peuvent presque toujours, en modifiant l'espacement des lignes, ou en trichant un peu sur l'espacement de quelques mots, en réduire le nombre.

Si, comme quelques-uns l'ont avancé, la ponctuation était une division arbitraire que chacun fût maître de distribuer à sa fantaisie, toutes considérations sur les proportions et l'ordre des phrases ne seraient que de vaines hypothèses. Mais cette allégation est démentie par autant de livres qu'il en a été imprimé et qu'il s'en imprime chaque jour, sans compter tout ce qui s'écrit à la main. Le seul aperçu que nous avons donné plus haut sur la moyenne des phrases suffirait à le faire voir, quand l'organisation intellectuelle de ces groupes d'idées, et leur ordre de succession, ne seraient pas là pour montrer comment tout cela se relie directement à l'organisation même de l'esprit humain.

D'ailleurs, encore un coup, il n'y a qu'à voir ce qui est : la règle de ponctuation qui consacre cette moyenne de longueur de la phrase française est observée par toute la typographie, en conformité avec la grammaire. Or s'il est une autorité incontestable dans une langue qui a pour loi l'usage, c'est la typographie, car un livre imprimé représente l'usage du typographe et l'usage de l'écrivain.

On peut enfin, pour achever de se fixer sur ce point, faire une expérience bien simple : lisez, par exemple, la description du *Cheval*, par Buffon, qui tient un grand nombre de lignes et ne forme qu'une phrase ; essayez ensuite de couper ce morceau par autant de points qu'il y a de groupes d'idées distincts : au lieu d'une des plus belles périodes qui aient été écrites, vous n'avez qu'une suite de phrases décousues. Renversez l'expérience, choisissez un auteur qui hache son style en phrases écourtées, supprimez les points, et vous verrez si vous obtenez une période majestueuse ou même tolérable.

Ceci nous amène tout naturellement à rappeler ici quelques-uns des principes les plus essentiels de la ponctuation.

Le premier est celui que nous venons d'appuyer d'un exemple si décisif. La ponctuation n'est pas arbitraire : elle n'est et ne doit être autre chose que l'indication matérielle des repos, des ralentissements, des suspensions et des arrêts, qu'un homme ferait sentir si, au lieu de lire ce qu'un autre a écrit, il le disait de lui-même.

Ce n'est donc pas un ensemble de règles grammaticales, c'est la notation de la parole. Comme elle ne fait dès lors que jalonner le cours de la pensée, c'est-à-dire de la phrase, et que ce cours est ou doit être le même pour tout le monde, la ponctuation est uniforme dans toute la typographie, et l'auteur qui néglige ou refuse de s'y astreindre s'expose à ne pas être toujours compris du lecteur.

Mais par cela même qu'elle est, comme la langue, réglée uniquement par l'usage, on peut en abuser, soit par excès soit par insuffisance. Un texte où la ponctuation est trop clair-semée donne ouverture à des confusions ou à des équivoques, parce que les divisions et les rapports des parties du discours ne sont pas assez marqués : un texte où elle est surabondante, outre que les idées s'y présentent écourtées et désarticulées, perd sa suite, sa consistance, et les hiatus continuels auxquels on fait ainsi se heurter le lecteur commencent par le fatiguer et finissent par lui faire perdre le fil de la pensée. L'abus de la ponctuation énerve, alourdit et obscurcit tout ce qu'il touche : voilà ce qu'on devrait avoir toujours présent à l'esprit lorsqu'on écrit et lorsqu'on imprime.

Depuis quelques années surtout, on peut dire qu'il pleut des virgules dans les ateliers de typographie. Il faut aux auteurs une énergie infatigable pour en abriter leurs ouvrages. L'enseignement étroit et méticuleux des écoles primaires, l'esprit de chinoiserie qui s'empare facilement d'un magister frais émoulu, induisent les correcteurs à suivre à la lettre le canevas de l'analyse grammaticale telle qu'on l'inculque aux enfants. Partout où la moindre fissure peut être assimilée à une incise, ils fourrent une virgule, et la phrase, au lieu de se défiler sous la main comme un collier qu'on égrène, perd toute liaison, s'essouffle, et donne la sensation d'une série de hoquets convulsifs.

Pour donner la mesure de cet insupportable abus, nous pourrions faire voir, sur une seule feuille, cinquante virgules que l'auteur avait biffées en placard. Au mépris de ces corrections, on en avait maintenu la moitié sur la première épreuve en feuille. Il n'a eu raison de cette résistance qu'à la dernière épreuve, celle après laquelle l'imprimeur est responsable si les corrections de l'auteur n'ont pas été exécutées.

Ce débordement de purisme, bien loin d'être justifié par les vrais principes de la ponctuation, montre que tout en appliquant aveuglément une règle banale, on oublie le principe dominant de la ponctuation, qui est que l'auteur ponctue comme il l'entend, et qu'on doit suivre sa leçon, pourvu, bien entendu, qu'il laisse aux signes leur valeur conventionnelle marquant des arrêts de plus en plus prononcés, depuis la virgule jusqu'au point.

Les règles de la ponctuation sont si peu rigoureuses que, par exemple, quand des membres de phrase sont trop longs pour pouvoir être débités d'un seul trait, on y introduit, contrairement à ces règles, des virgules purement respiratoires.

Un autre principe se déduit naturellement de cette petite souveraineté de l'auteur, en accord avec ce que nous avons remarqué sur l'unité de mesure qui doit régler la proportion des phrases : c'est que la ponctuation devra être sensiblement égale dans tout le cours d'un même ouvrage, par la même raison que le discours doit se développer d'une marche égale et soutenue. D'ailleurs le plus ou moins de vivacité ou de détails comporte une certaine mesure de variation qu'il appartient à l'auteur de restreindre ou d'étendre suivant le cas.

Sans avoir à rappeler ici ce que chacun sait ou doit savoir sur la valeur relative des signes de ponctuation, nous ne croyons pas inutile de recommander le comma ou deux-points, dont la propriété est de marquer le passage à la citation, au discours oral, et surtout, par quoi il est très précieux, à une conséquence, une différence, une objection, une conclusion. Dans le raisonnement d'une certaine étendue, il divise heureusement une phrase longue en y laissant l'ampleur, si convenable à quelque idée importante : il dispense d'en faire deux phrases courtes, qui ne donneraient pas la même consistance à l'idée.

On délaisse trop ce signe excellent ; on en réduit l'usage aux citations et aux interlocutions, et presque partout ailleurs on y substitue le point-virgule ou petit-qué, qui n'a nullement ses propriétés et qui n'est rien de plus qu'une virgule renforcée. On remarquera d'ailleurs qu'il y a dans le deux-points une ressource à ne pas dédaigner, celle de former transition par lui-même, car il contient en sous-entendu l'annonce d'un cours d'idées nouveau. C'est donc presque un mot, et il retient le lecteur sur la même phrase jusqu'à ce que l'idée soit complètement exprimée.

Étant reconnu que la ponctuation n'est que le signe, la dictée, des suspensions et des arrêts disposés par l'auteur ou l'orateur, il en résulte qu'elle doit se réduire au strict nécessaire. Bien distribuée, elle donne au discours de la fermeté, de la précision, et surtout cette clarté qui est un des plus beaux privilèges de notre langue française.

L'étude approfondie de la ponctuation, qu'on fait d'ailleurs rarement parce qu'on ne s'en avise qu'après avoir ponctué d'instinct pendant de longues années, est difficile et on s'y rebute souvent. Pour ceux de nos lecteurs qui s'y dérobent faute du courage nécessaire, nous pouvons indiquer un procédé simple et presque amusant pour s'en former une idée générale et pratique.

On peut faire deux sortes d'expériences :

Qu'on choisisse, par exemple, une fable de La Fontaine, ou toute autre pièce classique en vers ou en prose ; qu'on se la fasse réciter : il n'y a qu'à suivre sur le texte, on sentira, dans les suspensions plus ou moins marquées du récitant, passer les virgules, les petits-qués, les commas et les points d'arrêt, d'interrogation ou d'exclamation. A l'inverse, écrivez un de ces morceaux sans le ponctuer, donnez-le à lire d'abord à voix basse pour qu'on en reconnaisse le sens, et puis demandez qu'on vous le lise tout haut, vous entendrez les divisions des phrases se marquer dans le débit du lecteur à tous les endroits où vous auriez ponctué.

En renouvelant de temps à autre ces expériences, on arrivera à se pénétrer du principe naturel de la ponctuation, qui est qu'elle doit reproduire la division et les stations de la pensée telles qu'on les marque en parlant.

Mais comme on rencontrera, dans certains cas très épineux, des difficultés que notre recette ne suffirait pas à résoudre, nous ne pouvons que conseiller aux auteurs d'avoir toujours à portée de la main l'excellent *Traité de la Ponctuation*, de Tassis, publié par Firmin Didot, où se trouvent tous les éclaircissements désirables sur la matière. Voir aussi le *Traité de la Typographie*, par Henri Fournier.

Comme on a fait une question de l'orthographe, nous ne pouvons nous dispenser d'expliquer tout au moins comment nous ne croyons pas pouvoir comprendre ce sujet dans notre travail : nous n'y sommes point en qualité, ne nous sentant pas convaincu par les arguments des néologistes qui veulent réformer le vocabulaire.

Pour qu'une telle réforme fût possible, il faudrait renverser le fondement sur lequel repose toute la langue française, et substituer à l'autorité absolue de « l'usage » l'autorité anonyme, toujours détestable, jamais fixe, des opinions individuelles parvenant tour à tour à s'emparer du pouvoir pour imposer les changements. Un tel régime serait l'écroulement de la langue nationale, et la réédification, au pied de la lettre, de la tour de Babel, car ce serait la confusion des langues.

En tout cas il faudrait, pour les homonymes, respecter les différences d'orthographe faute desquelles on n'en pourrait distinguer le sens ; il faudrait encore laisser ce qui marque l'étymologie. Cela réservé, la réforme serait insignifiante, et on aurait plus de peine à désapprendre l'ancienne orthographe qu'à se fixer sur les quelques mots, pas si nombreux d'ailleurs, sur lesquels on se trouve parfois embarrassé.

Ce n'est pas tout, et il y a encore deux autres objections, celles-là décisives. La première, c'est qu'il faudrait d'abord changer, ou plutôt doubler, l'enseignement de la lecture, puisqu'il y aurait deux français à épeler, l'ancien et le nouveau, car autrement les enfants ne pourraient plus lire l'ancien. La seconde, c'est que les adultes ne liraient pas les livres orthographiés révolutionnairement. Il faudrait n'avoir jamais lu ou écrit une ligne de sa vie pour supposer que des hommes de trente à soixante-dix ans se soumettraient à remplacer par un effort et une étude de plusieurs années cette habitude, véritable faculté acquise, qui nous permet de lire en quelques secondes des pages entières. Avec l'*Almanach Hachette* ou le *Guide du Correcteur* de Tassis, on en a plus qu'il n'en faut pour se tirer d'embarras. Il en est de l'orthographe comme de la géographie : au delà des notions usuelles, il n'y a pas de mémoire qui puisse s'y passer du secours d'un dictionnaire.

Une bonne habitude à prendre, et qui évitera des recours continuels au dictionnaire, c'est d'annoter, sur le *Recueil des Difficultés*, de Tassis ou de Hachette, les mots sur lesquels on s'est fixé en cherchant.

Il ne faut pas oublier d'ailleurs qu'à chaque édition de son Dictionnaire, l'Académie consacre un grand nombre de changements orthographiques.

CHAPITRE VIII

DES MAUVAISES PHRASES

De ce qu'il est impossible de démontrer comment on doit composer le nombre infini de phrases qui se présentent sous la plume de l'écrivain, ce n'est pas à dire qu'il n'y ait quelques ressources d'attention, de prévoyance, de logique, de mesure, de tact, de goût enfin, pour éviter les défauts choquants et pour assurer à son œuvre une correction tout au moins estimable. Nous croyons donc utile de signaler simplement les plus gros des écueils sur lesquels peut échouer plus d'une de ces phrases qui, bien conçues au fond, se trouvent défigurées par la mauvaise tournure qu'on leur a donnée.

Les répétitions, soit de mots soit de pensées, doivent être l'objet d'une véritable chasse de la part de l'écrivain, car c'es ce dont il s'aperçoit le moins, tout rempli qu'il est de l'idée qui l'entraîne, et ne sentant pas ces retours de mots dans la phrase, justement parce qu'ils s'y rapportent trop bien. Or, pour le lecteur, c'est ce qui l'offusque au premier coup d'œil : il les voit surnager dans le courant comme des corps étrangers dans un ruisseau limpide.

Une autre grande misère, et qui fleurit, hélas! en regrettable abondance dans la littérature de nos jours, c'est ce qu'on peut appeler « la chaîne de phrases incidentes ». Cette malfaçon vient, la plupart du temps, de trop de hâte dans la rédaction, aussi sévit-elle particulièrement dans ces articles d'actualité qu'il faut improviser sur le coin d'un bureau de rédaction, sans avoir une minute pour classer ses idées ; et alors on les émet à mesure qu'elles viennent, en une seule phrase où elles passent à la suite les unes des autres sous forme incidente.

Ces sortes d'articles ne pouvant se faire autrement, il serait injuste d'en critiquer les auteurs ; mais il n'y a pas d'excuse pour qui écrit à tête reposée; sans chercher plus loin il suffit de lire les articles de fond des journaux pour voir que les phrases incidentes y sont réduites à la mesure convenable.

Semblables à certains dieux du paganisme, les *qui* et les *que* sont à la fois les pères et les fils de la phrase incidente, et il faut se mettre en garde sitôt qu'on les sent fourmiller sous sa plume. Sans partager l'indignation que l'auteur épanche sur vingt-six pages de préface, nous croyons utile, et en tout cas très curieux, de signaler à nos lecteurs les *Contes sans « Qui », ni « Que »*, de M. Henri de Chennevières. Dans ce volume de 291 pages, composé de quatre nouvelles fort bien écrites et très agréables à lire, il n'y a pas un « qui » ni un « que », et vraiment, à part un très petit nombre de phrases, si l'on n'était pas prévenu, on ne s'apercevrait pas du spirituel et prodigieux escamotage de ces deux mots qui semblent si indispensables dans notre langue.

Devant l'autorité d'un usage qui les maintient encore, peut-être pour longtemps, nous n'oserions pas conseiller aux jeunes auteurs de rayer « qui » et « que » de leur prose et de leurs vers, mais nous avons pensé qu'il ne leur serait pas inutile de voir, par cet exemple d'un des notables de notre littérature, à quelle simple expression on peut réduire l'usage des phrases incidentes dans notre langue.

Nous disons « réduire ». Car si l'on arrivait à les faire disparaître complètement, la phrase étant, comme nous croyons l'avoir démontré, la pensée elle-même, il faudrait que tout le monde changeât sa manière de penser ; il faudrait de plus qu'on supprimât un nombre immense d'idées, de rapports, qui ne peuvent pas s'exprimer sans l'emploi de « qui » ou de « que ». L'objection est formidable, et nous ne voyons pas ce qu'on pourrait y répondre.

Il y a un certain nombre de mots relatifs, adverbes, conjonctions, ou même de petites phrases conjonctives, qui servent comme « qui » et « que » à accrocher des suites indéfinies de phrases incidentes ; leur trop grande fréquence contribue à former ces « chaînes » d'incidentes dont nous avons plus haut signalé l'abus : « quand, si, dont, pour, quoi qu'il en soit », etc., et jusqu'à ce « mais » si subtil, qui se glisse au commencement d'une phrase et dont on s'aperçoit, très longtemps après, souvent trop tard.

Deux verbes terribles, d'autant plus terribles qu'ils se joignent comme auxiliaires à tous les autres verbes, c'est « être » et « avoir ». A l'infinitif et à certains temps ou à certaines personnes, ils passent inaperçus parce qu'alors ils sont brefs et peu sonores, mais quand « était » et « avait » prennent le dé de la conversation, c'est à perdre la tête, parce qu'ils ont le droit pour eux.

« Comme » est encore un de ces mots redoutables dont il faut se garer : nous pourrions produire des pages entières d'un des plus brillants écrivains de notre siècle, où on rencontrerait deux ou trois « comme » à chaque ligne. On sait l'amusante statistique du verbe « traîner » que fit naguère un critique sur les ouvrages d'un de nos auteurs en vogue, et qui lui permit de relever plusieurs centaines de ces traînées dans un seul volume.

Il est rare, quand on écrit beaucoup, de n'avoir pas un ou plusieurs mots qui reviennent continuellement. Ce qu'il y a de bien malheureux, c'est que plus on s'en sert, plus on s'y attache ; on les a sous la main, on les trouve commodes, on arrive à ne pas les sentir quand ils vous glissent des doigts. Quant à nous, il nous a fallu des années pour nous guérir de « et » au commencement des phrases et de « tout », partout. Ces petites inadvertances sont faciles à éviter avec un peu de soin et d'attention. Il faut les éliminer à tout prix, parce qu'elles gâtent le plaisir que le lecteur aurait trouvé à lire des ouvrages d'ailleurs remarquables ; il n'en faut pas plus pour détruire le prestige : au lieu d'admirer, on rit, et l'effet est perdu.

On écrit toujours trop vite : la bonne littérature est comme la bonne cuisine, elle ne peut se faire que lentement.

Un abus trop fréquent chez certains auteurs est celui des superlatifs, des adjectifs exagérés qui en sont les équivalents, comme : « infect, abject, ignoble » ; nous ne parlons pas d' « obscène », qui ne doit pas s'écrire du tout, parce qu'il est lui-même une obscénité.

Plus le sujet a d'effet par lui-même, moins il faut le surcharger de littérature : le plus fort des écrivains, c'est l'émotion sans phrases.

Par la même raison, la multiplicité des adjectifs en affadit la couleur, efface le relief du substantif qu'on en drape mal à propos ; c'est bien pire quand l'adjectif est banal ou insignifiant par lui-même comme « beau, délicieux, charmant », etc. Écoutez parler des gens du peuple qui soient bien élevés comme il y en a beaucoup : jamais ils n'emploient ces expressions, leur langage est simple.

Il faut pourtant excepter de cette exclusion le cas où les adjectifs exagérés sont employés comme hyperbole, parce qu'alors c'est un moyen qui donne, entre les mains d'un homme d'esprit, des effets de comique ou de pittoresque d'une grande puissance.

Enfin il faut bannir sans rémission tous les mots bizarres ou hors d'usage ; ne pas aller déterrer dans les vieux glossaires ces verbes, ces adjectifs, ces noms, que personne ne comprend, et dont la grossièreté ou la cocasserie sont le seul mérite.

On en peut dire autant de ces vocables à deux têtes, produits incestueux de l'accouplement de deux mots qu'on croit faire hurler en les enchaînant l'un à l'autre.

Parmi les plaies dont notre littérature actuelle va se criblant de jour en jour, une des plus saignantes est l'abus de certaines métaphores. Elle est dangereuse, parce que la métaphore est l'âme de l'expression. Nous ne pouvons connaître ni définir les choses qu'en les comparant à d'autres déjà connues, de sorte qu'il faut absolument se servir, presque à chaque mot, de métaphore, et il n'y a pas de meilleure forme de langage. Mais il faut pour cela que la métaphore soit juste, et que l'image qu'elle nous renvoie par une sorte de reflet ressemble à l'objet qu'elle veut nous représenter indirectement.

Nous pouvons lire tous les jours des phrases comme celle-ci, par exemple, qui est authentique :

« ..... Les questions les plus à l'ordre du jour, et qui font couler des avalanches d'encre, sont... »

Cette métaphore, convenez-en, ne satisfait pas... Pourquoi, parce que l'encre est si foncièrement noire, que l'idée de la voir rouler sous forme de neige ne vient pas d'elle-même à l'esprit.

Les bévues de cette sorte viennent de ce que l'écrivain, entraîné par le flot de son génie, perd de vue un des termes de la comparaison pour ne songer qu'à celui dont il est le plus frappé. Ici il lui fallait une masse à faire rouler : la neige roule, il a lâché l'avalanche. Mais comme il s'agissait de choses écrites, et qu'on n'écrit pas avec de la neige, le bon sens, qui ne perd jamais ses droits, même au milieu du plus beau délire de la pensée, lui a soufflé « d'encre », et il a écrit « d'encre ».

C'est l'histoire de cette autre métaphore si célèbre d'un romancier : « Cette main était froide comme celle d'un serpent. » C'est vrai, un serpent est froid, mais il n'a pas de mains. Si le maître avait mis : « comme *la queue* d'un serpent » oh ! alors, il aurait fait une métaphore à nous glacer de terreur !

Il y a d'ailleurs dans notre littérature un ouvrage, *Grandeur et Décadence de Joseph Prudhomme*, qui éternise dans un ridicule immortel ce genre de monuments de la bêtise humaine. C'est là qu'on peut lire la fameuse dictée commençant par cette métaphore :

« Le char de l'État navigue sur un volcan ! »

On le voit : dans toutes ces métaphores, le second terme de comparaison est remplacé par un coq-à-l'âne ; on peut donc les appeler des métaphores *asino-gallines*.

Faire une phrase n'est d'ailleurs pas toujours chose facile, et au moment où on s'y attend le moins, on se trouve en face d'une espèce de mur d'airain qu'on ne peut ni tourner ni franchir ; on sait ce qu'on a à dire, impossible de le faire entrer dans la phrase, et il faut que tout tienne dans une seule. Il nous souvient d'avoir refait quinze ou seize fois quatre lignes où il s'agissait de décrire l'enlèvement du corps d'un taureau tué dans une course. Si la description avait été coupée par des points, l'effet était nul, autant le supprimer, et on ne pouvait pas la retrancher, puisque c'était la conclusion de la course.

Lorsque la chose à exprimer fait partie intégrante du sujet, il n'y a que deux moyens de s'en tirer : recommencer jusqu'à ce qu'on ait réussi, ou renoncer. Souvent, d'ailleurs, si on ne peut ni réussir sur le moment ni se décider à tout laisser là, c'est que la phrase aura été mal engagée, et le mieux sera de passer outre : le lendemain, à force d'y réfléchir, on trouvera une rédaction, parce que derrière toute phrase indomptable, il y en a une autre qui ne demande qu'à sortir, et qui est obstruée par celle qu'on a combinée de travers.

L'institution de l'Académie des inscriptions et belles-lettres est là pour faire voir l'importance et la difficulté des phrases ou même des simples mots destinés à éterniser la consistance et le caractère des faits ou des personnages historiques. Quand on lit sur la porte Saint-Denis :

LUDOVICO MAGNO

on est porté d'abord à se demander s'il est bien nécessaire de renter des corps de savants pour faire une besogne aussi simple : mais qu'on lise avec réflexion rien que deux ou trois exergues de médailles, et plus d'un docteur ès-lettres sera obligé de convenir qu'il n'en aurait pas fait autant.

C'est qu'en effet écrire beaucoup de choses en peu de mots est le comble de l'art, tandis qu'écrire rien du tout avec beaucoup de mots en est l'enfance.

Il nous souvient à ce propos d'une petite notice sur Francis Wey ; c'étaient seize lignes à mettre en tête d'une brochure. Huit écrivains, dont plusieurs membres de l'Institut, avaient été priés de la rédiger : il y manquait toujours quelque chose. On s'adressa à nous ; notre rédaction fut trouvée moins incomplète, mais ce n'était pas encore cela. En dernière ressource, on remit les neuf brouillons à un dixième rédacteur qui parvint enfin, après un long travail, à en extraire tout ce qui était bon, et à composer, de ces pièces et de ces morceaux, un ensemble satisfaisant et complet.

Mais il avait fallu se mettre à dix personnes pour écrire ces seize lignes.

Le « tour de phrase » est le tour de main qu'il faut tâcher de se faire si l'on se sent assez de paresse pour redouter l'ennui de recommencer plusieurs fois le même morceau, ou assez de conscience pour ne rien laisser derrière soi qui ne tienne debout.

En quoi consiste le tour de phrase, c'est dans la manière tout à fait personnelle, et par conséquent indéfinissable, dont vingt auteurs, chacun de façon diverse, présenteront la même idée. Quelques-uns le feront bien, quelques-uns mal ; la plupart, avec une égale médiocrité : toute la différence sera dans le tour de phrase.

Nous nous trouvons ainsi ramenés, en d'autres termes, à ce qui au fond constitue le style : car le style, c'est-à-dire l'effet produit par un ouvrage de l'esprit, n'est autre chose que le résultat du tour de phrase. Voilà comment, si l'on peut le sentir et même l'analyser, il est impossible d'en formuler les préceptes.

Soyez vous-même, et vous aurez le tour de phrase, qui fait le style, puisque le style, c'est l'homme.

Si l'on veut contempler le tour de phrases réduit à sa plus simple expression, on n'a qu'à relire, dans *Le Bourgeois Gentilhomme* de Molière, la scène (Acte II, scène VI), où monsieur Jourdain demande à son maître de philosophie de lui mettre « d'une manière galante, bien arrangées comme il faut, » les paroles, et pas une de plus, dont il a composé le madrigal si célèbre :

« Belle marquise, vos beaux yeux me font mourir d'amour. »

Quand le maître de philosophie, après lui avoir tourné et retourné ces neuf mots de cinq façons différentes, lui dit que la première est la meilleure, monsieur Jourdain n'en revient pas d'aise, et se félicite d'avoir « trouvé cela du tout premier coup », bien qu'il n'ait « point étudié ».

Cet exemple montre d'ailleurs qu'il ne suffit pas d'intervertir les mots pour changer avantageusement le tour d'une phrase, et que dans des cas élémentaires comme celui-ci, le simple bon sens dicte l'ordre où il faut la conduire. Il peut même servir de leçon à qui se sentirait envie d'imiter ces inversions hors d'usage, que quelques jeunes auteurs se plaisent à multiplier dans leurs écrits, se flattant de gagner par là des titres a l'admiration publique.

Le plus sûr, quand on a une jolie chose à dire, est de la dire comme le commun des mortels.

Parmi les mauvaises tournures qui se rencontrent le plus

souvent, il convient de signaler celles qui consistent, par exemple : à faire plusieurs phrases séparées sur le même sujet, sans le remplacer par un pronom ; à composer la phrase d'un verbe personnel sans désigner le sujet qui agit ; à élider le verbe, et même le sujet, et même une phrase entière qu'il faudrait, comme quand on écrit : « Ce qu'il s'amusait ! » et qu'on passe à la phrase suivante ; à présenter sous la forme d'un récit au futur conditionnel les réflexions d'une personne : « Il dirait... il verrait... il saurait bien... », etc. On évite par là de mettre : « Il se disait que..., il réfléchissait que..., il s'apercevait que... », mais surtout quand ce tour se prolonge, le discours s'obscurcit et le lecteur finit par ne plus savoir s'il s'agit de réflexions ou d'incidents réels.

L'abondance, l'ardeur, la verve, sont de très belles qualités, surtout dans un ouvrage d'imagination ou de raisonnement : heureux qui en a le don, mais à condition qu'il en puisse rester toujours maître, sans quoi l'abondance devient bavardage, l'ardeur, friture, la verve, « blague » (puisque le mot est consacré par l'Académie), et l'effet désastreux. Ces qualités tapageuses sont celles dont plus d'un auteur aime à bercer sa modestie jusqu'à l'endormir, car elle est, chez nous autres artistes de la plume, très portée au sommeil, et l'entraînement, cette vitesse acquise de notre vanité, nous emporte à de véritables excès.

C'est surtout dans les parties accessoires ou épisodiques qu'il importe de se tenir les rênes à soi-même et surtout de ne pas s'éperonner le génie. Tels sont les épisodes, tableaux, digressions, discours, divagations, descriptions. Il y a en ce genre de véritables monuments.

Parmi les excroissances de génie que nous venons de signaler, la description tient le haut bout par son élasticité presque indéfinie, puisqu'il n'y a de raison ni pour qu'elle finisse ni pour qu'elle ne recommence pas tant qu'il plaira à l'auteur.

Le terrible, c'est que tout peut se décrire, et qu'il suffit du premier prétexte pour rattacher la description à n'importe quel sujet.

Prenons un objet quelconque : par exemple, un poisson.

Un poisson, entre les mains d'un homme de goût ou de génie, peut devenir un sujet d'art ou d'esthétique très intéressant. Les Romains se pâmaient d'admiration au spectacle d'un rouget se diaprant, dans son agonie, des plus merveilleuses couleurs ; il n'est pas un de nous qui n'ait eu occasion de se pâmer de même devant tel tableau de nature morte qui était un chef-d'œuvre, bien qu'il ne représentât qu'un hareng saur sur un paillasson.

Donc, qu'un écrivain prenne un poisson, qu'il nous le tourne et retourne devant les yeux ; qu'il nous fasse passer la main dessus pour sentir comme il est gluant ; qu'il nous le mette sous le nez pour nous en faire flairer le parfum de marée, en voilà déjà largement : libeller son signalement, nez, bouche, yeux, taille, signes particuliers, comme dans un passeport, c'est beaucoup ; décrire ses nageoires, sa queue ; compter les taches de son dos et de son ventre, c'est assez ; comparer chacun de ces détails à tous les autres objets de la nature, là, vraiment, c'est trop pour un seul poisson.

Mais qu'au lieu d'un poisson, il y en ait dix, vingt, trente, chacun décrit et comparé aussi religieusement que le premier poisson, on ne peut s'empêcher de se demander si ce n'est pas dépasser un peu les bornes de la modération littéraire.

Et puis ce qu'il faut se dire, c'est que l'effet résulte de la qualité et non de la quantité. Parce qu'on aura parfaitement réussi l'effet d'un premier poisson, il ne faut pas croire qu'en mettant trente poissons l'effet sera trente fois plus grand : c'est le contraire, il sera trente fois plus faible.

C'est devant les déportements de ce genre, discours, digressions, divagations, tableaux, qu'on voit dans toute son évidence l'effet désastreux de la disproportion entre l'accessoire et le principal. Même entre les parties essentielles d'un livre, il faut qu'il y ait un équilibre de style et de développement, mais cette convenance est plus pressante encore quand il s'agit de parties accessoires qui ne doivent jamais prédominer, par leur étendue ou leur intensité, sur l'importance ou le ton du fond de l'ouvrage.

La même réserve s'impose pour les parenthèses et pour les notes. On ne doit recourir à la parenthèse que quand on ne peut pas faire autrement, ou bien quand cette suspension du tour de la phrase doit avoir pour effet assuré de donner plus de relief à l'idée épisodique qu'elle y intercale. Hors ces conditions, la parenthèse, surtout si elle est longue, interrompt la suite des idées et peut en troubler la clarté. D'ailleurs si on y regarde de près, on verra que ce sont presque toujours les phrases mal engagées qui suggèrent cet expédient, et un peu de réflexion avant d'écrire dispensera d'y recourir. On peut voir, en ouvrant au hasard quelques volumes de divers écrivains, que ce procédé, toujours peu usité chez nous, tend de plus en plus à disparaître.

A moins qu'elles ne soient des indications bibliographiques ou des références à d'autres parties d'un même ouvrage, les notes en bas de page peuvent avoir les mêmes inconvénients, et plus graves, que les parenthèses. Si, ce dont il ne faut pas pouvoir douter, elles sont insérées là pour qu'on les lise aussitôt que se présentera leur signe de renvoi, c'est qu'elles sont nécessaires à lire avant d'aller plus loin, qu'elles donnent un renseignement faute duquel on ne pourrait suivre aussi facilement ce qui vient immédiatement après. Pourquoi les détacher, alors? Il est bien plus simple de les incorporer dans le texte. S'il s'agit au contraire de hors-d'œuvre comme des textes détachés, des documents complets, il vaut mieux les rejeter à la fin de l'ouvrage.

Il nous souvient d'un certain article sur Béranger, publié, il y aura bientôt un demi-siècle, par un de nos plus illustres critiques. Il y avait à chaque page deux ou trois lignes de texte courant, puis, sous un filet, tout le reste était couvert de quarante lignes peut-être de notes en caractères microscopiques. Dans de pareilles proportions, il y aurait eu avantage à remplacer le texte courant par les notes qui étaient le fond de l'article, et les notes, par le texte courant, qui n'en était que l'accessoire.

Pour résumer en quelques mots la substance des idées que

nous venons de développer, on peut tenir pour conditions constitutives d'une bonne phrase : la clarté ; la simplicité ; la proportion avec le sujet ; l'équilibre des parties ; l'observance des règles grammaticales, et, comme loi suprême, le respect absolu du vocabulaire français tel qu'il est consacré par le Dictionnaire de l'Académie française. Négliger les quatre premières de ces conditions, c'est, pour un écrivain soucieux de la gloire, courir à sa perte ; s'affranchir des deux dernières, c'est, de ses propres mains, se rayer de la liste des écrivains.

Il ne faut pas se dissimuler pourtant que les conseils ne servent guère plus en littérature que dans le cours de la vie réelle : la moindre mésaventure, si nous la voyons tomber sur nos congénères, nous dégrise mieux de notre vanité que toutes les morales du monde. C'est pourquoi nous ne saurions mieux faire, pour appuyer nos observations et y ajouter ce qui y manque, que d'indiquer aux jeunes auteurs un moyen incomparable pour se garer de toute infortune littéraire : c'est de se faire une petite cacographie de mémoire, en lisant avec constance ce qu'ils pourront trouver de plus déplorable en fait de prose ou de vers. Là, mieux que dans tous les traités imaginables, ils verront se dresser devant eux, sous forme de monstres effrayants ou ridicules, l'envers des préceptes de la littérature orthodoxe.

Ce n'est pas sans un frisson de terreur qu'on peut se décider, quand on écrit soi-même, à parler, avec une si franche liberté, des règles de l'art d'écrire, à dénoncer comme rebelles ceux qui refuseraient de s'y soumettre. Il faut convenir que si l'on prétendait en quoi que ce soit faire ainsi acte d'autorité, ce serait folie, puisque personne au monde n'a d'autorité pour cela. Nous répondrons que s'il fallait s'arrêter devant cette objection, on ne pourrait jamais dire même un mot sur l'art d'écrire, et ce serait la fin du monde, car si cet art existe encore, s'il est en progrès chez les uns, en décadence chez les autres, il le doit à l'action ou à l'insuffisance de la critique, de cette critique qui appartient à tout le monde, depuis le plus humble des écrivains jusqu'au peuple des lecteurs, jusqu'à la juridiction suprême des maîtres de l'art.

Quoique nous nous soyons efforcé d'éviter, à propos des écarts et des infractions littéraires, toute colère et toute exagération, nous serions désolé de laisser les jeunes auteurs sous le coup d'une consternation qui pourrait, en leur faisant voir en noir la littérature de leur temps, les décourager ou les porter au pessimisme.

Certes les déportements que nous avons signalés sont détestables, particulièrement pour les lecteurs qui en souffrent : mais d'abord ce sont péchés véniels pour la plupart, et surtout ces nouveautés inouïes, inconcevables, sont vieilles comme le monde. Ce qui se produit de notre temps s'est produit à toutes les époques, dans les mêmes formes et sans plus de succès : des émeutes, rien de plus.

L'art d'écrire suit son cours sans tant de changements qu'on croit, car il n'est que la parole écrite de l'homme, qui pense toujours la même chose au fond. Où prendrait-il des idées nouvelles? Il n'y en a pas.

Donc ces écarts, ces défauts, ces attentats contre le bon sens, le goût, la décence, la grammaire, la langue elle-même, on les a vus depuis qu'il y a eu des plumes et de l'encre au monde avec des sots pour en mésuser. C'est tout simplement, dans l'ordre de l'art, ce qui se passe dans l'ordre des convoitises éternelles : la lutte du pauvre d'esprit contre le riche, du rimailleur contre le poète, du griffonneur contre l'écrivain de race. On n'a qu'à lire l'*Art Poétique* de Boileau, les *Précieuses Ridicules* de Molière.

Il n'y a qu'un temps, toujours le même, avec ses fleurs, ses fruits, ses feuilles, ses neiges, ses bourrasques, toujours les mêmes aussi, revenant à intervalles presque égaux, ramenant et remportant, comme le flux et le reflux de la mer, des idées qu'on nomme anciennes ou nouvelles, mais qui ne sont, comme toutes les autres choses de cette pauvre terre, qu'une perpétuelle continuation.

CHAPITRE IX.

INSTALLATION, OUTILS ET HABITUDES.

Il serait à désirer qu'au lieu de susciter autour de lui des perceptions continuelles étrangères aux idées qui l'occupent, l'écrivain n'eût sur sa table à écrire que sa plume, son écritoire et son papier ; que cette table fût pour lui le violon de l'âme, et non pas une étagère à capharnaüm. D'ailleurs cette disposition est beaucoup plus commode, en ce qu'elle permet de déplacer la table comme on veut. Tout le reste, papiers, cartons, livres et ustensiles de bureau, on le met sur une ou deux tables à portée de la main, ou sur des chaises, qui surtout pour des livres à consulter, sont excellentes. Tout cela peut se remplacer par une de ces étagères tournantes que beaucoup de personnes préfèrent à tout.

Au risque de contrarier bien des habitudes, nous n'hésitons pas à déclarer que la grande table, avec son chargement ordinaire de papiers, de cartons, de livres, d'ustensiles rangés ou pêle-mêle, est un champ déplorable pour l'activité et la liberté du travail. Ces tas et ces fouillis d'objets ne sont bons qu'à embroussailler l'esprit d'une multitude d'impressions insignifiantes dont nous n'avons pas conscience, mais qui n'en n'arrivent pas moins au cerveau, et si elles ne troublent pas le travail de l'intelligence, c'est que le cerveau les repousse.

Au reste, plus on aura d'occasions de se déplacer pour aller prendre quelque chose, plus la santé y gagnera : rien n'est pire que de rester continuellement assis. Ces déplacements, qui ne durent que quelques secondes, ne font pas une perte appréciable de temps, et ils suffisent à ranimer le cours du sang vers les extrémités, écartant par là une des causes de la congestion, qui guette nuit et jour le cerveau de l'écrivain. Ils ont encore l'avantage de suspendre un instant la tension des idées et de rafraîchir l'imagination. On ne se pénétrera jamais assez de la puissance des infiniment petits sur la circulation du sang et les fonctions de l'appareil nerveux.

Une excellente pratique est de travailler debout le plus souvent possible. Outre que rien ne vaut le pupître haut pour compulser des documents volumineux, écrire debout délasse le corps trop longtemps courbé, et ce n'est pas s'aventurer que d'attribuer une précieuse influence à ce repos accompagné d'un changement de station.

Le meuble le mieux entendu pour cet usage s'appelle un « éléphant ».

Une des choses les plus importantes pour la santé de l'écrivain, c'est le choix du siège. Chaise ou fauteuil, peu importe ; le dos n'a rien à voir dans les intérêts des organes à ménager : mais à partir de la ceinture, la nature du siège peut être favorable ou nuisible selon qu'on aura bien ou mal choisi. Qu'on rembourre donc tant qu'on voudra les bras et le dossier, mais quant au siège, il ne doit jamais avoir d'autre garniture que le treillage de rotin, parce que tout siège rembourré s'échauffe. L'écrivain s'assoirait dans un cataplasme brûlant, qu'il ne réussirait pas mieux à se mitonner toutes les maladies et infirmités qui peuvent s'introduire dans le labyrinthe d'intestins, de glandes, de filtres, d'émonctoires, qui remplissent la cavité abdominale.

Il s'agit maintenant de choisir les trois instruments grâce auxquels, par un miracle de son génie, l'homme peut donner une image sensible à sa parole et une consistance impérissable à sa pensée.

Serait-il possible que dans le choix de ces outils sacrés, il n'y eût pas une part à faire pour l'intelligence et la sensibilité? Qu'un commis de bureau griffonnant des paperasses, qu'un financier supputant ses profits et pertes, prenne le premier porte-plume qui lui tombe sous la main et ne s'aperçoive pas qu'il écrit sur du papier à chandelle avec une encre jaunâtre ou grise, on ne peut qu'en hausser les épaules, car on ne saurait s'étonner que les fournitures de bureau soient aussi « quelconques » que le travail auquel on les emploie. Mais que dans le plus sublime des arts, l'écrivain n'apporte pas un soin passionné au choix des outils; qu'il puisse supporter sans fureur une plume crachant ou barbouillant à chaque mot sur un papier hérissé de rugosités; que son encrier, plein jusqu'au bord d'une bourbe pétrie de poussière, de glaires et de filaments, barde sa plume et ses doigts d'une de ces mixtures corrosives qui les teignent pour un mois de taches d'un bleu faux ou d'un violet sinistre, pourra-t-il produire autre chose qu'un de ces monstres comme la terreur en produit dans les flancs bouleversés d'une femme enceinte? Non, sans qu'il soit besoin d'évoquer ces funestes scènes dont une seule suffirait à briser la lyre de plus d'un poète, qu'il nous suffise d'imaginer à quel point d'intimité arrivent nécessairement ces relations de toutes les minutes, ce contact et cette coopération continuels, entre le papier, la plume, l'encre où s'écoule la pensée, et l'âme qui la verse comme l'eau d'une source!

Il est donc dans la nécessité des choses que quiconque fait profession de tracer ses idées sur une feuille de papier ait toute une théorie sur les procédés matériels de l'écriture; qu'il y attache une importance absolue, et que chacune de ces pratiques se justifie à ses yeux par une raison de convenance générale ou d'originalité personnelle.

Certes, ainsi qu'on peut penser, l'installation de l'atelier est pour beaucoup dans la valeur du produit littéraire; mais le choix des instruments qui vont servir à travailler est incomparablement plus efficace. Ils sont comme nous autres, ces instruments: au repos, ils restent corps bruts, mais une fois entre nos doigts, ils prennent une âme, et nous y trouvons des propriétés physiques unies à de véritables qualités morales, le tout bon ou mauvais selon que nous aurons bien ou mal choisi. La plume peut être excellente ou exécrables l'encre, limpide ou bourbeuse; le papier, poli ou rugueux : à ces différences correspondent autant de facilités ou de résistances qui, répétées des milliers de fois par minute, commencent par agacer et finissent par exaspérer l'écrivain.

Quels que soient les perfectionnements auxquels on a poussé les plumes de fer, jamais le démon de l'industrie ne parviendra à égaler un des plus beaux ouvrages du Créateur, la plume d'oie! J'oserais presque l'appeler la plume d'homme.

Comment, depuis tantôt vingt siècles qu'elle trace, sous la dictée du génie, les chefs-d'œuvre de l'esprit humain, n'aurait-elle pas pris quelque chose de notre âme, ce je ne sais quoi qui n'est pas encore l'esprit, mais qui n'est déjà plus la matière et que penseurs, artistes, poètes, appellent l'âme des choses? Or cette âme des choses, c'est la nôtre : elle est l'image de nos sentiments et de nos idées, réfléchie au clair miroir de la nature. Et quand une habitude, un souvenir, un regret, hélas! suffit pour faire d'une fleur sèche ou d'une boucle de cheveux des reliques sacrées, notre plume, l'archet par qui nous faisons chanter notre âme, ne serait qu'un débris de volaille! Non, non, et quand ce ne serait que par son contact perpétuel avec nos doigts qui lui transmettent le fluide intellectuel, la plume vivrait déjà.

Mais ce n'est pas tout. Par ses qualités ou par ses défauts, elle affecte les mouvements de la main et par suite, le cours des idées ; de plus, la matière dont elle est formée, la façon dont elle est taillée, peuvent changer du tout au tout la forme et la disposition des caractères de l'écriture. Avant l'invention des plumes de fer, les écritures gardaient un caractère d'originalité qui n'existe plus: aujourd'hui presque tout le monde écrit sur deux ou trois modèles toujours les mêmes.

Comparez à ces types uniformes des manuscrits d'autrefois, vous verrez combien l'écriture est originale et personnelle. Si les graphologistes s'avisaient d'étudier cette différence, qui saute aux yeux, ils confirmeraient certainement notre observation.

Qui de nous, en ouvrant certaines lettres, n'a pas surpris, dans le trouble des mouvements de la main, dans le désordre et le tumulte des caractères, l'aveu qui se dérobe, le mensonge qui se dément, le secret qu'on voulait cacher? Aussi la plume d'oie est-elle la plume sincère, qui n'écrit jamais qu'à cœur ouvert : quant à la plume de fer, il faut la laisser à ceux qui écrivent d'autre façon.

C'est au moment où on la taille que ces vérités deviennent manifestes, et l'écrivain qui les professe recueille en inspiration et en verve le bénéfice de sa foi. A mesure qu'il façonne et caresse le bec de sa plume, toutes ses idées, palpitantes comme des colombes captives, volent, s'agitent, piétinent, roucoulent, et demandent à prendre leur vol; il ne sait à laquelle entendre, et s'il ouvrait sans précaution la porte de la volière, quel tumulte, quel désordre, dans ce petit monde ailé qui veut sa liberté! Mais il faut tailler la plume : pendant les quelques minutes que dure cette opération délicate, l'ordre se fait, l'impatience se calme, les idées se mettent en rang, et quand la plume est au point, l'ordre du travail est assuré, l'inspiration s'échauffe, la veine jaillit.

Voilà comment, dans cette lutte éternelle de l'esprit contre la matière, la pauvre humanité ne se lasse jamais de mettre un peu de son cœur aux plus humbles de ses instruments de travail ; comment, à force de les animer, on peut le dire, des mouvements de sa pensée, l'écrivain vient à rêver qu'ils prennent peut-être sous sa main un je ne sais quoi qui ressemble à la vie. Ainsi se forment ces habitudes, ces douces folies, dont nous avons voulu fixer ici quelques traits, parce qu'elles sont douces, qu'elles sont vieilles, et qu'avant peu le souffle du temps, plus âpre que jamais, va les emporter comme il emporte tant de choses d'un autre âge.

Après la plume, il y a ce qu'on pourrait appeler le nécessaire de l'écrivain. C'est le canif, le grattoir, le crayon de mine de plomb, le crayon rouge et bleu, la gomme élastique blanche, le couteau à papier, et quelques plumes à dessin. Il est bon d'y joindre un couteau fin à lame anglaise pour tailler les crayons. Le crayon bleu et rouge est précieux parce qu'il sert à la fois à faire des remarques en sens opposé, comme par exemple : rouge, à *revoir* ; bleu, à *supprimer* ; rouge et bleu, à *modifier*, etc.

Mais les pièces fondamentales du nécessaire, ce sont : d'abord de grands ciseaux à branches légères et arrondies toutes deux : c'est avec cela qu'on retranche ses erreurs ou ses sottises, et sous ce rapport on peut dire que de bons ciseaux font plus pour la gloire d'un auteur que la meilleure plume du monde, fût-ce une plume d'oie du Capitole.

La colle est le dictame qui, réunissant les membres un

moment épars, permet à l'écrivain d'amputer tour à tour ou de rapetasser son chef-d'œuvre, sans qu'il y paraisse autrement que par une imperceptible jointure, cicatrice honorable d'ailleurs, puisqu'elle marque le respect de l'auteur pour ceux qui le liront, son repentir des incorrections commises dans un moment d'entraînement ou d'erreur, et le soin qu'il a mis à les réparer proprement. Là d'ailleurs aussi, il y a colle et colle comme il y fagots et fagots. Celle qu'on vend, bonne de qualité, est incommode à employer : le goulot de la fiole est trop étroit, le pinceau est trop mou et garni d'un fer-blanc qui se rouille et salit la gomme. Il faut prendre un moutardier de grès ou de faïence, et y mettre un pinceau de crin gros comme une forte plume et monté en fil, qu'on place à demeure dans le trou du moutardier. La raideur du crin fait que la couche de gomme se dépose mince, ce qui est essentiel pour éviter des bavures désastreuses sur les lignes contiguës à la jointure et sur les feuillets qui pourraient s'y coller.

C'est grâce à la colle et aux ciseaux qu'on peut pratiquer le procédé de correction le plus avantageux, le plus simple, et qui, laissant au manuscrit un aspect d'ordre et de régularité, permet de lire couramment ; or c'est là une condition plus importante qu'on ne saurait croire.

D'abord, en se relisant soi-même, on juge mieux son travail, parce que plus l'écriture est nette et régulière, plus les idées et les formes du discours se détachent et s'éclairent ; au contraire, quand il faut sauter d'un endroit à l'autre, enjamber à travers des ratures et des surcharges pour en retrouver le fil, ce sont autant d'obstacles dont chacun représente une distraction à écarter, une difficulté à surmonter. Cela semble bien insignifiant, bien microscopique, mais c'est un des mille exemples de la puissance illimitée des infiniment petits quand ils sont innombrables : or, dans un mauvais manuscrit, à chaque ligne, à chaque mot, le regard est ralenti ou arrêté.

Vous avez lu, relu, corrigé et recorrigé votre manuscrit, vous croyez que vous vous en rendez compte? Attendez la première épreuve. Vous verrez se produire deux effets qui semblent contradictoires, et qui au fond se complètent : l'aspect général de l'œuvre est beaucoup plus satisfaisant, mais des défauts jusque-là inaperçus vous sautent aux yeux, et quantité de traits sur lesquels vous aviez passé sans les remarquer prennent un relief et une importance extraordinaires. Il y a là une optique de l'impression qui diffère de celle de l'écriture, comme il y a une optique du théâtre dont on ne peut avoir aucune idée à la simple lecture d'une pièce. Rien ne peut mieux faire voir combien l'ordre et la netteté ont d'influence sur l'effet de la pensée écrite.

L'installation et les fournitures de bureau n'en ont pas une moindre sur le travail intellectuel ; aussi, autant d'écrivains, autant de procédés et de manies faute desquels on ne saurait faire rien de bon.

Quelqu'un que je connais intimement n'écrirait pas, pour un empire, autrement qu'avec une plume d'oie, parce qu'il a reconnu que la plume de fer donne de la raideur au style et de la maigreur aux contours des images. Il lui faut de l'encre de la Petite-Vertu, parce que celle-là seule est vraiment noire. Il lui faut du papier in-quarto glacé, pour que la plume ne s'accroche pas ; ferme, pour que les feuillets du manuscrit ne fléchissent pas quand on les manie. Il ne tolère rien sur la table que l'encrier, qui doit être toujours sans la moindre tache d'encre, et une boîte à charnières, sans clef ni bouton, où sont réunis canif, crayons, grattoir, gomme élastique et couteau à papier. Demandez-lui pourquoi tout cela, et à propos de chaque objet, il vous en démontrera les propriétés uniques, indispensables, il vous fera convenir que sans ces instruments sa tête n'aurait jamais pu produire une ligne de prose, même mauvaise !

Pendant de longues années il a eu dans son cabinet un coucou dont le tic-tac lui donnait je ne sais quelle distraction agréable. Le coucou y serait encore, si pour son malheur notre homme n'était devenu sourd : depuis ce temps-là, c'est sur une distraction de la vue qu'il lui a fallu se rabattre. A cet effet, il a installé à portée de ses yeux une de ces statuettes coloriées qu'on voit chez les marchands de sculpture pieuse, et qui représente saint Antoine de Padoue en extase, la tête penchée, un rameau de lis à la main droite, et soutenant de son bras gauche, sur son livre de prières, un petit Jésus assis, qui lui caresse la joue. On n'imagine pas combien la vue de cette gracieuse image lui rafraîchit l'imagination et fait sourire son cœur.

Voilà qui excitera sans doute l'amer dédain de plus d'un critique sévère : mais si nous sommes bien informés, l'auteur en question n'en pourrait qu'être très flatté, ne connaissant rien de plus cruel à dire d'un écrivain que de le traiter d' « homme sérieux ». En effet, l' « homme sérieux » peut être un fort galant homme, mais on est bien forcé d'avouer que ce n'est pas l' « homme gai ».

Kant tenait beaucoup à un peuplier placé en vue de sa fenêtre : il ne pouvait produire ses sublimes idées qu'à la condition d'avoir les yeux fixés sur ce peuplier. Mais voilà qu'un jour on vient annoncer au demi-dieu de la philosophie tudesque une nouvelle terrifiante : on va « l'abattre »! Or l'arbre était chez le voisin : il fallut négocier et, non sans peine, on obtint la conservation de ce végétal philosophique. Pensez! si ce peuplier avait disparu, la *Critique de la Raison Pure* n'aurait jamais vu le jour ! Que serait devenu le genre humain ? C'est à donner la chair de poule !

Un de nos romanciers, qui occupe en même temps une très haute position dans la magistrature, ne peut écrire que sur de petits carrés longs d'un papier glacé verdâtre. Il recopie chaque feuillet jusqu'à ce qu'il n'y ait plus une rature.

Dans un autre genre, nous pouvons citer une femme de lettres qui, sur du papier écolier grand comme deux cartes de visite, écrit tout d'un trait, sans souffler, une cinquantaine de lignes qui se touchent, avec des caractères très longs, des lettres pressées comme des pruneaux. Quand la page est pleine elle prend une feuille, et ainsi de suite jusqu'à ce qu'elle en ait écrit quatre cents, cinq cents, mille ! Alors elle les rassemble, les enveloppe, et va les porter à l'impression, le tout sans avoir relu, non pas une page, non pas une phrase, mais même un seul mot de son manuscrit ! Et ce n'est pas plus mauvais que beaucoup de romans célèbres : quelques-uns ont même été très appréciés. Si nous pouvions répéter ici le verbe dont se servait le pauvre Gonzalès pour qualifier le procédé de production des femmes auteurs, on serait moins surpris de la fluidité de leur style, et on rirait bien : mais ce verbe, tout français qu'il soit, est trop familier.

A l'extrême opposite de cet intarissable débordement, on peut mettre Mérimée, qui a recopié dix-sept fois le manuscrit de *Colomba*, et de qui on peut dire, comme de notre femme auteur, que ce n'était pas plus mauvais pour cela.

J.-J. Rousseau suit de bien près Mérimée sous ce rapport : on n'a qu'à voir, dans les *Confessions*, comment il ne cessait de lire et de relire le manuscrit de *La Nouvelle Héloïse* ; comment, quand ce fut fini, il le noua avec de jolies petites faveurs bleues.

Celui-là avait d'ailleurs un procédé très personnel, rare chez les écrivains d'imagination : il écrivait de mémoire. Comme son style est une véritable musique analogue aux symphonies de Mozart et surtout de Beethoven, il composait de tête ses périodes et se les chantait souvent pendant plusieurs jours, jusqu'à ce que la mélodie lui en parût satisfaisante ; quand il les savait bien par cœur, il les mettait par écrit. Il pratiquait d'ailleurs une méthode qui est la meilleure de toutes, et dont on obtient de merveilleux effets : il travaillait dans l'espace, dans la lumière, en pleine nature

Lequel vaut mieux de ces procédés ? Celui qui réussit à son auteur, car comment les comparer, puisqu'ils sont opposés ?

Voilà Alexandre Dumas père, qui a fait cent chefs-d'œuvre, on peut le dire, et qui, une fois assis à sa table de travail, écrivait dix-sept ou dix-huit heures de suite sans s'arrêter, sans relire une ligne, et sans que la verve de sa prodigieuse imagination se ralentît un seul instant. Mais tout à coup, au milieu de sa course échevelée, la plume s'arrêtait net. Le maître levait les yeux de côté pour chercher un souvenir... Mort et damnation ! le personnage dont il racontait l'aventure était décédé depuis trois chapitres, ou bien ne pouvait arriver de l'Afrique ou de l'Inde qu'au chapitre suivant. Et alors c'étaient des angoisses, des sueurs froides, des rages, jusqu'à ce qu'il eût retrouvé le fil des événements, redressé les anachronismes du récit.

Un autre auteur, Ponson du Terrail, à force de verser des torrents d'encre, finissait par s'y noyer la mémoire, et faisait défiler dans ses romans tant de personnages également extraordinaires, qu'il les oubliait dès qu'il les avait perdus de vue et ne les reconnaissait plus quand il les retrouvait. Et alors, pour ne pas lâcher le fil de l'histoire, il avait sur sa table, rangées en cercle, des poupées costumées représentant chacune un des personnages, et aussitôt le rôle d'une poupée fini par mort ou disparition quelconque, Ponson du Terrail la prenait par le cou et la précipitait dans son tiroir : le romancier pouvait continuer à tirer les ficelles des marionnettes survivantes sans craindre de voir le mort ressusciter et tout mettre sens dessus dessous.

D'autres, et ceux-là sont les plus redoutables pour les éditeurs et pour eux-mêmes, ne sont pas capables d'écrire à la plume : leur manuscrit fini, ils n'ont pas la moindre idée de ce qu'ils ont barbouillé sur le papier, et c'est seulement quand l'épreuve imprimée leur arrive qu'ils se rendent compte de ce qu'ils ont fait. Ils tombent des nues, ils ne conçoivent pas qu'ils aient pu dire ceci, oublier cela, placer telle idée ici ou là; et alors commence une telle série de corrections, d'additions, de suppressions, de transpositions, que tout est à recommencer. On recommence un second placard : même bouleversement. Après deux ou trois autres épreuves, ils jurent leurs grands dieux que tout est au point : on se décide à mettre en pages. Et le même jeu recommence, avec cette aggravation qu'à chaque fois il faut défaire la forme et remanier les seize pages d'une feuille, ce qui coûte des sommes folles d'heures de correction.

C'est à ce jeu-là que Balzac, au lieu de s'enrichir par l'intarissable production de son génie, a vécu dans la misère, les corrections absorbant d'avance le bénéfice de ses chefs-d'œuvre.

C'est de même que Cousin arrivait, dit-on, à faire dépenser à ses éditeurs cinquante mille francs pour un ouvrage de philosophie.

Il y a encore une autre misère d'écrivain : c'est l'écriture. Émile Deschamps, cela tenait, hélas! à la cécité qui le menaçait et dont il devait mourir fou d'horreur, avait une écriture si prodigieusement indéchiffrable qu'il ne pouvait se lire lui-même. Un de nos amis communs m'a raconté que plus d'une fois, ayant reçu de lui un billet illisible et l'ayant renvoyé à Émile Deschamps avec un point d'interrogation suivi de plusieurs points d'exclamation, celui-ci, ne pouvant lui-même déchiffrer sa propre écriture, prenait sa canne et son chapeau et venait dire à son ami ce qu'il avait tenté de lui écrire.

Une manière d'écrire qui réussit assez bien à certains auteurs dont les idées ont besoin d'être activées par un mouvement général du corps, c'est de ne pas écrire. On parle, on gesticule, on *marche* son roman ; ce n'est plus l'auteur penché sur sa table et accroché à sa plume, c'est l'auteur en scène et improvisant, tandis qu'un scribe, réduit au rôle de phonographe vivant, écrit sous sa dictée. Ce procédé permet de produire beaucoup en peu de temps; mais pour qui n'en saurait pas faire un usage constant, il semble de nature à entraîner beaucoup de longueurs et d'incorrectinos, qu'il faudra modifier en se relisant. Et puis l'effet du discours écrit n'étant pas le même que celui du discours parlé, il est difficile qu'il n'y ait pas de grands mécomptes sur ce que les lecteurs jugeront du livre.

En dehors de ces procédés extraordinaires qui, personnels à certains écrivains, ne sauraient servir de modèles, il y a certainement une méthode plus avantageuse à suivre que toutes les autres ; il est bien difficile de dire laquelle, d'autant que la même ne saurait convenir au tempérament physique et moral de tout le monde. Mais faute de trouver la recette pour faire le travail bon, on peut déconseiller certaines habitudes qui, nées la plupart soit de la paresse, soit de la prétention, soit d'une nécessité pécuniaire, peuvent empêcher de réussir.

On doit placer ici une observation propre à tempérer des jugements indiscrets sur les petites manies des écrivains : c'est que les manies sont des habitudes, et les habitudes sont une bénédiction pour l'intelligence en travail. Il faut que l'esprit, tout en agissant, soit sans cesse distrait, distrait une seconde, mais assez pour que la raideur de la pensée fléchisse un instant. Si nous n'avons pas une habitude pour donner prise à cette satisfaction, c'est à l'aventure, avec une espèce d'effort, que l'esprit cherchera cet éclair de repos, si l'on peut ainsi parler, dont il a besoin pour détendre à tout instant les cordes de la lyre.

Telles sont les précautions physiques, intellectuelles et morales, qui nous ont semblé, après une longue pratique du métier d'écrire, indispensables à observer pour quiconque aura souci de concilier sa santé et sa vie avec le labeur de son esprit. Beaucoup ne voient dans ce labeur qu'un passe-temps, un plaisir ou une passion, quand c'est en réalité un effort terrible de l'homme tout entier. Là, en effet, l'âme fait travailler à son aide le cerveau, le grand sympathique, la vue, et jusqu'aux muscles dont le mouvement est nécessaire pour tracer l'image si subtile et si délicate de la pensée.

La science a mesuré la force de l'homme comparée à celle des animaux ; elle a fait voir que, de toutes les machines vivantes et même artificielles, la machine humaine est la plus puissante comme elle est la plus parfaite : que serait-ce si elle pouvait mesurer, en je ne sais quels kilogrammètres incalculables, la puissance de l'âme dans ce travail immatériel où se concentrent en elle toutes les forces de la vie!

CHAPITRE X

HYGIÈNE DU TRAVAIL

La première condition à observer est de ne travailler ni trop vite, parce qu'on n'a pas le temps de se rendre compte de ce qu'on fait, ni trop longtemps de suite, parce que la force du cerveau, qui est de même nature que nos autres facultés, se fatigue et s'épuise par un effort trop prolongé. Deux heures de rédaction par jour sont une mesure qu'il ne faudra pas dépasser si on veut que toutes les parties de l'ouvrage se soutiennent également. Pendant ce temps on peut, selon que la composition est plus ou moins difficile, écrire de deux à quatre pages in-quarto, représentant au maximum une centaine de lignes. Dans un ouvrage documentaire, sur une matière spéciale et réglée, on peut prolonger le travail pendant trois ou quatre heures, mais nous nous occupons ici particulièrement des livres d'imagination ou de raisonnement, où l'intelligence tire presque tout de sa propre substance.

En tout cas, si des conditions particulières exigeaient un travail plus prolongé, il faudrait le couper par des repos qui, loin de faire perdre du temps, en feraient gagner en ranimant et rafraîchissant l'esprit fatigué. Certainement qu'avec ce système on n'arrive pas à produire huit ou dix volumes en un an, mais si on en fait moins on les fait meilleurs, et soit comme profit soit comme valeur littéraire, on y gagne.

Dans ces conditions, la fécondité d'un auteur ne s'épuise pas pour avoir été forcée ; ce n'est pas tout, elle s'alimente et se renouvelle pendant le temps qui lui reste libre. Aussitôt dégagé de la concentration qui l'a tenu courbé sur son manuscrit, l'écrivain songe à ce qu'il a fait, à ce qu'il va faire, et quand le lendemain il se remettra à son travail, il y apportera des idées mûries par avance, une direction déjà déterminée, sans parler de maintes phrases dont il aura esquissé le dessin.

Mais tandis qu'on réfléchit à son sujet, une pensée en amène une autre, et par une association d'idées dont nous avons tous l'usage continuel, il arrivera souvent de voir passer dans le courant de nos réflexions telle situation, tel caractère, qui repris ou développé, pourrait fournir le sujet d'un autre ouvrage. C'est ainsi que la fécondité d'un écrivain se soutiendra d'autant mieux qu'il aura gardé l'habitude de réfléchir longtemps avant d'écrire.

Or pour que ces trouvailles puissent servir à quelque chose, il faut s'empresser de les recueillir à l'instant, car si on les laisse passer on ne les rencontrera plus.

C'est ici qu'il faut enregistrer, comme une des ressources inépuisables du métier d'écrivain, la notation continuelle, sur un cahier où on les retrouvera, de toutes les idées ou imaginations qui traversent l'esprit. Sans l'usage constant de ces notations, c'est d'un cerveau vide qu'il faudra tirer ce qu'on cherche : avec ces notes, au contraire, s'il y a parfois souvent lieu d'éliminer, on a toujours de quoi choisir, et il est rare qu'on ne trouve pas, parmi ces petites fleurs ramassées au hasard, de quoi faire un bouquet. Nous reviendrons sur cette pratique.

Il ne faut pas travailler la nuit, parce que veiller est une chose contre nature qui fatigue à la fois le corps, le cerveau et les yeux, et toute fatigue est un affaiblissement dont on retrouvera les traces dans le produit d'un travail de nuit. La lumière du soleil éclaire et féconde l'esprit aussi puissamment que le corps avec lequel il ne fait qu'un, et profit ou perte sont pour l'un comme pour l'autre. Certainement on pourrait citer bien des auteurs, quelques-uns célèbres, qui n'écrivaient que la nuit, croyant avoir besoin, pour travailler, du silence qu'elle procure et de l'excitation causée par le manque de sommeil : il est probable que s'ils avaient écrit le jour, les médiocres ne l'auraient pas été davantage et les bons n'y auraient rien perdu. Quand ce ne serait que pour conserver vos yeux, n'écrivez jamais la nuit.

L'exemple de Balzac est d'ailleurs là pour montrer que l'excès du travail peut devenir une question de vie ou de mort. Balzac, à son ordinaire, se levait à minuit et se mettait aussitôt à écrire d'une seule traite jusqu'à midi. Son après-midi se passait à aller à son imprimerie et à corriger ses épreuves. A six heures il se couchait pour se relever à minuit, n'ayant eu ainsi que six heures de sommeil. On l'a vu passer toute une semaine renfermé dans sa chambre, ne mangeant pas, buvant seulement une décoction de café, et écrivant le reste du temps. Mais il est mort à cinquante-cinq ans. Sans doute il finissait par arriver à faire en fin de compte des chefs-d'œuvre, mais au prix de quels efforts ! Il refaisait son livre d'un bout à l'autre deux ou trois fois : s'il avait employé, à réfléchir et à prendre des notes, la moitié du temps qu'il usait en corrections, avec quatre heures de travail par jour il aurait fait autant de besogne.

Un précepte souvent répété dit qu'il faut composer pendant l'agitation du matin, et méditer pendant le calme du soir. Il y a peut-être là-dedans plus de littérature que de raison : agitation et composition, méditation et calme, fournissent sans doute une antithèse bien équilibrée, mais l'antithèse est un procédé perfide qui produit dix trompe-l'œil contre une image exacte. La vérité est que l'avantage du soir ou du matin dépend avant tout de ce qu'on cherche comme fond et comme forme : s'agit-il d'abondance, de vivacité, de fantaisie, on peut admettre que les idées sont plus fraîches le matin : qu'au contraire, les idées étant rassises le soir, ce moment convient mieux à la méditation. Mais savoir si la fraîcheur des idées suffit pour bien écrire, et si, d'un autre côté, la méditation après coup assure la perfection du travail. Ne semble-t-il pas plus probable que le discernement et le goût doivent suivre l'idée à mesure que la plume court sur le papier, quelle que soit l'heure ? Et puis autre chose :

ce calme du soir, c'est aussi souvent une lassitude qu'un repos : le soir d'une journée triste est plus agité que le matin.

Ce qu'on peut faire le soir sans inconvénient, c'est relire le travail de la journée et marquer d'un trait les corrections à faire, mais en réservant l'exécution pour le lendemain : tout en ira beaucoup mieux, parce que rien n'est tel que de dormir sur tout ce qui demande un choix et une décision.

On travaillera donc pendant le jour; le matin si on est matinal, mais jamais au saut du lit, parce qu'il faut, pour bien écrire, être dégorgé de l'assoupissement où l'on vient de passer plusieurs heures de suite. On aura fait sa toilette, mis du linge frais, pris un moment d'exercice, avant de se mettre au travail.

Voilà une de ces questions dont on peut tirer plus d'un écheveau de chinoiseries esthétiques et littéraires; mais un expédient qui semble tout accorder, c'est de travailler dans le cours de la journée. Le corps et l'esprit sont alors en une juste moyenne entre l'agitation du matin et le calme du soir. C'est là, selon toute apparence, le bon moment. Il faut laisser passer quelque temps après le déjeuner pour que la digestion stomacale se mette en bon train, et alors, commencer à écrire. Toutes les forces du corps sont relevées, le cerveau est dégagé par l'afflux du sang vers l'estomac, et en même temps animé par cette espèce d'épanouissement intime qui suit un repas modéré.

Nous disons modéré, car en dépit de la gloire décernée à

quelques soulards de génie, nous attendrons un nouveau progrès des lumières avant d'admettre qu'il faille être gris pour créer des chefs-d'œuvre. Qu'on ait voulu faire du génie une névrose, c'est déjà assez triste, puisqu'il y a là, à tout prendre, une malfaçon de l'âme : mais une ivrognerie ! Le génie serait sans excuse, trop boire étant un vice.

Mais de ce que trop boire est un vice, il ne s'ensuit pas que trop manger soit une vertu, surtout pour les écrivains. Quiconque exerce une profession sédentaire, dans un lieu plus ou moins confiné, n'a pas besoin d'une forte nourriture comme l'homme occupé à un travail pénible au grand air ; par cela même qu'il n'en a pas besoin, elle lui est nuisible, et tout ce qu'il mange de trop se concrétionne en rhumatisme, goutte, gravelle, ou se condense en congestion, catharre, crises hépathiques et autres obstructions. L'homme de lettres s'abstiendra donc de liqueurs alcooliques, évitera les viandes trop succulentes, les aliments lourds, indigestes ou trop gras, mangera modérément et boira le moins possible de vin. Moins on boit à ses repas, mieux on digère ; si l'on n'y buvait pas du tout, les digestions seraient idéales : voyez si les animaux ont des indigestions ? C'est qu'ils ne boivent pas en mangeant. D'ailleurs on ne risquerait pas de mourir de la pépie pour cela ; hors de la digestion, non seulement on peut boire de l'eau tant qu'on voudra, mais plus on en boit, plus la santé en profite.

Nous ne pouvons résister, pour le bien que nous en avons ressenti toute notre vie, à conseiller ici instamment de prendre un bol de café noir en se levant : sans parler du bien-être que cette liqueur bénie répand dans les organes de l'homme, le café, en activant la circulation et en réjouissant les nerfs, a pour effet d'éclaircir les idées obscurcies par les dernières vapeurs du sommeil, et de ramener l'imagination sur les choses réelles.

Mais qu'on y prenne garde, l'abus du café est dangereux comme tous les autres, et quand on le pousse trop loin, il produit les mêmes désordres nerveux, intellectuels et digestifs, que l'alcoolisme.

Le bain est encore une habitude excellente à pratiquer pour tenir en bon état la machine littéraire. Le bain est une source d'inspirations élevées, sereines; il donne à la pensée une sorte d'élan, et à l'imagination plus de vivacité. En régularisant la circulation et la chaleur animale, il rend aux tissus, notamment à ceux des nerfs et du cerveau, leur consistance normale, et par l'endosmose, assouplit la peau, les vaisseaux capillaires et les nerfs qui en règlent la contraction : c'est ainsi qu'il « rafraîchit » comme on dit. Pourvu qu'il ne soit pas pris trop chaud, car dans ce cas il congestionnerait au lieu de rafraîchir. Il est particulièrement salutaire pour les personnes nerveuses ou surmenées par un trop long travail de tête.

Pour faire de bon travail, ce n'est pas s'exciter qu'il faut, car toute excitation épuise : c'est s'équilibrer qui est nécessaire, parce que le maximum des forces intellectuelles ne peut être obtenu qu'à cette condition.

Dans un travail où l'organe suprême de l'homme a besoin de toute son énergie pour venir à bout de sa tâche, il faut que le cerveau puisse se maintenir dans cet état d'équilibre hors duquel il perdrait une grande partie de sa puissance et de sa liberté. Dans le cours ordinaire de la vie, c'est lui qui mène tout, c'est à lui que les fonctions, y compris l'intelligence « de relation », qui gouverne les actes et la parole, viennent continuellement demander des ordres et de la force vitale pour agir. Mais ici la machine physiologique est au repos, sa puissance se retire et se concentre dans le cerveau, qui brûlera la pensée comme un foyer brûlerait sa force s'il ne l'écoule pas dans les rouages qu'il anime.

Il faut donc que tout se taise dans le corps et marche à petit bruit pendant que l'âme est à son travail. Peu d'écrivains s'inquiètent de cette discipline, mais elle est beaucoup plus nécessaire qu'on ne croit, et son autorité s'étend sur les actes accessoires qui, en dehors de la pensée pure, constituent le travail d'écrire. Tout peut nuire ou servir, selon qu'on opère, selon les conditions physiques ou morales où on se place, et là comme dans toutes les autres affaires de ce monde, il y a une manière de mettre, neuf fois sur dix, toutes les chances pour soi, et une autre où, quatre-vingt-dix-neuf fois sur cent, on n'écrira rien qui vaille.

C'est une question, ou du moins quelques-uns le prétendent, que de savoir si l'homme est tout physique ou tout moral : mais pour qui se contente de l'évidence courante, il est manifestement l'un et l'autre. Or, comme sa composition ne change pas selon l'acte qu'il accomplit, il est physique et moral quand il écrit, et si le physique peut influer sur le moral, le corps peut faire à l'âme du bien ou du mal. Telle est la raison fort simple d'où se déduit l'hygiène intellectuelle.

De même que l'hygiène sanitaire, celle-ci réside à la fois dans l'état du corps et dans les conditions du milieu où l'esprit s'agite. L'installation, les instruments, la disposition même des lieux, forment un outillage non moins nécessaire à l'écrivain qu'à l'artiste; les mouvements qui dessinent la pensée, les efforts pour maintenir ou modifier la position des mains ou du corps, enfin les actions épisodiques qui viennent suspendre le travail, tout cela peut se faire bien, mieux ou mal, et quand c'est mal, il y a pour le cerveau une peine de plus. Pour faire voir la chose à la loupe, supposons un auteur forcé d'écrire, accroupi ou à genoux, sur un papier flottant, avec une plume ébréchée, avec de l'encre bourbeuse, dans une chambre où il gèle et où l'on y voit à peine, il écrira peut-être les nuits d'Young, mais si cet homme-là vous fait une chanson de Désaugiers ou un roman de Paul de Kock, vous serez bien étonné.

Au risque de lui causer une impression pénible, nous n'avons pas hésité à présenter au lecteur cette scène navrante, afin de l'effrayer s'il était possible. Négliger les précautions à prendre pour travailler du cerveau, ce n'est pas seulement s'acheminer vers l'anémie, l'apoplexie ou le ramollissement, c'est-à-dire s'empoisonner à petites gorgées; c'est attenter à la santé intellectuelle des lecteurs, en écrivant pour eux des livres ennuyeux et par conséquent nuisibles et coupables. Nous voulons espérer que cette leçon, sévère mais juste comme doit être toute leçon qui se respecte, leur fera accueillir avec plus de sérieux les maximes que nous leur proposons.

D'abord le vêtement, parce qu'il fait la température et la circulation. Des habits étriqués à la taille, au cou, aux manches, du linge empesé, des chaussures étroites, sans compter qu'ils entravent les mouvements, ont un effet beaucoup plus grave, qui est de gêner la circulation. Un col trop serré empêche le sang de monter au cerveau, ce qui affaiblit la force pensante; de descendre du cerveau, ce qui le congestionne, tend les vaisseaux outre mesure, et sème tout doucement dans la pulpe cérébrale les petits anévrismes qui sont de la graine d'apoplexie pour l'heure où l'éternel faucheur viendra couper sa récolte. Lâchez donc d'un cran votre tour de cou, ne faites pas fine taille et petit pied, si vous êtes de ceux, et il y en a plus d'un, qui attendent sans trop d'impatience la révélation des secrets de la vie future.

Que vos vêtements ne soient ni trop chauds ni trop froids : trop chauds, c'est encore la congestion en perspective ; trop froids, ce peut être aussi la congestion, l'anémie, sans compter que la bronchite et le rhumatisme sont toujours comme une réserve prête à marcher sur vous, si la congestion et l'anémie n'ont pas déjà pris les devants.

On a dit que Buffon n'écrivait qu'en habit de soie brodé à fleurs, avec de longues manchettes de dentelle, ce qui, par parenthèse, aurait été peu commode. Quoiqu'il en eût été, il n'y aurait pas à hésiter : qui de nous ne se soumettrait avec enthousiasme à un peu de gêne si les manchettes de dentelle pouvaient nous donner le génie du plus grand des écrivains français ! Mais hélas ! il paraît que cette légende est fausse, de sorte qu'on peut encore espérer avoir son génie sans mettre ses manchettes.

Une question plus grave et plus délicate, c'est de savoir s'il est nécessaire de se revêtir d'un costume historique, religieux ou militaire, lorsqu'on se met à l'ouvrage. Dans l'art, nous pouvons citer Horace Vernet, qui peignait à peu près en uniforme ; la duchesse Colonna, statuaire en renom sous le second empire, recevait dans son atelier en page vénitien ; Sarah Bernhardt, du temps qu'elle faisait de la sculpture, était toute la journée en veston et pantalon de flanelle blanche, sans la moindre prétention d'ailleurs à l'effet. Une fraise et une écharpe de mousseline à nœud bouffant, ses cheveux d'or et sa voix de même, restaient les seuls insignes de la royauté qui couronne le front des femmes.

Ces déguisements, inspirés par une gracieuse fantaisie, ne donnent sans doute pas du talent, mais il faut convenir qu'ils peuvent avoir pour effet d'exalter jusqu'au délire l'admiration pour l'artiste, surtout quand l'artiste pourrait être la plus jolie femme de son temps. Il faut donc y reconnaître des avantages sérieux, et pour les femmes qui écrivent on peut en dire autant, témoin George Sand, dont le déguisement masculin n'a pas peu contribué à augmenter la gloire.

Sauf Courchamp et l'abbé de Choisy, on ne connaît guère

d'écrivain du sexe laid qui ait eu l'idée de s'affubler de jupes et de cornettes. Courchamp s'habillait en douairière et, couché dans un lit garni de dentelles, tenait ruelle pour de vieux nobles qui lui baisaient les mains. L'abbé de Choisy portait le costume de femme. Il se maria en femme, et pour la symétrie il fallut habiller en homme la mariée !

Nous avons vu de notre temps Balzac passer ses jours et ses nuits de travail en robe de moine blanc, ne pouvant, disait-il, écrire sous un autre costume.

On concevra que devant de pareils écrivains nous ne nous permettions pas de donner notre humble avis sur la question du costume littéraire. Nous nous hasarderons cependant à proposer, comme moyen terme entre le déguisement de carnaval et l'habit de simple mortel, une série d'uniformes appropriés aux genres de mérite affectés par chaque écrivain, et analogues aux divers services de l'armée. Il y aurait, par exemple, une tenue d'infanterie pour les reporters ; de cavalerie, pour les écrivains de sport ; d'infirmiers, pour les philanthropes ; d'intendance pour les économistes ; d'artillerie, pour les tragédiens ; de génie, pour ceux qui en ont.

Il faut avouer que ce ne serait pas résoudre la question. La question est de savoir si, quand un auteur travaille, il n'est qu'un homme écrivant bien ou mal, ou si c'est un dieu vaquant à la création de quelque monde inédit.

Il est bien certain que sous ces fantaisies se cache au moins un peu, sinon beaucoup, de vanité et même de coquetterie, mais elles sont inspirées de plus haut par un sentiment très naturel et très juste dont tous les hommes intelligents sont animés : celui de mettre son propre aspect en rapport avec ce qu'on est ou qu'on prétend être. Par la même raison que le militaire prend un air martial, que le prêtre garde une contenance modeste, l'artiste, l'écrivain, s'ils ont quelque souci de leur art et de leur valeur personnelle, sont portés comme tant d'autres à rehausser l'effet de leur physionomie par les dispositions de leur ajustement personnel.

De tout ce qui peut le plus contribuer à caractériser un personnage humain, la tête, surtout par le visage, l'emporte en expression sur le corps et sur le costume. La coiffure est à elle seule un moyen de varier en cent manières les proportions et les effets de la chevelure ; mais la barbe, qu'on la porte entière ou qu'on l'aménage suivant des coupes diverses, offre des ressources illimitées pour « se faire une tête ».

Cependant, si heureuses que puisse être ces importantes combinaisons de la barbe, il y en a une encore plus favorable, c'est de ne pas la porter du tout. La barbe supprime l'effet de toutes les parties qu'elle cache, et qui sont surtout la bouche et le menton, les plus expressives du visage ; de plus elle ôte aux yeux une grande partie de leur vivacité. Il nous semble donc que si les écrivains et les artistes comprenaient bien leur intérêt, ils devraient renoncer à la barbe. Voyez-vous d'ici le Dante en barbiche américaine ou en moustaches de tambour-major ?

Ils y trouveraient d'ailleurs un autre avantage, celui-là intellectuel, ou métaphysique si on aime mieux : celui de se raser.

Voilà qui va sembler paradoxal, et cependant rien n'est plus vrai. On n'imagine pas ce que produisent de réflexions, ce que font jaillir d'idées, ces pratiques matérielles de la vie, que nous trouvons importunes, qui souvent nous irritent, mais qui, nous détournant de nos préoccupations ordinaires, laissent à la pensée un moment de repos, de liberté, et changent enfin, pour tout dire, pour le redire plutôt, ce cours des idées qui est le plus grand moteur de l'esprit humain. Il y a là cette même action reconstituante des interruptions et des habitudes, dont nous avons déjà fait remarquer les avantages, la nécessité.

L'indifférence en matière de tenue n'est pas un avantage pour un homme et n'a rien qui le recommande au premier abord : c'est s'abandonner sur une des parties les plus importantes de soi-même, la physionomie, cette grande fonction de relation avec nos semblables; c'est se priver de l'appui intérieur que l'on trouve dans ces détails de petits soins personnels, de petites prétentions, de petits artifices qui, réunis ensemble, forment deux qualités très grandes et très louables : la dignité et l'honneur de soi-même.

Après le vêtement, la température est une condition non moins importante de la liberté d'esprit : un cerveau qui gèle ou qui bout ne saurait rien produire de bon. La pièce où l'on travaille doit donc être en tout temps maintenue au même degré ; quelle que soit la saison, il ne faut pas qu'il y soit question de chaud ou de froid. En hiver, la cheminée et la place où on s'établira, en été, les persiennes et les rideaux, donnent tous les moyens de se garantir de l'un ou de l'autre,

Mais qu'on se méfie des vents coulis, si perfides dans les petits appartements, et qui vous soufflent névralgies, rhumatismes, coups d'air, fluxions et bronchites, pendant que, confiant dans le rayonnement généreux du foyer, vous écrivez en toute sécurité. Heureux quand on n'en devient pas sourd, car une des principales causes de la surdité est le refroidissement de la tête et des oreilles.

On devra donc, tant qu'on fait du feu, se placer bien en face de la cheminée, le plus loin possible des portes et des fenêtres. Le milieu de la pièce est la place la plus favorable. Tournez le visage vers la cheminée, de manière à ce que vos pieds et vos jambes reçoivent la chaleur, et placez, à terre ou au bord de la table, un écran qui vous abrite du feu la tête seulement.

Il y a quelque chose de plus précieux que la santé, de plus précieux que la vie, car il vaut cent fois mieux être mort que d'en être privé : la vue. Pas un jour, pas une heure, il ne faut cesser de veiller sur ses yeux comme sur un trésor autour duquel l'ennemi rôde constamment, prêt à sauter dessus pour nous l'arracher. Cet ennemi, c'est la fatigue, l'excès ou le défaut, la couleur, la direction, la qualité, de la lumière à laquelle on écrit ; c'est encore la distance, la disposition, la nuance du papier, de l'encre, la qualité de la plume, et jusqu'à la couleur du tapis de bureau et du sous-main. Ce n'est pas des ménagements, c'est un culte, que nous devons à la vue.

N'écrivez donc jamais trop longtemps de suite, et dès que

vous vous sentez les yeux fatigués sérieusement, n'écrivez plus du tout. S'il y a cependant une absolue nécessité qui vous y oblige, chaque fois que vous aurez fini une phrase, fermez les yeux pendant quatre ou cinq secondes, pas plus : on n'imagine pas la puissance de cette pratique si simple, qui d'ailleurs est une prescription habituelle des oculistes. On en profite pour penser à ce qu'on va dire dans la phrase suivante, et on la rédige plus facilement, de sorte que, tout compte fait, ce repos fait gagner du temps, ainsi qu'il arrive presque toujours lorsqu'on laisse souffler de temps à autre la machine physique ou intellectuelle. Prenez le même soin quand vous lisez.

Ne vous placez pas en face de la fenêtre ; recevez la lumière de côté, à gauche de préférence, parce que le jour venant de droite fait ombre en avant de la main, tandis que dans l'autre sens vous avez toujours en pleine lumière la partie déjà écrite et la partie encore blanche du papier. Or toutes les fois que l'œil travaille, mieux il voit clair mieux il fonctionne : il ne se fatigue pas, et il dirige plus exactement la main.

On peut faire une expérience bien simple pour s'en convaincre, c'est de commencer à écrire un peu avant que le crépuscule ne soit arrivé, et de continuer jusqu'à ce qu'on n'y voie plus du tout. Les yeux, ayant de plus en plus de peine à suivre le dessin des caractères, agissent comme ferait un être pensant : ils font un véritable raisonnement, et se disent que puisqu'ils sont obligés de regarder et qu'ils ne peuvent plus voir, il n'y aurait qu'une ressource, ce serait que les caractères fussent plus gros. Et voilà que les caractères grossissent, grossissent, sans que ni la main ni la vue de l'écrivain en aient conscience; l'écrivain les voit de la même dimension qu'avant, il croit les faire de la même force, et s'il allume une lampe, il est tout étonné de voir que plus le jour a baissé, plus il a grossi son écriture.

Cette curieuse épreuve suffit pour donner une idée de ce qui doit se passer dans les yeux et dans le cerveau. On peut dire, sans risque de se tromper beaucoup, qu'ici l'homme, par sa sottise ou son imprévoyance, oblige les yeux à penser et à agir pour lui et contre lui; tandis que l'intelligence ne sait plus ce qu'elle fait ni où elle va, il faut que ce sens si délicat, cet appareil fait uniquement pour manier la lumière, sorte de sa nature, et comme sur un navire où le capitaine a perdu la tête, prenne le commandement et fasse agir les nerfs et les muscles de la main pour écrire gros au lieu d'écrire fin.

Sans avoir la prétention d'expliquer un tel mystère, on en devine assez pour imaginer quel bouleversement doit se produire dans un appareil aussi complexe que celui de la vue. Bouleversement microscopique, de quelques minutes : mais qu'on se le répète sans jamais l'oublier : c'est par des infiniment petits qu'on devient aveugle, qu'on devient malade, et finalement, mort! Nos infirmités sont des alluvions que le torrent de la vie dépose grain à grain, comme le sable des écueils.

Nos organes ne sont pas seulement des appareils d'une précision absolue et d'une portée rigoureusement déterminée, ils sont établis en aptitude avec le milieu qui les enveloppe, et en concordance avec les lois et les conditions de la nature :

donc tout ce qui est naturel leur est bon, tout ce qui est artificiel leur est mauvais. Voilà pourquoi la lumière artificielle doit être évitée autant que possible. Travaillez donc le jour si vous pouvez, et s'il faut absolument écrire à la lumière, ne négligez rien de ce qui peut en atténuer les inconvénients. Que l'éclairage soit vif et non éblouissant, doux et non faible ; là comme en toute chose, l'excès fatigue et l'insuffisance épuise. Le gaz est pire que tout ; l'électricité ne vaut guère mieux, le pétrole et l'essence, pas grand'chose non plus ; mais à l'aide d'écrans ou de réflecteurs colorés on peut adoucir indéfiniment la violence de leur lumière. L'huile, et par-dessus tout, des bougies.

Le danger des lumières artificielles n'est pas tant dans la difficulté de les régler que dans leur composition optique. Toutes, sauf certaines lampes électriques, ont en prédominance les rayons jaunes, qui sont hostiles à la vue ; moins il y en a dans une lumière, moins elle fatigue les yeux.

Mais si l'on mêle un reflet bleu à la lumière, ou bien si on se sert d'un papier légèrement bleuté, ce bleu ramène la lumière au blanc des rayons solaires. On devra donc se servir d'abat-jour colorés en bleu, et choisir de préférence un papier légèrement azuré, comme le sont d'ailleurs la plupart des papiers à manuscrit.

Le mieux serait de ne pas mettre d'abat-jour à la lampe de travail, par la raison que quand elle est diffuse, la lumière se transmet comme dans la nature. Que si cela n'est pas possible par une raison particulière, évitez de trop rapprocher la lampe de votre manuscrit ; plus elle en est près, plus la lumière, frappant sur le papier, rejaillit directement sur les yeux : or, à lumière égale, celle qui y entre droit fatigue plus que celle qui vient de biais, parce qu'elle traverse à angle droit les couches des humeurs tandis qu'elle y est réfractée, adoucie dans ses vibrations, lorsqu'elle aborde par une tangente le globe oculaire.

Le plus salutaire des éclairages artificiels est un groupe de bougies, quatre au moins, placées à gauche et rapprochées les unes des autres. C'est celui que prescrivent les oculistes, parce que la lumière y rayonne librement. Il convient de les ranger en quart de cercle afin que les rayons s'entrecroisent le moins possible et qu'elles ne se masquent pas entre elles.

Par ordonnance des médecins, on a depuis longtemps donné aux écoliers des pupitres inclinés. Ce n'est pas seulement pour les empêcher de se courber le dos et de comprimer la poitrine, c'est aussi pour ménager leur vue. Lorsqu'on écrit sur une table horizontale, le regard arrive en biais sur le papier, et la distance de l'œil aux lignes du haut de la page est beaucoup plus grande qu'à celles des lignes du bas. Or, pour que les caractères paraissent égaux, il faut que l'œil les voie comme s'ils étaient tous à la même distance. Il y parvient, mais en se fatiguant. Semblable à une lunette d'approche qui s'allonge ou qui se raccourcit selon que l'objet observé est plus ou moins éloigné, l'œil « s'accommode » autant de fois qu'il passe d'une ligne à la suivante, et il le fait en avançant ou en reculant le cristallin. Mais si le papier, au lieu d'être horizontal, est convenablement incliné, sans doute les lignes ne sont pas à une distance égale des yeux, mais l'écart est assez réduit pour ramener à une mesure tolérable le travail d'accommodation. Pour une vue moyenne, la bonne distance de l'œil au papier doit être de 33 centimètres environ.

Écrivez donc sur un pupître incliné : une crémaillère ménagée au-dessous permettra de varier la pente comme il vous conviendra.

Ce que nous venons de dire à propos de l'influence des couleurs trouvera aussi son application dans le choix des teintes de toutes les surfaces de la table.

Que rien donc n'y soit trop sombre, parce que, faute de lumière, tout ce qui est sombre exige de l'œil un effort pour voir; ni trop clair, parce que les nuances éclatantes, par la sensation vive qu'elles lui infligent, lui donnent de la fatigue, fatigue inutile, car on n'a nul besoin d'avoir les yeux crevés de tous les détails de l'ameublement qui nous entoure.

Voilà bien des développements sur un point qui peut sembler éloigné de notre sujet, mais il faut avoir tremblé pour ses yeux, tremblé pour ceux d'un ami, et alors on comprendra comment, pour un homme dont toute l'existence est dans la vue, il y a là une question de vie ou de mort.

Demandez à mon très cher et très excellent ami Francisque Sarcey : il a passé par ces angoisses, il en a senti la chair de poule et les sueurs froides. Grâce à Dieu il a guéri, mais comme c'est un des hommes les meilleurs qui existent, il n'a pas gardé sa guérison pour lui tout seul, et sous le titre de *Gare à vos yeux !* il a écrit un petit livre, un livre d'apôtre, pour prémunir ses innombrables lecteurs contre le danger horrible dont on a pu le sauver non sans peine.

CHAPITRE XI.

LE TRAVAIL DE COMPOSITION

Voilà donc l'écrivain fixé sur le choix de son sujet, le genre qu'il adopte, les moyens qu'il compte employer ; il sait où sont les bons et les mauvais chemins, d'où ils partent et où ils mènent : maintenant c'est à lui de marcher au mieux de ses intérêts, car désormais, pour ce qu'il lui reste à faire, c'est-à-dire pour tout, personne ne peut l'aider ou le conseiller que lui-même.

Mais quelque génie qu'on lui attribue ou qu'il se croie, encore faut-il qu'un auteur pense avant d'écrire ; qu'il parle la langue de son pays ; qu'il observe les règles de la syntaxe en usage ; enfin qu'il exprime ses idées de façon à ce qu'on les conçoive telles qu'il les a conçues.

Le résumé des lois intellectuelles qui gouvernent la conception d'un ouvrage de l'esprit et l'expression des idées, devait trouver sa place dans une étude sur l'art d'écrire ; on ne pouvait en séparer l'exposé des règles de logique et de grammaire qui établissent le langage de l'idée, écrite : tel sera l'objet des chapitres qui vont suivre.

Pour faire un livre, ce n'est pas tout que d'écrire devant soi tant qu'on a de l'encre et du papier, et d'aligner au petit bonheur tout ce qui vous passe par la tête : il faut savoir d'où on part, où on va, et par où on passera pour y arriver. De plus, comme on n'écrit pas pour se communiquer ses propres idées, mais pour les faire suivre et concevoir par autrui, il faut sentir toujours le lecteur derrière nous, penché sur notre épaule, suivant du regard le trait de notre plume, et préparant son jugement. Ces événements, ces caractères, les réflexions et les tableaux accessoires dont vous allez les accompagner, forment un être de raison qui, s'échappant de vos mains, mourra s'il est mal conformé, mais qui en tout cas vivra de sa propre vie sans que désormais vous puissiez rien pour l'aider ou le défendre.

La conception est donc l'acte essentiel de l'œuvre littéraire, et quand l'idée qui l'a inspirée s'est formée bien nettement dans l'esprit, il faut la considérer sous toutes ses faces, la peser, la mesurer, voir ce qu'elle exige de conditions, quelles difficultés elle peut soulever, quelle forme on lui donnera, ce qu'il faudra faire pour la soutenir. C'est à ces conditions que, marchant d'un pas assuré, on pourra plus tard inspirer confiance au lecteur et s'en faire suivre.

Tout d'abord, et avant d'arrêter l'ordre et la disposition du travail, l'auteur doit décider de la pose qu'il entend adopter dans son livre : s'il s'y montrera toujours, souvent ou jamais, car plus il se fera voir, plus ses qualités ou ses défauts exerceront d'influence sur la valeur du livre. Question épineuse s'il en fut, puisqu'il ne s'agit de rien moins que de choisir entre l'infatuation ou la négligence de soi-même. Pourtant il faut se résoudre, car faute d'y avoir assez réfléchi, plus d'un auteur s'est rendu odieux ou ridicule.

Autre chose est d'être vu ; autre chose, de se faire voir ; autre chose, de s'étaler. Si l'on est supérieur ou même simplement présentable, tout est pour le mieux, car comme nous l'avons rappelé à propos du sujet, l'intérêt dominant d'un livre, c'est l'homme dont on voit l'image toujours présente à travers les lignes de son œuvre : mais si l'homme passe sa tête entre chaque mot pour se faire admirer, c'est « le « moi » dans tout ce qu'il a de plus haïssable, l'auteur fût-il un homme de génie.

C'est à la raison de l'écrivain, et en désespoir de cause, à sa modestie, qu'il appartient de régler sa place, en tenant compte de la nature de l'ouvrage : car c'est surtout cela qui mesure le plus ou moins de personnalité qu'un livre comporte et que parfois même il exige, comme, par exemple, dans les mémoires, les voyages, les théories, les opinions. C'est ainsi qu'en poésie la personnalité est l'essence même du genre, tandis que dans l'histoire et dans le roman, elle doit se réduire à proportion que les faits sont plus définis et portent plus d'intérêt en eux-mêmes : là l'auteur doit se tenir derrière le rideau. Il en est de même s'il y a dans le sujet ou dans la forme des nécessités ou des convenances qui défendent à l'écrivain de laisser voir même le bout de son nez.

Pour conclure, il semble que la sagesse en ce point est de

se laisser voir quelquefois, de se montrer le moins possible, et de ne s'étaler jamais.

Nous avons cru nécessaire d'insister sur cette observation, parce qu'elle s'applique particulièrement à la littérature légère, c'est-à-dire au roman, au théâtre, à la poésie, qui n'ont d'autre fond que l'imagination de l'auteur et sa confiance en lui-même. Dans les régions sérieuses et difficiles de l'art d'écrire, la compétence bien définie de l'écrivain, le sentiment qu'il a de sa responsabilité, le gardent mieux contre la vanité de paraître, mais malgré ces garanties il peut arriver certains cas où il ne lui serait pas inutile de penser au danger que nous signalons.

La situation, la pose, pour l'appeler par son nom, qu'un auteur aura prise dans un ouvrage, peut en compromettre le succès, mais enfin si l'auteur sait profiter de la leçon, il aura fait un pas de clerc et voilà tout. Mais ce qui serait beaucoup plus grave et peut aller jusqu'à gâter toute sa carrière, c'est s'il prend pour son début ce qu'on peut appeler un mauvais pli.

Un mauvais pli, c'est tout ce qui, dans un ouvrage de l'esprit, marque une tendance, une manière d'exprimer les choses de la vie, dans un sens toujours le même. De là suit l'habitude, et d'ailleurs la nécessité, de tout présenter sous la même forme.

On obtient ainsi des effets d'intensité, mais la justesse, et surtout la variété, qui sont deux des plus beaux traits de la nature, s'y gardent difficilement, et il arrive trop souvent qu'un sujet, d'ailleurs intéressant par lui-même, donne une impression de je ne sais quoi de postiche, comme devant ces animaux empaillés que nous trouverions volontiers gracieux ou terribles s'ils n'étaient bourrés de corps étrangers, et qui ne nous offrent qu'une parodie lugubre de la vie.

Lorsqu'on se dispose à écrire un ouvrage documentaire ou scientifique, c'est un droit et une nécessité de s'y préparer par la lecture des ouvrages qui existent, puisqu'on va prendre la suite des idées émises par d'autres sur le même sujet ; c'est d'ailleurs le seul moyen de savoir si on ne copie pas le travail d'autrui. Mais s'il s'agit d'une œuvre de raisonnement ou d'imagination telle qu'un roman, un traité de morale, de philosophie, de littérature, d'art, comme la condition essentielle de ces genres est d'y écrire sans tenir compte de ce que d'autres ont pu penser avant nous, lire les ouvrages précédents est tout ce qu'on peut faire de pire, car ou on copie malgré soi, ou on perd toute originalité. Quoi que fasse un artiste, il est toujours influencé quand il travaille devant un modèle.

Une autre question à régler avant de se mettre à l'œuvre, c'est celle de la thèse dans le roman, dans la poésie, dans l'histoire. Que la thèse soit dans le domaine public ou personnelle à l'auteur, il faut prendre garde à la proportion qu'on y donnera dans le sujet, car elle peut, selon sa place et son développement être absorbée par l'intérêt supérieur du sujet, ou absorber ce sujet. Quand on lit, par exemple, les romans politiques de la fin de la Restauration, c'est comme si on lisait un journal : les tirades politiques font toute la substance de l'ouvrage ; la fable, plus ou moins romanesque, ne fait pas plus d'effet que le cadre à un tableau. Les lecteurs du temps ne s'en étonnaient ni ne s'en plaignaient, puisque le but du roman était de flatter leurs opinions politiques ; il en était de même pour les poésies de Barthélemy, pour les chansons de Béranger. Mais dans tout cela la littérature n'avait rien à voir, et la preuve en est que ces ouvrages ont eu le sort des couplets de circonstance.

Quelques avantages donc qu'on puisse espérer à prendre une histoire d'amour pour excipient, comme disent les pharmaciens, d'un système ou d'une opinion politique, sociale, philosophique, les inconvénients de cette mixture en dépassent presque toujours les avantages : la thèse tue le roman ou le roman tue la thèse, quand ils ne s'entre-tuent pas l'un l'autre, ce qui est le cas le plus fréquent. La même chose arrive, du reste, pour la poésie et pour le théâtre.

Par des raisons analogues, il faut savoir aussi ce qu'on veut quand on prend pour cadre ou pour sujet l'actualité. C'est sans doute un moyen de curiosité, mais dont la vogue éphémère dure juste ce que dure la curiosité, c'est-à-dire quelques jours.

Le plus sage semble être de faire un roman si on veut faire un roman, un poème si on veut faire un poème, une pièce de théâtre si on en veut faire une, et quand on veut servir une thèse, de la servir à part.

Mais de ce que la thèse a ces graves inconvénients, ce

n'est pas à dire qu'on doive écarter de la composition l'idée dominante qui aura inspiré l'auteur : il n'en reste pas moins légitime, nécessaire même, d'avoir un but, une pensée ; il faut que le lecteur, tout en suivant les événements qui se déroulent devant son imagination, se sente conduit vers un but caché dont chaque pas le rapproche.

La méditation est une excellente chose sans laquelle il est presque impossible de faire, comme on dit, feu qui dure. Si l'on n'a pas mûri ses idées et arrêté son plan, on s'expose, en marchant ainsi à l'aventure, à se trouver tout à coup devant un fossé infranchissable, comme dans ces romans et ces pièces de théâtre où les événements ont été conduits de telle sorte qu'il ne peut plus rien arriver : on a fait des morceaux sans se mettre en peine s'ils pourront s'ajuster, et ils ne s'ajustent pas.

Mais, comme de toutes les bonnes choses, il ne faut pas abuser de la méditation, qui est un procédé préparatoire et non un travail d'exécution. A méditer indéfiniment, on fatigue l'esprit sans rien concevoir d'arrêté, et loin de prendre consistance, les idées s'usent, perdent leur relief et leur couleur, et l'ardeur de l'imagination tombe peu à peu pour laisser enfin l'écrivain dans une sorte de doute et de désillusion ; il se trouble, se remet à méditer de plus fort, et s'il lui était resté encore quelques idées nettes, ce nouvel effort achève de les confondre.

Qu'on se pénètre donc de cette vérité qu'un ouvrage de l'esprit n'est pas commencé tant qu'on ne s'est pas mis à l'écrire ; jusque-là ce n'est qu'un projet, une intention. Mais à la première ligne, l'ouvrage a pris un corps ; l'intelligence commence d'agir dans une direction déterminée, sur un champ défini, et chacune des idées qu'elle produit s'ajoute et se lie à celles qui précèdent, comme les articulations s'assemblent dans un corps organisé en formation.

De plus on doit prendre garde que l'inspiration naît et s'alimente du travail lui-même ; la composition est une force vive qui s'anime par l'action, et qui seule peut produire la forme : or, faire un livre, c'est créer cette forme sans laquelle l'idée resterait à l'état de vapeur invisible flottant dans les espaces imaginaires.

Donnons donc à la méditation le temps qu'il faut pour nous rendre compte des ressources et des difficultés, mais ne nous attardons pas à vouloir réaliser par avance notre œuvre dans toutes ses parties.

Aussitôt que nous en aurons conçu bien nettement le plan et les principaux moyens d'effet, prenons la plume et mettons-nous au travail. Nous verrons alors nos idées se dégager, s'éclairer, se lier, et comme le statuaire qui pétrit sa terre glaise, nous sentirons se gonfler sous nos doigts la figure où notre âme palpitera bientôt. D'ailleurs ce que la méditation vague, ce que l'imagination incertaine, n'aura pu fixer dans notre esprit, l'action le réalisera, et si quelque chose se trouve modifié dans le plan que nous avions conçu, ce sera toujours en mieux, parce que désormais nous travaillons en pleine vie et en pleine lumière.

On ne saurait trop insister sur l'importance de cette observation : les écrivains qui mettent des mois et des années à méditer des ouvrages hypothétiques ne se gardent pas assez d'un danger terrible qu'ils courent à jouer ce jeu-là : c'est qu'à force de rester drapé dans l'immobilité de son génie, on finit par devenir tout platement un paresseux, incapable de rien produire. Au reste la vérité est que la plupart de ceux-là n'étaient pas autre chose avant d'avoir médité.

Une fois le travail en train, l'écrivain doit se mettre tout entier à l'exécution. Sa tâche est désormais de réaliser ce qu'il a conçu, et tant qu'il ne rencontre rien en travers de sa pensée, il doit marcher dans le chemin qu'il s'est tracé.

Mais pour avoir des vues générales sur l'ensemble de son sujet, il n'en a pas préparé les détails principaux ou accessoires : c'est le travail qui les amènera devant son esprit, à mesure que des inspirations nouvelles naîtront du développement des faits et des idées. Ce qu'on appelle la « composition » consiste précisément à observer ces inspirations, à les saisir pour les faire entrer dans la substance de l'ouvrage, tantôt les y introduisant tout de suite, tantôt en prenant note pour les utiliser plus tard s'il y a lieu.

C'est ainsi que le travail met en pleine fonction ce que les philosophes appellent l'association des idées. Une idée en amène une autre, comme on dit couramment : il serait mieux de dire qu'elle en crée une autre. Il se passe là comme en chimie, où, de la combinaison de deux corps simples, naît un corps composé.

Mais le pouvoir créateur du travail, comme tout ce que l'âme peut produire, n'a pas d'autre ressource que ce milieu de vie et de pensée où l'idée se puise aussi bien que l'air se respire.

On se tromperait donc étrangement si l'on croyait que, le travail une fois commencé, il faut cloîtrer son esprit, le couper de toute communication avec l'extérieur, et l'enfermer en rigoureux tête-à-tête avec les idées du livre. C'est tout le contraire, car plus il passera d'air et de lumière à travers le cerveau, plus l'œuvre y gagnera, soit que nos conceptions s'en éclairent et s'en fortifient, soit qu'elles changent de direction par l'effet de ce cours des idées qui est peut-être l'unique source des mouvements de l'intelligence humaine.

Bien loin de s'isoler, de se confire dans sa propre pensée pendant le temps qu'on travaille à un ouvrage de l'esprit, c'est alors plus que jamais qu'il faut s'abandonner à toutes les influences du monde extérieur. Cela est nécessaire, non seulement pour délasser et rafraîchir nos idées tendues dans le même sens, mais plus encore pour les remettre au point, et par leur comparaison ou leurs rapports avec celles qui nous viennent de dehors, nous les faire juger froidement. C'est de là, peut-être, que sortent pour un écrivain qui sait en profiter, les meilleures trouvailles et les plus salutaires repentirs.

Il faut donc, pour bien écrire, vivre plus que jamais ; ne pas se disperser, sans doute, mais se répandre, en mêlant à tout ce qui se passe autour de nous l'idée fixe dont notre esprit est occupé. C'est ainsi, précisément parce que nous ne les cherchons pas, que nous rencontrerons à chaque instant des aperçus qui ne nous seraient jamais venus. Quelque différentes que nous paraissent la vie extérieure et la pensée intime, elles sont de la même substance ; l'esprit, seule chose au monde dont nous soyons absolument certains, en est l'élément indivisible, et c'est pourquoi elles nous parlent le même langage et nous enseignent les mêmes vérités.

Ainsi, dans tous les détails de la vie, dans le repos, à la promenade, à l'heure des repas, au lever, à la toilette, pendant la lecture, au cours des conversations, partout enfin où l'activité de l'esprit ou du corps se donne carrière, toutes les fois que se produira la moindre idée se rapportant au sujet qui nous occupe, nous la saisirons au passage, et par telle ou telle association inattendue, elle se rattachera à quelqu'une de nos conceptions.

C'est là une pratique qu'on peut recommander avec confiance. Un des savants les plus éminents que nous ayons connus nous a dit bien souvent qu'une part considérable de ses idées scientifiques lui avaient été indirectement inspirées par certains ouvrages d'art, de littérature, complètement étrangers à la science, mais faits par des hommes intelligents comme lui-même. Au reste, qu'on lise les ouvrages écrits par les savants en dehors de leur spécialité, on sera étonné de la majesté de leur style : sans citer des vivants, il nous suffira de nommer Buffon et Cuvier, et de rappeler le discours de réception à l'Académie française de l'illustre chimiste Dumas ;

c'est certainement dans de telles pages qu'on peut voir la pensée humaine en son plus magnifique appareil.

Savants, poètes, artistes, philosophes ou écrivains, nous jouons, en définitive, du même instrument, l'idée : nous y jouons des airs différents, voilà tout.

Lorsqu'on a ainsi préparé les matériaux de l'édifice intellectuel, il s'agit de les assembler, et c'est là que commence le travail de la composition. Désormais tout porte, dans les idées et dans les formes qui vont se développer au cours de cette construction d'ensemble : il n'est plus temps de laisser aller la pensée de tous côtés, elle ne choisit plus, il faut qu'elle exécute la délibération d'où a dû sortir la conception générale du livre.

Il est en effet bien difficile de faire quelque chose de bon si, une fois engagé dans l'exécution, l'auteur change ses vues et donne à son ouvrage une autre direction. Ce qu'on aura improvisé ainsi s'accorde rarement avec ce qu'on avait médité : les procédés sont trop différents ; il arrivera souvent que les parties improvisées ne pourront s'articuler avec les parties méditées à l'avance ; cela se verra comme on voit, dans un édifice, sauter aux yeux la discordance d'une partie introduite après coup dans le plan primitif.

Autant que possible donc, et à moins qu'il ne s'agisse que d'une modification dans quelque détail d'exécution, il faudra s'interdire tout ce qui peut déranger l'équilibre de l'ensemble : comme tous les ouvrages de l'art et de la nature, il a son centre de gravité auquel il ne faut pas toucher sous peine de faire tout crouler.

Qu'on se décide, dès qu'on aura pris la plume, à suivre invariablement le plan qu'on s'est tracé ; qu'on fasse, dans quelques détails, les changements que le mouvement de l'intelligence aura pu inspirer : mais si on vient à se voir décidément arrêté devant une difficulté qui tienne à la disposition du plan, il n'y a pas d'autre parti à prendre que de s'arrêter, de laisser là son manuscrit, et de s'occuper d'autre chose.

Peut-être, ce qui du reste arrive souvent, en reprenant le travail on s'avisera d'un moyen ou d'une idée qui arrangera tout, sinon il faudra abandonner la partie : on l'a mal engagée, et il est trop tard pour y revenir. Nous pouvons citer tel livre que l'auteur a dû laisser interrompu pendant deux ans, et qui, grâce à une coupe particulière de chapitres à laquelle il n'avait pas songé, fut écrit au courant de la plume.

Voilà, dira-t-on, des maximes fort rigoureuses, et qui rompent en visière à bien des crédulités et à encore plus de prétentions sur la royale indépendance de l'art d'écrire. Nous avons trop de respect pour les adresser aux dames, et encore moins aux auteurs qui, comme elles, prennent une plume et écrivent d'affilée une douzaine, et parfois plusieurs douzaines, de romans ou de traités de philosophie transcendante : nous connaissons les devoirs de la galanterie et les privilèges du génie. Mais nous n'écrivons pas pour les hommes de génie, ils n'ont pas de conseils à recevoir : nous écrivons pour les humbles mortels qui, désireux de se consacrer au plus intéressant et au moins fatigant des travaux, ont souci de travailler proprement, comme ces ouvriers consciencieux qui aiment mieux « faire de la belle ouvrage » que de « faire dans la camelote. »

Nous avons tout à l'heure assez insisté sur la force productive du travail pour n'y pas revenir : mais si le travail fait foisonner les idées, c'est grâce au mouvement qu'il leur donne et d'où résulte un entraînement, une sorte d'ivresse cérébrale, dont il faut se méfier dès qu'on se sent moins maître de ses pensées et de sa plume. C'est dans cet état qu'on arrive sans s'en douter à dire plus qu'on ne pense, à affirmer ce qu'on ne sait pas, à professer ce qu'on ne croit pas. Emporté par le flot de l'inspiration, on oublie le fond pour caresser la forme, et on arrive à perdre la mesure des rapports, des proportions et des valeurs ; au lieu des traits de lumière du vrai, on produit ces détonations de faux qui, dans des livres de Victor Hugo, par exemple, vous éclatent entre les jambes au moment où vous espériez comprendre enfin la pensée captive sous les arcanes du style.

Dès qu'on s'aperçoit ainsi qu'on perd l'équilibre, il faut cesser d'écrire, relire une vingtaine de pages en arrière, dormir là-dessus, laisser passer un jour ou deux qu'on emploiera à se promener, à lire, à prendre un bain frais, après quoi on relira ses dernières pages, et certainement, si on ne les déchire pas, on les couvrira de ratures et de changements.

Il est d'autant plus nécessaire de se garder de ce côté-là, qu'un écrivain, tout le temps qu'il travaille, ne voit de son livre que les parties, à mesure qu'elles viennent se présenter sous ses yeux. Il n'a sur leur effet d'ensemble que des impressions passagères; c'est à peine s'il pourra être fixé quand il aura relu son manuscrit achevé. Cela suffira déjà pour lui faire découvrir plus d'une crevasse dans l'édifice, mais que sera-ce quand il se relira sur l'épreuve imprimée ! Or c'est sur des pages imprimées que les lecteurs jugeront, sur des pages où le mauvais reste aussi ineffaçable que le bon demeure immortel !

Lorsqu'on aura suffisamment préparé dans sa tête les éléments de composition d'un ouvrage quel qu'en soit le sujet, la première chose à faire, c'est de prendre une feuille de papier, et qui soit solide, car on y recourra longtemps. On y inscrira, dans l'ordre où elles nous viendront d'elles-mêmes, les idées dominantes et les objets essentiels dont l'ensemble doit former l'œuvre à construire.

Une fois ces éléments cueillis au hasard de la rencontre, il ne restera plus qu'à les numéroter dans l'ordre qu'on voudra leur donner, et on aura sous la main un plan grâce auquel on sera toujours sûr de ne point s'écarter de la marche à suivre.

C'est un avantage inappréciable, parce que, neuf fois sur dix, la première inspiration qui nous fait concevoir un ouvrage de l'esprit est la meilleure : elle est spontanée, libre des influences et des détails qui surgissent au cours de la composition; pour tout dire en un mot, elle est simple, et là comme dans toutes les choses de l'intelligence et du sentiment, ce qui est simple est le suprême du bon, du beau et du vrai.

Qu'on ne dédaigne pas cette pratique, qui est si facile à suivre, même quand il ne s'agirait que d'écrire une simple nouvelle. Dans la correspondance, que de pages inutiles ou pires on s'épargnerait si l'on commençait par jeter trois ou quatre mots sur un bout de papier avant d'écrire une lettre ! Mais dans un ouvrage sérieux, cela devient d'une importance surprenante. Nous pouvons en donner une idée à propos d'un ouvrage scientifique d'environ deux mille pages auquel l'auteur a travaillé dix ans, et qui, du premier jusqu'au dernier jour, a été comme mené à la main par quatre feuilles de papier où il n'y avait peut-être pas deux cents mots : mais ces deux cents mots, dans l'ordre où ils étaient rangés, contenaient l'âme du livre.

On suivra donc le plan qu'on a tracé. Mais il faudra se disposer avec prévoyance en vue de l'ordre à suivre, qui ne se réduit pas uniquement à faire arriver chaque partie à son rang, mais qu'il faut encore lier par des transitions convenables et par des enchaînements qui maintiennent l'esprit du lecteur dans le cours d'idées où l'auteur veut le diriger.

Sans nous occuper des transitions de détail, qui se résolvent au courant de la plume, nous nous bornerons à recommander, pour les transitions plus générales ou plus difficiles, d'en essayer plusieurs, non pas en les cherchant en l'air, mais en les rédigeant d'un bout à l'autre : on ne les trouvera pas du premier coup, mais on aura abrégé l'embarras, et pour choisir entre plusieurs formes, on aura chance d'adopter la meilleure.

Pour ce qui est des enchaînements, on ne saurait assez réfléchir avant de les introduire dans ce tissu de la pensée, dont la première qualité est d'être également solide et serré dans toutes ses parties. Tant que l'étoffe reste bien ferme sous sa main, l'écrivain n'a qu'à gagner à la laisser se dérouler sur le métier : que si, par la nécessité des choses, il se croit obligé de renforcer la chaîne, qu'il y aille doucement. Sans doute le procédé a l'avantage de faire mieux sentir la direction des pensées, mais il a souvent l'inconvénient d'engager trop en avant l'esprit du lecteur, et de forcer le cours du raisonnement.

Qu'on enchaîne donc autant de fois qu'il le faudra, mais que la chaîne soit souple et légère.

C'est par des considérations analogues qu'on doit, quand on écrit un ouvrage d'une certaine étendue, s'abstenir le plus possible de l'anticipation : c'est se réserver un précieux ressort d'intérêt, qui est la curiosité, aussi bien dans un ouvrage sérieux que dans un roman. Curiosité d'esprit, de cœur ou de raison, qu'importe? C'est un attrait, et qui vaut mieux que toutes les anticipations du monde.

Laissez donc le lecteur espérer la surprise qu'il devine et que vous lui aurez préparée par quelque mot finement échappé, et ne lui gâtez pas à l'avance le plaisir dont il a déjà un avant-goût. Préparez, n'anticipez pas ! Il en est de cela comme de l'enchaînement; quand vous enchaînez, vous forcez le lecteur à regarder à la fois en arrière pour se rappeler d'où il vient, et en avant pour voir où il va : quand au contraire vous lui laissez la bride sur le cou, il ne songe qu'à arriver, comme le bon cheval qui sent l'écurie.

Quelque prévoyance qu'on ait mise à régler le cours de son

travail, il est impossible de n'avoir pas à y faire après coup des remaniements plus ou moins considérables. Tantôt c'est une idée que le développement aura modifiée ou mise sous un jour nouveau ; tantôt un passage qu'on vient d'écrire doit être rattaché à une autre partie du manuscrit, tantôt il faut reporter à la page où on en est un alinéa qui se trouve en arrière ; parfois même on est amené à intervertir l'ordre général en changeant de place des chapitres entiers.

Ces remaniements, qui sont définitifs, influent nécessairement sur le plan de l'ouvrage, et par suite, sur le cours des idées de l'écrivain et sur l'effet qui s'ensuivra désormais : il est donc essentiel de les exécuter aussitôt qu'on les a décidés, sans quoi, en feuilletant plus tard son manuscrit on pourrait n'en pas tenir compte.

C'est ainsi qu'on administre les affaires : or un livre est une affaire comme les autres, et qu'il faut tenir à jour sous peine de ne plus s'y reconnaître au bout de peu de temps.

Dans les ouvrages formés de considérations ou de sujets distincts assemblés sous une idée générale, si ces diverses parties sont assez indépendantes pour rester bien complètes quelque rang qu'on leur donne dans la série des développements, on trouvera avantage à traiter chacune à part, et à en faire autant de morceaux détachés.

C'est ce qui se fait, par exemple, dans les traités d'histoire naturelle, où chaque histoire d'un animal ou d'une plante forme un travail tellement circonscrit par son sujet que souvent l'auteur en nom le fait composer par des collaborateurs.

Buffon lui-même n'a pas dédaigné de s'aider de ce secours; cela se pratique couramment dans les ouvrages documentaires ou encyclopédiques publiés sous le nom d'un seul auteur.

Au contraire lorsqu'il s'agit d'ouvrages d'imagination, la composition par morceaux détachés ne peut se pratiquer que par exception, car un des ressorts les plus puissants de l'intérêt et de la curiosité est cette continuité de tension progressive qui fait sentir au lecteur que l'auteur appuie de plus en plus fort sur sa plume, et que les éléments de la conclusion se resserrent.

Il y a pourtant des écrivains en ce genre qui, non pour la fable de leurs romans, mais pour des parties accessoires, ont établi, dès leur installation dans la carrière, un certain nombre de modèles ou de flans, comme disent les estampeurs, dont ils tirent des épreuves à chacun des volumes qu'ils publient. C'est comme un mobilier faute duquel la maison à vendre paraîtrait trop peu logeable, tandis qu'avec deux ou trois descriptions, quelques incendies, une belle inondation, une maladie de peau, une émeute, une orgie d'ivrognes, une scène d'hôpital ou de cimetière, toujours les mêmes, ils sont sûrs, non seulement d'émouvoir et de passionner les lecteurs, mais de marquer leur ouvrage de cette griffe du lion, qui est la marque de fabrique de leur gloire.

Pourrait-on les en blâmer? Oui, si leurs livres n'avaient pas de succès : non, puisque le public, qui est le juge sans appel, se montre d'autant plus satisfait qu'il retrouve plus exactement, à chaque nouvelle production, l'auteur qu'il connaît et qu'il préfère à tant d'autres.

Ceci est d'ailleurs une preuve à l'appui de ce que nous avons dit au commencement de cette étude sur l'art d'écrire : quelque valeur que puisse avoir en elle-même la variété dans les œuvres de l'esprit, elle est plutôt pour ôter souvent tout crédit aux auteurs, tandis que l'unité d'aptitude et de talent chez un écrivain fait de lui un spécialiste dont le public connaît la renommée indiscutable, indivisible, et le public lui perpétue sa faveur. Rien n'est plus naturel ni plus juste.

Avant d'en venir aux règles graphiques à observer dans la rédaction du manuscrit, nous présentons ici, comme nous l'avons annoncé à propos de l'hygiène de l'écrivain, la méthode du travail par fiches, dont nous ne saurions assez recommander l'usage.

Ainsi que chacun a pu l'observer sur lui-même, pendant qu'on écrit un ouvrage, les idées n'arrivent pas en file régulière et à point nommé : elles passent et repassent dans notre esprit ; les unes se fixent du premier coup, les autres se dispersent, se transforment ; le travail de rédaction nous en fait oublier beaucoup. Dans les intervalles de repos, nous réfléchissons sur notre sujet ; il nous vient des idées nouvelles, dont quelques-unes peuvent être très importantes, influer sur la suite du travail, ou même se répercuter sur ce qui précède. Il faut donc ou n'en pas tenir compte, ou les noter. Mais si l'on se contente de ce moyen, il arrive en peu de temps qu'on a entassé sans ordre tant de petits morceaux de papier qu'on ne s'y reconnaît plus, et on jette tout cela de côté pour laisser aller sa plume.

Au lieu de cette pratique, qui est mauvaise et ne mène qu'à la confusion, la notation par fiches permet de recueillir les idées, les observations, les faits, à mesure qu'ils se présentent à l'esprit; de les classer par groupes de rapports; de les relire à tout instant; de les remanier tant qu'on veut; enfin, quand on les a rangés dans un ordre définitif, d'avoir son plan tout fait sans crainte de rien laisser en arrière.

On peut se servir d'un block-notes, mais quand la feuille est détachée, elle a un bord déchiré qui ne permet pas de faire glisser facilement les notes. Il vaut mieux avoir des carrés longs, soit de papier écolier un peu ferme, soit de papier bulle. On les tient rassemblés par un caoutchouc placé près d'un des bouts du paquet, qu'on feuillette ainsi sans le défaire. On peut y glisser ou en retirer une ou plusieurs notes, ou bien, si on veut remanier l'ordre des fiches, étaler les fiches sur une table, et les ranger dans l'ordre voulu.

Au lieu de papier, on peut prendre des vieilles cartes de visite qu'on réunit avec un caoutchouc, comme pour les fiches en papier. Elles sont même plus commodes à manier, et leurs différences de format sont plutôt un avantage. On trouve chez les papetiers des boîtes garnies de fiches en carton qui peuvent convenir à cet usage, mais elles sont presque toujours trop grandes pour les notes sommaires que nous recommandons.

Il faut placer de ces cartes sur sa table, sur sa cheminée, partout où on peut passer ou se tenir, de manière à ne pas se déranger chaque fois qu'on aura une note à prendre. Ayez des crayons en plusieurs endroits de la maison. De plus, gardez toujours dans une de vos poches un petit paquet de cartes et un crayon taillé aux deux bouts, pour le cas où l'une des pointes casserait, et ne sortez jamais sans cette provision.

Ces dispositions prises, chaque fois qu'on a écrit une note, il faut la placer soit seule si elle ouvre un aperçu nouveau, soit réunie à d'autres auxquelles elle se rapporte. On forme ainsi de véritables petits dossiers, qu'on range dans une boîte de carton à bords peu élevés, de manière à ce qu'on puisse les y prendre et remettre facilement.

Maintenant, la condition absolue de cette méthode est de n'inscrire jamais plus d'une idée par fiche, autrement on ne pourrait plus faire les remaniements ni former la série. La fiche est l'unité de pensée, le grain qui, assemblé avec d'autres, formera la mosaïque de la phrase.

Tout le temps que dure cette récolte, il ne faut pas se lasser, à ses moments perdus, de lire et de relire ces notes, d'en améliorer l'ordre, d'y ajouter ou rectifier ce qui manque ou n'est pas exact, ou de les refaire entièrement. On a déjà compris que dans cette notation perpétuelle et à bâtons rompus, sur le même sujet, il se trouve des répétitions nombreuses. On doit s'attendre à trouver deux fois plus de notes qu'on n'en utilisera ; c'est dans l'élimination de tout ce superflu que l'auteur déploiera toute sa sévérité.

On ne s'imagine pas la puissance de ce procédé : c'est un levier à soulever des montagnes; avec cela on peut affronter des travaux devant lesquels on reculerait si, quand on s'y met, on n'avait devant soi que les deux à trois mille pages blanches qu'il va falloir couvrir d'encre et de génie ! On a déjà entre les mains les pierres et les chevrons ; qu'on fasse son plan, et il n'y a plus qu'à bâtir.

Au reste l'utilité des fiches n'est pas restreinte au travail littéraire : dans les affaires, dans le courant de la vie, elles remplacent avec avantage ces memento et ces agendas qu'on commence avec les meilleures intentions du monde, et qu'on oublie au bout de huit jours. Qu'avec ses dossiers de notices on ait une feuille de carton toujours en évidence où l'on inscrira les lettres à écrire, les démarches à faire et les visites à rendre, tout dans la vie se fera sans peine et au bon moment.

CHAPITRE XII

RÈGLES GRAPHIQUES POUR LA RÉDACTION DU MANUSCRIT

Ce n'est pas tout que de composer des phrases, il faut les disposer suivant des usages constants et universels qu'on peut considérer comme des règles.

Quand on a satisfait à l'orthographe, à la grammaire et à la ponctuation, il reste encore à connaître ces règles graphiques, qui sont une sorte de ponctuation supérieure du discours. Elles en marquent et divisent les ensembles en réunissant plusieurs phrases sous une indication commune et nettement limitée, comme, par exemple, lorsqu'on met entre deux guillemets un texte à citer, ou qu'on ouvre une parenthèse.

Nous disons : ponctuation supérieure, parce que sans ces signes il faudrait écrire dans le corps du texte courant autant de phrases pour avertir le lecteur du changement de direction qui va se faire dans la marche du discours. En effet, à moins d'indication contraire, c'est toujours l'auteur qui est censé parler : arrive un dialogue ou une citation, si rien n'est marqué pour en avertir, on croira que c'est toujours l'auteur qui parle, et on ne comprendra plus.

C'est ainsi qu'on a été amené par la pratique à adopter d'un commun accord ces règles, soit que les écrivains en aient pris l'initiative, soit que les typographes en aient introduit de leur côté quelques-unes. Aujourd'hui les usages graphiques ont à peu près la même autorité que l'orthographe, la grammaire et la ponctuation; malgré quelques différences sur des points insignifiants, la typographie les pratique.

La plupart des grands établissements d'édition ont, sous le titre de *Règles typographiques*, une notice destinée aux auteurs et aux imprimeurs, et que tout écrivain devrait avoir toujours sous la main, car on y trouve, en préceptes et en exemples, ce qu'on a vu dans tous les livres imprimés, mais vu comme on voit tant de choses, sans regarder et sans se demander pourquoi cela est ainsi.

Nous ne pouvons, car ce serait excéder les proportions de cet ouvrage, donner ici la nomenclature et les exemples de toutes ces règles : nous nous bornerons à celles qui se présentent couramment, et pour le surplus nous renverrons aux *Règles typographiques* de la librairie Hachette.

Le présent chapitre ayant pour objet spécial de faciliter la rédaction du manuscrit et d'en rendre le texte net, facile à lire, à comprendre, et à composer typographiquement, nous commencerons par l'indication des procédés graphiques que l'auteur doit pratiquer pour constituer son manuscrit dans ces conditions d'ordre et de clarté qui ont le triple avantage d'assurer la reproduction exacte de son œuvre, d'épargner des frais de correction à l'éditeur, et d'éviter aux typographes un travail rebutant qui par cela même risque d'être moins exact.

Dans cette étude des procédés graphiques, nous n'avons pas à répéter ce que nous disions ailleurs sur l'inviolabilité de la langue française. Mais comme il se trouve encore parfois des indépendants pour contester la substance même de notre langue, qui est l'usage, nous devons rappeler, avant d'aller plus loin, qu'il n'existe pas d'autre orthographe en français que celle du *Dictionnaire de l'Académie*. C'est le seul document officiel, le seul légal, qui fixe de façon absolue l'orthographe et la signification des mots. On n'a pas le droit, sauf celui de barbarisme, d'orthographier autrement.

La première et plus indispensable règle à observer, c'est de n'écrire que sur un seul côté du papier.

Une fois le manuscrit commencé, on a continuellement à le manier, et plus il grossit, plus cette opération devient difficile, en même temps qu'il se froisse, se retrousse au bord, se déchire. C'est ce qui arrive surtout lorsqu'on se borne à le placer sous une couverture en papier. Pour éviter ces inconvénients, il faut le tenir dans un carton à dos raide, et de même format que le manuscrit : plus grand, il laisse les feuillets se déplacer, tandis qu'en le prenant égal il fait comme une reliure, et il suffit de passer la main sur la tranche des feuillets pour les aligner.

Le foliotage, c'est-à-dire l'inscription du numéro d'ordre de chaque feuillet, est un des soins les plus essentiels à prendre, autrement il arrive des confusions qui ne font pas seulement perdre du temps, mais peuvent tromper l'auteur sur l'ordre qu'il a précédemment suivi, et causer des répétitions ou des omissions. Il est bon d'en vérifier de temps en temps l'exactitude.

Comme on a souvent à supprimer ou à ajouter des pages ou parties de page, il faut adopter une fois pour toutes la même manière de modifier le foliotage. La plus simple est, quand on supprime un ou plusieurs feuillets, d'en ajouter les numéros à la suite du numéro inscrit sur le dernier feuillet conservé; si le nombre des feuillets est assez grand, on peut se borner à mettre sur le dernier le mot : à, suivi du numéro le plus fort des feuillets supprimés. Par exemple, si on supprime 10 pages à partir de la page 65, on met après le chiffre 65 : à 75, et le feuillet suivant garde le numéro 76, qu'il avait avant la suppression des dix feuillets.

S'il s'agit au contraire d'en intercaler de nouveaux, on répète le numéro du dernier sur chacun des feuillets intercalés, mais en y ajoutant *a*, *b*, *c*, *d*, etc.

Au reste les erreurs de numéro sont tellement fréquentes qu'il est de règle, pour la lecture et pour l'impression, de suivre uniquement l'ordre dans lequel l'auteur les a présentés, car sans cette règle on risquerait, en essayant de réparer les erreurs, de bouleverser tout le manuscrit.

Il est indispensable de laisser un ou deux doigts de marge au haut, au bas et à gauche du feuillet, pour y inscrire les corrections et les additions de peu d'étendue.

Un intervalle assez large pour y insérer les corrections doit être laissé entre les lignes ; la largeur en sera proportionnée à la grandeur de l'écriture, afin qu'il y ait place pour écrire les mots interlignés en caractères aussi gros que ceux de la ligne courante.

Lorsqu'on fait un renvoi en marge, le signe ※ est le meilleur à employer, parce que, grâce à ses quatre points, on ne le confond pas avec les mille petits barbouillages qui constellent généralement les pages d'un manuscrit.

S'il s'agit d'une note hors texte destinée à être composée sous cette forme dans l'ouvrage imprimé, on met une croix pointée pour appel, on la reproduit en tête de la note. S'il y a plusieurs notes au bas de la même page, on met deux, trois, de ces signes, ou bien, si elles sont nombreuses, des numéros d'ordre. D'ailleurs une pratique infiniment préférable est de les placer, non isolément au bas de la page, mais toutes réunies à la fin du volume, sous les numéros 1 à 99, et en se contentant de mettre entre parenthèses le numéro qu'elles portent.

Il faut avoir soin de séparer les notes du texte courant par un filet tenant toute la largeur de la page, sinon il pourrait y avoir confusion entre ces deux parties.

On emploie parfois des *sous-notes*. Dans ce cas on les réunit au-dessous des notes et on les compose en caractère de moindre grosseur.

A moins de conditions ou convenances particulières, l'auteur n'a pas besoin d'indiquer que le caractère des notes doit être moindre que celui du texte : cette différence est de règle en typographie et s'observe d'après des proportions que la raison et l'usage ont établies dès les premiers progrès de l'imprimerie.

Beaucoup d'auteurs se croiraient perdus s'ils ne faisaient pas recopier leur manuscrit avant de le présenter à l'éditeur; ils espèrent que l'aspect calligraphique du texte influera favorablement sur l'effet de leur prose. C'est se mettre en frais inutiles, sans parler de l'ennui qu'il faut prendre de corriger la copie, particulièrement pour la ponctuation, qui est presque toujours dénaturée par les copistes. Le temps qu'on perd et la peine qu'on se donne à cette fastidieuse besogne seraient mieux employés à maintenir, au cours de la rédaction, un peu plus d'ordre et de clarté dans les corrections qu'on est si souvent obligé de faire. Mais si le manuscrit est confus, désordonné, et si surtout l'auteur a une écriture illisible, il faut absolument faire recopier, et corriger la nouvelle copie avec le plus grand soin.

Rien d'ailleurs n'est plus aisé que de rendre ces corrections aussi faciles à lire que le corps du texte. Il s'agit ici de détails bien minutieux, bien matériels, mais qui ont leur importance, d'abord pour l'auteur lui-même lorsqu'il se relit ou qu'il fait des recherches au cours de son travail, mais ensuite pour le lecteur; enfin pour l'imprimeur, qui aura plus ou moins de facilité à composer le texte. Il y a donc là, comme partout où l'intelligence et la matière sont en collaboration, des principes intellectuels et des principes matériels, les mêmes, du reste, que ceux qui ont fait établir l'unité de procédé pour la correction des épreuves.

Le premier de ces principes est précisément l'unité, c'est-à-dire qu'il faut exécuter de la même façon les corrections de même nature.

Les corrections peuvent toutes se ramener à trois opérations : supprimer, ajouter, remanier : on ne peut faire autre chose pour modifier les mots, la ponctuation ou les phrases. En dehors de ces moyens il n'y a d'autre ressource que la surcharge, chose détestable en ce qu'elle donne lieu à des doutes et qu'elle est souvent difficile à déchiffrer : il faut s'en abstenir.

Quand donc on veut remplacer un ou plusieurs mots de suite par d'autres, il faut rayer, d'un trait bien accentué ou d'un barbouillage toujours pareil, les mots à supprimer, puis écrire, au-dessus et non pas au-dessous de la ligne, les mots à y substituer ; enfin, et cela est très nécessaire, tracer, à partir du dernier mot qui précède la rature, un crochet qu'on fait remonter jusqu'au premier des mots placés entre les deux lignes. On peut écrire ainsi jusqu'au bout de l'interligne, et le lecteur n'a qu'à revenir au bas du crochet pour retrouver la suite. Si l'interligne ne suffit pas, on écrit la suite sur la marge de gauche et en long avec un signe de renvoi.

S'il ne s'agit que d'intervertir des mots, des parties de phrase, des phrases entières, on fait serpenter du dessus au dessous de la ligne un trait continu qui sépare et isole les mots à déplacer, et on met au haut de chacun de ces compartiments un chiffre marquant l'ordre dans lequel il faut les lire. Il n'est pas besoin de dire que quand il ne s'agit d'intervertir que deux ou trois mots ou groupes de mots, il est inutile de numéroter. Au lieu de ce procédé, on peut tracer, du centre aux deux bouts des groupes de mots à déplacer, deux traits séparés et inclinés, et mettre, à l'endroit où ils se rapprochent, un chiffre marquant leur nouvel ordre.

Lorsqu'il faut transposer, non plus des mots, mais des phrases ou des alinéas entiers placés sur le même feuillet, il suffit de faire partir un trait du premier mot, de le mener entre les lignes jusqu'à la marge ; on le continue, en suivant la marge vers le haut ou le bas selon la nouvelle place du passage, puis on le fait rentrer entre deux lignes jusqu'à l'endroit voulu et on le termine par une flèche dont la pointe est en avant. Il est bon d'en marquer une au point de départ du trait, la pointe dirigée vers la marge ; on peut, pour plus de clarté, en mettre encore une ou deux sur le trajet de la ligne, la pointe dans le même sens que celles de départ et d'arrivée.

Mais si le passage à intervertir doit être transporté sur un autre feuillet, il n'y a d'autre moyen que de le couper et de le recoller, soit à la marge, par son bord de droite, soit entre les lignes du feuillet, qu'on sépare d'un coup de ciseaux ; on insère le passage à intercaler et on le recolle par le haut et par le bas entre les deux morceaux du feuillet qu'on vient de diviser.

C'est de la même manière qu'on pourra intercaler des passages nouveaux dans le texte du manuscrit, ainsi que nous l'avons indiqué plus haut à propos des ustensiles à choisir pour ce procédé de remaniement.

Certains mots, qui expriment des quantités ou des divisions, s'écrivent en abrégé lorsqu'ils figurent, soit entre des virgules, soit entre des crochets ou des parenthèses, à titre de renseignements détachés : ce sont alors de véritables hors-texte. Mais toutes les fois que ces mêmes mots figurent directement dans la phrase, ils doivent être écrits en toutes lettres. Tels sont les mots : *tome, page, folio, manuscrit*, qui s'abrègent par *t., p., f°., ms.,* etc.

Monsieur, Madame, Mademoiselle, s'écrivent au long ou en abrégé, avec ou sans majuscule, suivant des distinctions que l'usage de la correspondance rend familières à presque tous les écrivains.

De même pour certains titres, certaines dénominations, comme *Général, Père, Révérend*.

Les noms de personnes, de monuments, de lieux célèbres, de contrées, de mers, de navires, soit purement personnels, soit adjoints à des substantifs ou adjectifs, et la manière d'orthographier les noms étrangers, donnent lieu à des difficultés que la pratique résout par des principes invariables très justes mais très subtils. A moins de se condamner à se faire à soi-même la science acquise de ces solutions, il n'est pas d'autre moyen de s'en tirer que d'avoir sous la main le *Guide du correcteur*, de Tassis, ou les *Règles typographiques* de la librairie Hachette, où l'on trouvera résolues toutes ces difficultés, ainsi que celles qui portent sur l'emploi des abréviations, des traits d'union, des majuscules ; sur la manière dont il faut écrire les nombres ou les mesures, tantôt en toutes lettres, tantôt en chiffres, soit arabes soit romains, suivant le cas.

En une matière aussi étendue et aussi épineuse, nous ne pouvons, on le comprendra, que renvoyer le lecteur aux répertoires comme, en matière d'orthographe ou de phrase, on renvoie au dictionnaire ou à la grammaire.

Mais en outre des questions réglées par l'usage général et public, il y en a quelques-unes qui naissent des pratiques individuelles de certains écrivains, soit qu'ils résistent à l'usage admis, soit que, traitant de sujets nouveaux, ils décident de leur propre autorité sur des cas non encore prévus.

Dans cette dernière hypothèse, il arrive le plus souvent, surtout si l'écrivain a quelque crédit, que sa décision sert de point de départ à un usage uniforme qui finit par être adopté : mais quand il s'agit simplement d'une manière d'écrire opposée aux principes généraux de l'usage, les innovations doivent être repoussées par application de ces mêmes principes.

C'est pourquoi nous devons ici présenter, sur l'emploi des majuscules et des italiques, quelques observations à un autre point de vue qu'à celui de l'usage. L'abus des majuscules et des italiques, en effet, lorsqu'il est réfléchi, prend un caractère personnel à l'écrivain : ce n'est plus une question de négligence ou d'incorrection grammaticale, c'est une infirmité morale ou intellectuelle, quand ce n'est pas quelque chose de pire, sottise ou folie.

Tout le monde a ressenti l'effet désagréable ou ridicule qui résulte de l'abus des majuscules ou des mots soulignés dans une pièce écrite ou imprimée. C'est que ces deux procédés, dont l'usage est d'appeler l'attention sur un mot ou sur un nom, perdent de leur valeur à proportion qu'on les prodigue. Si vous faites ressortir un très grand nombre d'objets dans un ensemble d'objets semblables, vous effacez d'autant les autres, d'abord, mais l'effet, pour ceux que vous placez ainsi hors ligne, ne pourrait être un peu saisissant que s'il se concentrait sur un point isolé : vous le dispersez, vous le divisez en autant de fractions qu'il y a de majuscules ou d'italiques. Or, comme il n'est pas ordinaire de voir un si grand nombre d'idées prédominantes se presser dans l'espace étroit d'une phrase, de plusieurs phrases, de toutes les phrases, le lecteur en est déconcerté, et il en conclut, ou que vous n'avez pas le sentiment de la proportion véritable de ces idées, ou qu'une exaltation maladive a perverti votre jugement.

Et c'est presque toujours le cas. Un sot, un niais, un prétentieux, un vaniteux, souligne à tout propos et hors de tout propos, parce qu'il croit voir, sous chacun des mots qu'il écrit, des finesses ou des mystères inexprimables ; un fou sent chacune de ses idées s'échapper comme un trait de feu de son cerveau en ébullition. Ceux qui ont eu à observer les aliénés ont pu remarquer ce signe dans tout ce qu'écrivent ces malheureux ; pour ce qui est de la sottise, on n'a qu'à se souvenir de telle lettre toute bariolée de traits horizontaux, pour y reconnaître la faiblesse intellectuelle de son pauvre signataire.

Il y a une observation analogue à faire sur les prospectus

dont nous assassinent les marchands : il n'est pas rare de tomber en rêverie devant certaines combinaisons de caractères où l'esprit se perd à vouloir deviner pourquoi on les a choisies : la raison, c'est que le marchand, qui est d'une intelligence bornée, a cru que la vue de tel mot, composé en normande ou en égyptienne d'un type bizarre, déterminerait le lecteur à acheter le produit offert. L'idée est certes bien fausse, mais elle est encore plus bête, et vous pouvez en conclure en toute confiance que le marchand est doublé d'un sot.

Dans les ouvrages documentaires, spéciaux, historiques, scientifiques, techniques, dans tous les livres à consulter, lorsque les détails à chercher sont peu nombreux et placés chacun dans un alinéa particulier, on peut en indiquer le sujet par sa désignation en italique, suivie d'un tiret et placée en avant du premier mot de l'alinéa. Cette disposition facilite beaucoup les recherches, mais elle convient pour des remarques ou des faits plutôt détachés en série que liés par une suite continue. Dans ce dernier cas, ces indications en caractères différents, ce tiret qui les sépare du texte courant, coupent l'attention du lecteur et interrompent le cours des idées que l'auteur développe.

On peut, lorsque l'indication est indispensable, en supprimer les inconvénients tout en en gardant les avantages : on ne met pas de titre aux alinéas, mais à la première fois que s'y trouve l'indication dont on aurait fait un intitulé, on la souligne, et composée en italiques, elle sautera aux yeux aussi bien que si elle était placée en tête.

Dans certains ouvrages d'histoire, d'exégèse, où il est indispensable soit de marquer par des dates la suite des événements, soit d'indiquer les sources, on a recours à une troisième disposition, l'*addition* ou *manchette,* qui est une note sur la marge extérieure, de sorte qu'elle figure à droite au recto et à gauche au verso. Nous avons à en parler ici, parce que les manchettes doivent être inscrites en marge du manuscrit à la place qu'elles iront occuper sur la page imprimée. La manchette se compose en très petit caractère, avec des abréviations; on n'y met pas de signe de renvoi, parce qu'elle doit être toujours placée à la hauteur de la première ligne du passage auquel elle se rapporte. Comme le texte courant garde son alignement au-dessus et au-dessous, il reste des blancs d'une manchette à l'autre; d'autre part, il faut réserver un peu de marge à la manchette elle-même. Par suite on est obligé de ménager des marges extérieures beaucoup plus larges que les intérieures, ce qui consomme plus de papier.

Ce procédé n'est guère employé que dans les formats in-8 ou au-dessus; dans les formats inférieurs, il faut composer les manchettes en très petits caractères, et à condition qu'elles soient courtes. Les manchettes détruisant la proportion des formats et celle du blanc et du noir dans les pages, il ne faut y recourir qu'en cas de nécessité absolue.

On trouvera dans les *Règles typographiques de la librairie Hachette* des règles, essentielles à observer, sur la division des mots, sur leurs coupures usitées ou interdites, lorsqu'il faut en placer une partie à la fin d'une ligne et le reste au commencement de la ligne suivante.

Dans les noms composés de plusieurs mots, il y a, en outre de la question des majuscules, celle des traits d'union et de l'italique : par exemple, on doit écrire *Saint-Jean-d'Acre* avec deux traits d'union, tandis que dans *Saint-Pierre* de Rome on n'en met qu'un. Comme pour l'usage des majuscules, ces distinctions sont justifiées par des raisons dont on trouvera l'explication dans l'ouvrage que nous venons de citer. Le *Guide du correcteur* de Tassis donne une nomenclature de presque tous les noms composés, où les majuscules les traits d'union, et les italiques, sont indiqués comme il convient.

Une autre source de difficultés, c'est la distribution des guillemets, soit pour distinguer une citation du texte, soit quand il s'agit de dialogues ou fragments de dialogues mêlés de texte courant.

Pour les citations la règle est facile : toute citation, fût-ce d'un mot, doit être entre deux guillemets. Jusqu'à ces dernières années on se contentait de mettre un tiret à la première interlocution des dialogues, et un à chaque réplique. Le texte courant était indiqué par l'absence de tiret à l'alinéa venant après la dernière réplique. Mais avec cette disposition il était impossible de diviser une réplique par des alinéas qui, ne devant pas porter de tiret, auraient pu être considérés comme une reprise du texte courant : désormais on place un guillemet au commencement du dialogue, un à la fin, et des tirets à chacune des répliques contenues entre les deux guillemets.

Voilà pour le dialogue continu. Mais lorsqu'il y a des réflexions ou des récits de l'auteur mêlés aux paroles des interlocuteurs, il faut ou il ne faut pas ouvrir ou fermer les guillemets. Il serait fastidieux d'entrer dans le détail de ces diverses applications : on les trouvera, avec les explications sur la manière dont il faut alors ponctuer, dans les deux ouvrages auxquels nous avons plusieurs fois renvoyé le lecteur.

Les points de suspension doivent être au nombre de trois. Quelques imprimeurs y ajoutent les virgules, point-virgules, commas, qu'on aurait eu à placer si les points de suspension n'y étaient pas : c'est une fausse application du principe constitutif de la ponctuation, qui est de marquer une mesure d'arrêt ou de suspension. La première condition d'une mesure, c'est de n'indiquer qu'une quantité, et non pas deux, à l'objet mesuré, qui est ici une suspension. Avec ces trois points d'abord, puis une virgule, un comma ou un point-virgule, quelle en sera la durée? Et puis, autre raison, si la phrase finit sur la suspension, il faudra donc mettre un quatrième point? Cette innovation est d'autant moins admissible, que les trois points marquent évidemment une suspension plus prolongée que les autres signes et les absorbent.

En outre des signes courants dont nous venons de rappeler les propriétés, il y en a dont les uns servent à remplacer une indication qu'il faudrait sans cela composer en toutes lettres, comme par exemple les signes d'astronomie, d'algèbre, de géométrie, de chimie, de physique, de médecine, du zodiaque; les phases de la lune, les planètes, les ordres français et étrangers, etc. On ne les emploie que dans les ouvrages spéciaux, et les savants qui s'en servent n'ont pas besoin d'être renseignés sur l'usage qu'ils en peuvent faire.

Mais il y a, en plus des guillemets, des tirets et des parenthèses, dont nous venons de parler, d'autres signes qu'on rencontre dans les ouvrages de tous genres et dont l'écrivain doit connaître l'usage pour s'en servir lui-même au besoin. Plusieurs, ainsi que le fait observer Henri Fournier dans son *Traité de typographie*, sont des auxiliaires de la ponctuation.

Nous plaçons ici la figure de chacun de ces signes en tête du paragraphe qui s'y rapporte.

⁓ L'*accolade*, employée surtout dans les tableaux et les classifications, sert à rassembler plusieurs objets pour en faire mieux voir les rapports.

' L'*apostrophe* est le signe de l'élision, comme dans le premier mot de la phrase que nous venons d'écrire.

* L'*astérisque* ou *étoile* sert pour faire des renvois ne dépassant pas le nombre de quatre dans la même page; au delà de ce nombre, on se sert de chiffres arabes.

( ) La *parenthèse*, dont nous avons rappelé les propriétés lorsque nous avons parlé de la phrase, sert à isoler des mots ou des phrases incidentes qui alourdiraient ou obscurciraient la phrase principale. Il ne faut pas l'employer hors de ce cas, afin qu'elle ne soit pas confondue avec les crochets.

[ ] Les *crochets*, qui ont une analogie de forme et de propriétés avec la parenthèse, sont bien destinés à isoler un hors-d'œuvre qu'on ne peut se dispenser de placer là, mais il convient d'en réduire l'usage à l'indication d'une source ou à l'interprétation d'un passage qui ne pourrait être incorporé

dans la phrase. Une parenthèse, au contraire, doit toujours pouvoir être effacée sans que les mots qu'elle embrasse cessent de s'enchaîner aux autres ; seulement, comme la chaîne serait trop lourde où trop longue, on la coupe par cette espèce d'interruption qui permet à l'esprit du lecteur de souffler un instant.

(—) Le *tiret*, dont nous avons indiqué l'emploi dans les dialogues, est usité depuis quelques années comme une sorte de diminutif de la parenthèse. Il semble que l'usage s'en restreint à des passages très courts, et que la parenthèse reste réservée aux phrases incidentes ou accessoires d'un plus grand développement. C'est principalement lorsqu'on veut pousser jusqu'au bout une phrase trop longue qu'on y a recours : on est dispensé de mettre « dis-je » ou « dit-il », par exemple, qui sont des incises lourdes.

(§) Le *paragraphe* sert à marquer des subdivisions de chapitres ou de sections lorsqu'il est placé en ligne perdue avec son numéro d'ordre, et même, parfois, le titre du sujet qu'il annonce ; il s'emploie en nombre assez restreint, un paragraphe étant d'ordinaire formé de plusieurs alinéas. Il est d'usage surtout aux livres scientifiques ou de jurisprudence.

On le trouve aussi placé à la ligne courante des alinéas dans les textes où les faits ou les idées sont en séries liées par une chaîne de rapports ou de conséquences.

(-) Le *trait d'union* sert à rattacher les parties constitutives de mots composés, ou d'un mot simple qu'il a fallu couper parce que la place manquait à la fin de la ligne pour l'achever ;

on écrit le reste au commencement de la ligne suivante, mais après avoir, par un trait d'union, indiqué à la fin de la précédente que le mot n'est pas achevé.

¶ Le *pied-de-mouche* s'employait autrefois, soit en tête d'une remarque pour y appeler l'attention, soit comme appel d'une note en bas de page. L'astérisque ou étoile pouvant servir à ce double emploi, ce signe n'est presque plus en usage. Il pourrait toutefois rendre encore quelques services soit pour faire correspondre deux notes ou passages de notes de la même page, soit pour établir deux ordres de notes à la fois, par exemple, l'un pour les dates, l'autre pour les sources.

† La *croix*, qui sert encore aux renvois dans les livres liturgiques, n'est plus employée ailleurs que dans les dictionnaires et les ouvrages scientifiques, mais sans destination réglée, de sorte qu'elle n'est qu'une variété de signes abréviatifs dont il faut, quand on l'adopte, spécifier la fonction au commencement de l'ouvrage.

℣, ℟ Les *versets* et les *répons* ne servent que dans les livres religieux, mais comme ils sont le signe de la plus petite subdivision qu'on ait employée, il n'est pas inutile d'indiquer cette ressource pour le cas où la nature d'un sujet pourrait s'en accommoder.

(☞) La *main*, qui est surtout usitée dans les ouvrages d'indications ou de publicité, a pour propriété d'appeler l'attention sur le passage qu'elle désigne.

(....) Enfin les *points carrés* ou points de conduite, ainsi nommés parce qu'on les fond par lignes sur un même morceau de métal, sont des points en plus ou moins grand nombre, qu'on dispose, dans les comptes ou dans les tableaux, pour remplir l'intervalle entre les mots et les colonnes de droite, et pour conduire ainsi le regard du texte au chiffre ou au terme correspondant.

En manuscrit, les écrivains ne font guère de coupures de mots, parce qu'il est plus simple de laisser du blanc ou de pencher la fin du dernier mot. Ils doivent néanmoins être fixés sur les usages typographiques, parce qu'il y a là des divergences entre les compositeurs prétendant couper les mots, les uns d'après l'étymologie, les autres d'après la prononciation. Pour le mot *anecdote*, par exemple, les premiers coupent par *an-ecdote*, parce que ce mot vient du grec ἀν-ἐκ-δίδωμι, tandis que les autres coupent par *anec-dote* parce qu'on le prononce ainsi en deux articulations nettement marquées sur *anec* et sur *dote*.

Voilà le sujet de la divergence. Ce qu'on peut dire, c'est que la coupure de prononciation est à peu près la seule en usage, en partageant, bien entendu, par syllabes entières, et que les compositeurs font ce travail de manière à ce que l'auteur n'ait jamais à s'en occuper : mais si, pour une raison ou pour une autre, le contraire arrivait, l'auteur trouverait, dans les trois ouvrages que nous avons déjà cités, les exemples et les éclaircissements nécessaires.

Bien que les rapides indications qui précèdent se rapportent aussi à la composition typographique, elles devraient être plus familières aux auteurs, parce qu'elles complètent cette

« ponctuation supérieure » dont l'usage, comme nous l'avons fait remarquer, leur est aussi indispensable que la ponctuation courante, et met à leur disposition des ressources pour donner à leurs ouvrages le plus possible d'ordre et de clarté. C'est pourquoi nous avons cru devoir en résumer les propriétés et les affectations.

A ce qui précède sur la rédaction du manuscrit, nous avons encore à ajouter deux observations, l'une sur les alinéas, l'autre sur les références d'un passage à l'autre.

Au sujet de la phrase, nous avons fait observer que les alinéas, bien que n'étant soumis à aucune règle, doivent autant que possible être proportionnés entr'eux en étendue, par la même raison que les phrases doivent l'être : raison d'ordre d'abord, mais raison d'équilibre intellectuel entre des groupes d'idées dont les proportions et les mesures, sans être déterminées, ne sont pourtant pas illimitées.

Il peut arriver cependant que certaines phrases très longues, sans constituer des périodes suivies, se succédant en nombre excessif, donnent au discours une lourdeur insupportable. En pareil cas, il ne faut pas hésiter à pratiquer quelques alinéas : tout vaut mieux que cette masse de plomb à soutenir à bras tendu pendant des pages entières, et quelles pages !

Cette remarque est une des plus utiles à signaler aux auteurs, surtout pour les ouvrages d'imagination. Il n'y a qu'à lire, par exemple, les livres d'Alexandre Dumas et des romantiques de son époque : si leurs romans avaient été imprimés en pages d'un seul bloc, on ne les aurait ni lus ni admirés comme on fait.

Il est assez souvent nécessaire de rappeler, au cours d'une phrase, des idées ou des faits consignés dans une autre partie de l'ouvrage qu'on écrit. Lorsque le rappel a trait à un passage précédent, rien n'est plus simple : on indique sur le manuscrit la page ou partie où se trouve le passage rappelé, on met provisoirement le numéro actuel du feuillet, puis, lorsque vient l'épreuve, on substitue à ce numéro celui qui est à la page imprimée.

Mais s'il s'agit de se référer à un sujet qui n'ait pas encore été traité, on ne peut pas savoir à quelle page du manuscrit se trouvera le point à signaler; il faut donc se borner à prendre note en marge, ou marquer d'un signe bien apparent le feuillet qu'on écrit, de manière à le retrouver sur le manuscrit.

Ce procédé a pourtant un inconvénient pour le cas de réédition dans un autre format : la pagination étant changée, les passages auxquels on renvoie ne seraient plus à la page indiquée dans la première édition, et il faudrait changer les chiffres à toutes les références. Pour éviter ce travail et les erreurs qu'il amène, on numérote, par une seule série de chiffres arabes, tous les alinéas depuis le premier jusqu'au dernier de l'ouvrage, quel que soit le nombre des volumes, et au lieu de renvoyer à telle page, on renvoie à tel numéro. Si à cette seconde édition il y a eu des changements, additions ou retranchements à faire, on ne recommence pas en entier le numérotage des alinéas : on supprime, avec les alinéas qui disparaissent, leur numéro; pour ceux qui sont ajoutés, on répète le numéro de celui qui les précède, en y ajoutant *bis, ter, quater,* ou s'ils sont en plus grand nombre que quatre, une des lettres de l'alphabet en italique jusqu'à vingt-quatre. Passé ce nombre, on reprend, toujours avec le même chiffre en ajoutant deux *a*, puis trois, et ainsi à chaque fois que la série de l'alphabet aura été épuisée.

C'est le même procédé qu'on emploie pour intercaler un nombre indéfini de feuillets dans un manuscrit.

CHAPITRE XIII.

DES DIVISIONS DE L'OUVRAGE.

La division des parties de l'ouvrage ne peut pas toujours être arrêtée à l'avance. Sans doute on a dû, comme nous l'avons rappelé ailleurs, établir un plan, mais l'exécution, en changeant l'ordre des idées ou leurs aspects, amène des modifications. La division des parties est comprise nécessairement dans le travail de rédaction, et l'auteur doit se conformer, sur ce point encore, à des règles graphiques qui, comme les précédentes, sont pratiquées par les typographes, familières à tous les lecteurs. Ce sont donc de véritables mesures, et on ne pourrait, sans tout brouiller, intervertir l'ordre d'importance progressive assigné à leurs dénominations.

L'unité fondamentale est le *volume*. Si l'ouvrage en a plusieurs, certaines subdivisions se répartissent, à travers les volumes suivants, jusqu'à la fin du dernier; tels sont, en général, les *parties* ou les *livres*. Au contraire, les *chapitres* et les *paragraphes* commencent une série nouvelle à chaque volume. Tel est du moins l'usage général.

Le volume est quelquefois imprimé et publié par *tomes*, qui devraient être en effet des fractions du même volume, mais l'usage a fini par confondre le tome avec le volume, de sorte que cette division est à peu près tombée en désuétude.

Il reste donc, comme divisions usuelles du volume :

Les *parties*, qui réunissent les livres, les chapitres et les paragraphes ;

Les *livres*, qui réunissent les chapitres et les paragraphes ;

Les *titres*, qui s'emploient surtout dans les documents législatifs ou administratifs pour réunir des chapitres, des paragraphes et des articles ;

Les *chapitres*, qui réunissent des paragraphes ;

Les *paragraphes*, qui réunissent des alinéas ;

Les *articles*, employés dans les textes de lois ou d'ordonnances ;

Enfin les *versets*, en usage dans les livres religieux.

En dehors de ces divisions, et pouvant servir de subdivision à toutes indifféremment, la *section*, portant un chiffre romain ou marquée simplement de ce chiffre, peut être employée avec avantage dans certains sujets.

On peut à la rigueur faire un livre sans aucune des divisions ci-dessus, car ce ne sont que des indications d'ordre général pour grouper des ensembles d'idées : mais il y a une dernière espèce de division qui est obligatoire, c'est l'alinéa. Faute d'alinéas, la lecture d'un ouvrage de l'esprit serait aussi confuse que fatigante.

Il n'y pas de règle grammaticale pour les proportions de l'alinéa en nombre ou en étendue, puisque c'est là une question de composition du discours, et non pas de grammaire. Mais ce serait une erreur de croire que l'ouverture d'un alinéa soit chose arbitraire.

En effet, tout en respectant la liberté absolue de l'écrivain, il faut reconnaître que cette division, pour être justifiée, doit être le signe du passage à une autre idée. Cela est reconnu par tout le monde, d'où suit que c'est une obligation de faire un alinéa en pareil cas.

Mais il faut que cette coupe ouvre un aperçu nettement distinct de ce qui précède et qu'elle marque un pas de plus dans la marche du discours. Dès les premières lignes, l'idée doit se faire voir, et la suite en doit être le développement, après quoi on ferme l'alinéa.

Il suffit de parcourir un livre sérieux, quel qu'en soit le sujet, pour vérifier l'exactitude de ces observations : la division en alinéas est donc une règle graphique de rédaction.

Il faut ajouter à ces moyens de division les vignettes, faites d'un triangle d'étoiles ou de tout autre signe, qu'on place dans certains ouvrages, en ligne perdue, pour pratiquer dans le texte des coupes plus libres et moins importantes que celles d'un paragraphe ou d'une section.

Ces diverses divisions embrassant des ensembles d'une étendue progressive, il va de soi que la mesure en doit être proportionnelle à leur compréhension : on ne conçoit pas un chapitre plus long qu'un livre ; un paragraphe, qu'un chapitre. Il ne peut sans doute être là question de proportions rigoureuses, mais on comprend qu'une certaine limite est dans la nature même des choses, puisqu'un livre est un ensemble dont les parties doivent être moindres que le tout, et les subdivisions moindres que les parties.

La même règle de proportion s'appliquant, en typographie, au choix du calibre des caractères à employer pour composer les noms de chacune de ces divisions, les auteurs doivent s'y conformer. Le principe est de composer les désignations en caractères d'autant plus forts que la division est plus compréhensive : pour le paragraphe, en romain ou italique plus fort que le romain du texte courant; pour l'article, en chiffres romains du même point que les majuscules; pour les sections, en petites capitales ou en égyptiennes minuscules du texte; pour les chapitres, en grandes capitales plus fortes que celles du texte; enfin, pour les titres, livres et parties, en capitales de plus en plus fortes.

Dans le manuscrit, l'auteur indiquera ces diverses proportions par des lignes horizontales sous les mots : une pour l'italique, deux pour les petites capitales, trois pour les grandes capitales; au delà de ces caractères l'indication est sans utilité, parce que les compositeurs y pourvoiront.

Si cependant l'auteur désire introduire quelque disposition spéciale, comme, par exemple, l'emploi d'égyptienne, de normande, de gothique, il devra consigner une fois pour toutes ses instructions dans une note jointe au premier feuillet du manuscrit et indiquant le signe particulier dont il marquera les mots à composer en caractères exceptionnels.

De toutes les divisions que nous venons de définir, l'auteur doit composer une *Table des divisions de l'ouvrage*, qui en présente l'ensemble et le plan avec l'indication de la page où commence chaque division. Nous ne saurions trop recommander de tenir cette table au courant à mesure qu'on écrit : c'est un répertoire faute duquel toute recherche en arrière n'aurait d'autre ressource que la mémoire. On y écrit provisoirement, pour chaque indication, la page de manuscrit qui s'y rapporte, et dont on n'a qu'à changer le chiffre lors de l'impression.

Dans les ouvrages en un seul volume, à divisions uniformes et peu nombreuses, comme il n'y a là qu'une série de parties égales, on place généralement la table après le mot *Fin* du volume. Mais lorsqu'il y a plusieurs volumes, ou que les divisions sont graduées ou nombreuses, ou bien si l'auteur juge utile de présenter une vue d'ensemble sur le sujet et sur la méthode du livre, il y a le plus grand avantage à placer la table des divisions en tête, immédiatement après le faux titre.

C'est là aussi qu'il doit, soit en tête, soit à la suite de cette table et sur une page séparée, placer les indications relatives à l'interprétation des signes, ainsi que tous renseignements nécessaires sur les particularités de rédaction ou de disposition que le lecteur pourra rencontrer dans l'ouvrage.

Les *sommaires*, qu'on désignait autrefois sous le nom d'*arguments*, sont l'abrégé en quelques lignes du contenu du chapitre. Ils doivent être précédés d'un titre général pour chaque chapitre, et qui se place, soit en ligne à la suite du titre et du chiffre de ce chapitre, soit en ligne perdue entre ces deux dernières indications et la première ligne du sommaire. On y donne le plus souvent la forme d'une série d'intitulés, mais on les rédige aussi par phrases très courtes. De quelque façon qu'on les présente, il faut y mettre une rigoureuse précision et un tour aussi vif que possible, car chaque phrase doit être l'extrait concentré de plusieurs lignes, et tout l'ensemble doit présenter l'abrégé du chapitre entier.

En examinant la plupart des ouvrages à sommaires, on se fera une idée des proportions convenables à suivre, et qui naturellement changent selon le sujet, mais dans certaines limites. Dans les conditions ordinaires, le nombre de lignes d'un sommaire varie entre quatre et douze lignes environ pour un chapitre de dix à vingt pages, ce qui est la longueur moyenne de cette division.

Il faut observer que les sommaires se composent d'ordinaire en petit-texte du caractère du texte courant, de sorte qu'ils contiennent, à nombre égal de lignes, beaucoup plus de matière.

Le sommaire, aussi bien dans les ouvrages littéraires que dans les livres scientifiques, a de très grands avantages en ce qu'il offre un résumé grâce auquel le lecteur, soit qu'il se dispose à prendre connaissance du chapitre, soit qu'il y revienne pour une recherche, est préparé ou fixé au premier coup d'œil.

Mais c'est à condition que le sommaire soit bien fait, c'est-à-dire complet et exact, ce qui ne peut s'obtenir que si l'auteur en rassemble d'abord les éléments au fur et à mesure de la rédaction du manuscrit, pour le rédiger quand le chapitre est achevé.

Pour noter sans erreur et sans peine ces éléments de rédaction, un moyen bien simple consiste à souligner au crayon, à mesure qu'on a écrit une phrase ou un alinéa, les mots qui seraient bons à employer dans le sommaire pour indiquer un point essentiel. Le chapitre achevé et relu, on copie ces mots dans l'ordre où ils se présentent, et on rédige le projet du sommaire ; on n'a plus qu'à ajouter ce qui manque, supprimer ou abréger ce qui est de trop. Enfin, pour éviter autant que faire se peut le manque de proportion, il suffit d'avoir soin d'écrire par lignes de même longueur que celles du manuscrit. On arrivera ainsi à avoir des sommaires sensiblement égaux, ce qui est plus régulier et surtout plus logique : en effet, puisque les chapitres doivent être autant que possible d'une même dimension moyenne, il convient que les sommaires en soient la réduction dans une proportion moyenne aussi.

Dans certains ouvrages scientifiques ou documentaires, on reproduit en tête des alinéas la partie du sommaire qui en résume la matière et qui y sert ainsi d'intitulé. Mais cette disposition n'a pas de raison d'être dans les livres purement littéraires.

Il faut d'ailleurs prendre garde que, dans les ouvrages où le discours est enchaîné par une suite un peu serrée de raisonnements ou de faits, la rencontre continuelle de ces intitulés trouble l'attention du lecteur.

Les livres dits « d'étrennes », qui s'achètent à la volée, peut-on dire, à l'étalage des libraires ou des marchands de nouveautés, sont en général riches en sommaires où les auteurs s'efforcent de concentrer en quelques lignes le plus possible d'intérêt et de curiosité.

Presque toujours ces mêmes sommaires sont réunis à la fin du livre en une seule table où l'on peut suivre d'un regard le développement du sujet. Nous pouvons répéter là-dessus ce que nous venons de dire sur la distribution du sommaire entre les alinéas des chapitres : en dehors des ouvrages sérieux, cette table des sommaires est une superfluité dont le seul et très problématique avantage est d'épaissir d'une feuille un livre trop maigre de texte courant.

L'*index* ou *table alphabétique* est un vocabulaire où, sous un ou deux mots, on indique chaque unité de la série des faits ou des idées dont se constitue l'ouvrage, avec la page où elle se trouve ; on l'appelle aussi *Table des matières*. Il se place tout à fait à la fin du texte. Cette partie est toujours utile, souvent indispensable, dans les ouvrages de science, de raisonnement, d'histoire, d'art, de documents. Les proportions, comme on le conçoit, en varient avec l'étendue ou le nombre des détails à y cataloguer.

Dans les livres anciens, au temps où la science, la littérature, la philosophie, la théologie, ne consistaient guère qu'en érudition, les index alphabétiques arrivaient à des proportions invraisemblables.

Nous ne pouvons mieux faire, pour en donner une idée, que

de citer un volume contenant les œuvres complètes d'Horace, imprimé par Christophe Plantin d'Anvers, en 1586, et qui fait partie de notre bibliothèque.

Le texte, imprimé en italique vénitienne, compte 294 pages.

La table, *Index rerum et verborum*, composée par Thomas Treter, Posnanien, et précédée d'un frontispice portant le millésime de 1585, couvre 230 pages de 60 lignes à trois colonnes, ce qui donne 690 colonnes en tout.

Il n'y a pas un mot ou une expression des œuvres complètes d'Horace qui ne soit catalogué à son rang alphabétique avec l'indication de chacune des pages où il a été employé. Il est rare qu'un mot soit accompagné d'un seul chiffre, la plupart le sont de deux ou trois lignes de chiffres au moins : mais quand il s'agit de mots fréquemment employés comme *ego*, *ille*, *hic*, *hoc*, *cum*, *in*, *non*, la conscience du rédacteur prend des proportions gigantesques.

Pour *et*, par exemple, qui remplit quatre colonnes et demie, nous avons eu la curiosité de faire le compte : il y a *dix-huit cent vingt-deux* chiffres indiquant chacun une page où le mot *et* a été employé autant de fois au cours des œuvres complètes d'Horace !

Bien que nos index modernes ne soient plus rédigés avec une aussi formidable munificence, le travail en est assez méticuleux et assez lourd, car si l'index n'est pas exact et complet, une bonne table vaudrait presque autant : on ne doit donc rien négliger de ce qui pourra en assurer l'exactitude.

Comme pour les sommaires, l'index peut se faire à mesure de la rédaction, en notant les mots à cataloguer, mais ceci exige la tenue d'un registre ou dossier à feuilleter sans cesse. Il vaut mieux attendre d'avoir fini une partie assez étendue, la relire attentivement d'un bout à l'autre, et reprendre, la plume à la main, pour inscrire les articles; il vaut encore mieux ne composer l'index que quand le manuscrit est achevé.

On peut se servir à cet effet d'un bloc-notes ou de cartes, et après avoir inscrit chaque article, le placer avec les précédents, à son rang alphabétique, dans une boîte. On peut, plus simplement, écrire les mots comme ils viennent, les couper, les ranger par ordre alphabétique, puis les coller les uns après les autres sur des feuilles de papier enduites de colle ou de gomme.

Le classement se trouve par là fait du premier coup, mais la petite manœuvre qu'il faut répéter à chaque article finit par agacer les mains et distraire l'attention, de sorte que, de compte fait, on perd plus de temps.

Nous conseillons donc de prendre tout simplement des feuillets de papier écolier, d'y faire deux plis en longueur, six ou huit en largeur, et d'inscrire chaque article dans l'ordre où on le trouve. Arrivé à la fin du relevé, on détache les carrés longs formés par les plis et dont chacun porte un article, puis, sur une table, un lit, un plancher, on les distribue, dans leur ordre alphabétique, entre vingt-huit paquets depuis *a* jusqu'à *w*. Qu'on fasse ce travail en une fois ou en plusieurs, pourvu qu'on laisse les paquets séparés à l'aide de caoutchoucs ou de dossiers de papier, on peut le reprendre à volonté, et le classement sous chaque lettre devient plus facile à proportion qu'augmente le nombre des mots déjà rangés.

Ainsi se trouvera achevé ce qu'on peut appeler le corps du manuscrit. Mais pour que l'ouvrage devienne un livre conformé selon les usages de la typographie et de la librairie, il y faut ajouter, en dehors ou en dedans du texte, ces indications que nous avons tous vues mille fois dans les livres sans en comprendre l'importance. La plupart ne se lisent jamais, quelques-unes servent de guides ou de points de repère pour les recherches, et bien qu'à la rigueur on puisse s'en passer, puisque les manuscrits et les livres très anciens en sont souvent dépourvus, elles sont d'une importance qui grandit à proportion de celle même de l'ouvrage. Or comme la rédaction en est demandée ou tout au moins soumise à l'auteur, celui-ci doit en donner le texte et la disposition par une ou plusieurs notes jointes à l'envoi du manuscrit.

Tout volume commence par un *faux titre* placé un peu au-dessus du milieu du recto du premier feuillet, et qui, composé en capitales plus petites que celles du titre, en répète l'énoncé principal ou unique.

Au verso du faux titre, l'usage se répand de placer la liste des *Ouvrages de l'auteur*, désignés soit par leur seul titre, soit avec des indications plus ou moins détaillées, notamment celles du nom de l'éditeur, du nombre et du format des volumes, et la date de l'impression.

En face, sur le recto du second feuillet, vient le *frontispice* ou *titre*, qui contient l'indication du sujet de l'ouvrage, le nom de l'auteur, celui de l'éditeur, le lieu et le millésime de la publication, et, quand on ne l'aura pas placée sur le verso du premier feuillet ou au bas de la liste des ouvrages, la mention : *Droits de traduction et de reproduction réservés*.

Lorsque le frontispice doit porter une épigraphe, on la compose en romain ou italique petit-texte, et on la met, un peu à droite, immédiatement après le nom de l'auteur si ce nom n'est pas en tête du frontispice, ou après la dernière ligne du titre.

C'est entre le premier et le second feuillet que se place la gravure, le portrait, ou autre sujet représenté et qui porte aussi le nom de *frontispice*.

Au recto du troisième feuillet, vient la dédicace s'il y en a une, sinon, le titre de départ, occupant un peu plus ou un peu moins de la première page du texte courant. C'est là que commence le livre.

Tout le monde comprend bien que le titre doit donner une idée claire et précise de l'ouvrage, et sans chercher à se rendre compte pourquoi, chacun va au livre dont le titre l'attire, et se détourne si ce titre lui déplaît ou ne s'explique pas sur le sujet ou sur le genre de l'ouvrage. Quand le nom de l'auteur est célèbre, on achète le volume sans regarder au titre : ce nom suffit.

Mais si l'auteur est un débutant, s'il n'en est encore qu'à l'adolescence de la gloire, si même il est resté jusqu'alors dans l'honorable demi-jour de l'estime, il se persuade aisément qu'un titre habilement machiné pourra lui faire capturer quelques lecteurs de plus. Quant aux médiocres, aux mauvais et aux pires, le titre est pour eux plus que l'ouvrage, et ils y mettent tout leur talent, espérant que sur cet échantillon le public va croire en trouver autant à chaque ligne. Mais il n'est malheureusement pas sans exemple que tout en ait été consommé pour la rédaction du titre, et qu'il n'en soit plus resté pour la suite.

Pour un ouvrage sérieux de science, d'histoire, le titre ne fait pas question, et il suffit qu'il soit précis et complet : mais s'il s'agit de choses discutables comme la philosophie, l'économie politique, l'art, la littérature, le titre prend une grande importance, et de sa tournure peut dépendre la fortune du livre. En effet la condition de ces sortes d'ouvrages est toujours, ou d'apprécier des idées anciennes, ou d'en professer de nouvelles, et dès lors l'auteur doit prendre garde à ce premier mot qui sera, pour lui comme pour le lecteur, le point de départ du raisonnement. S'il ne met qu'un titre général, on pourra croire qu'il va se tenir sur la réserve ; s'il met un titre détaillé, s'il pose une question, on pensera qu'il ne conclut pas ; s'il formule une opinion, on le suspectera de parti pris. Chacun de ces jugements anticipés pourra être le contraire de ce qu'il espérait en rédigeant son titre.

Là encore, cependant, on ne sort pas d'un cercle à peu près défini d'idées toujours les mêmes et qu'il s'agit de combiner de mille façons avec les morceaux de ces quelques casse-tête dont la pauvre humanité aime à jouer depuis des siècles, comme on joue aux cartes, pour se délasser des sécheresses de la raison et des mésaventures du sentiment. Mais c'est lorsqu'il s'agit d'œuvres d'imagination comme le roman ou la poésie, que la question prend des difficultés inextricables, car il faut compter avec ce qui a été déjà inventé en fait de titre.

Le domaine à explorer s'étend sur tout ce que le caractère, le sentiment, la destinée, peuvent créer de situations et d'événements, en cette vallée de larmes qui est aussi la vallée des amours, des plaisirs, des crimes et des vertus de nous tous, femmes comprises.

Et pourtant, quand on parcourt les catalogues de cette catégorie de livres qu'on appelle « les romantiques », on est encore plus émerveillé, s'il est possible, de la diversité inimaginable des titres que du nombre prodigieux de ce genre d'écrits.

C'est là qu'on peut admirer un des tours les plus curieux de ces singes que nous sommes, nous tous qui avons conçu l'idée folle d'amuser l'humanité avec une plume et des carrés de papier barbouillés d'encre. Ce serait une histoire curieuse à faire que celle des titres de romans : presque l'histoire de ce genre de littérature. Tous les procédés, toutes les finesses, toutes les impudeurs, toutes les bêtises, on les a vus successivement défiler, selon le temps ou les circonstances, sur des couvertures de romans.

Pendant un siècle ou deux, les auteurs se fournissaient assez facilement dans la banalité naïve des lieux communs, et deux noms de baptême, « Paul et Virginie » par exemple, suffisaient pour caractériser un roman d'amour.

Avec « La Nouvelle Héloïse », J.-J. Rousseau trouvait moyen de faire pressentir un amour platonique malgré lui.

Quand vint l'âge de la sensibilité, les titres eurent des attendrissements, comme :

« La Jeune Fille Innocente, Malheureuse et Persécutée », « Asléga, ou l'Infortune secourue par Napoléon ».

Avec le romantisme, on se jeta sur les noms propres : un seul, en grosses lettres, mais d'un tel dessin typographique que la vue seule en faisait frissonner : « Z. Marcas, Spiridion ». Il n'en fallait pas plus.

Mais le temps marchait, le nombre des romans grossissait comme une marée montante, et alors, mettant au pillage toutes les langues, tous les vocabulaires, tous les registres de l'état civil de l'univers, on s'est arraché les mots bizarres, les noms fantastiques. Ne sachant plus à quel saint vouer leurs romans, les jeunes auteurs ont mis en coupe réglée les adjectifs français ou autres, les adverbes, les prépositions, les exclamations, etc., et enfin un simple point d'interrogation. A quand la virgule ? Au moins c'est de la grammaire : il est consolant, quand par hasard l'ouvrage en manque, d'en voir un peu sur la couverture.

En résumé, et sans qu'il soit possible d'indiquer le moindre sentier à découvrir parmi ces halliers impénétrables, il est à peu près certain que là comme toujours, le plus sûr est de faire son titre aussi court et aussi clair que possible. Les titres longs ne se lisent pas en entier, on n'en saisit, on n'en retient qu'un ou deux mots qui, isolés des autres, ne gardent qu'un sens vague : les titres courts se lisent d'un coup d'œil, et on s'en souvient.

Et puis d'ailleurs, si le succès d'un livre devait dépendre de son titre, il faut avouer que ce livre ne vaudrait pas grand'chose.

Au moment d'arrêter là ces observations, j'hésite à conclure, parce qu'il est dur de le faire sur une menace : mais le devoir avant tout.

Prenez garde, jeunes gens : les conseils que je viens de vous donner sont plus sévères que vous ne pourriez croire.

Il faut vous avertir que malgré toutes vos combinaisons habiles ou profondes, non seulement le titre ne fera pas votre livre à lui tout seul, mais qu'il saura au besoin vous dénoncer : la prétention, et toutes les nuances de la vanité, la faiblesse d'esprit, la moralité de l'auteur, peuvent se trahir dans ce mot imprimé en si grosses lettres ; la sottise y vient, sans qu'on s'en doute, s'étaler et faire jabot ; l'ennui même y fait tache d'huile entre ces capitales choisies pour allécher le lecteur.

Les préfaces, introductions, avertissements, avant-propos, avis au lecteur, ne doivent être placés en avant du corps d'un ouvrage que s'ils sont nécessaires : ils ne le sont que s'ils éclairent les avenues du sujet par des explications ou des considérations qui s'y rapportent, et qui n'ont pas pu y être incorporées par quelque raison particulière. Hors de ces conditions, ils ne peuvent que nuire, soit qu'ils fassent supposer au lecteur que l'auteur s'en est avisé après coup, soit qu'ils n'aient pas assez de rapport avec le sujet et ne fassent qu'en détourner l'attention sans rien apprendre de nature à en augmenter l'intérêt.

On doit donc bien réfléchir avant de surmonter un livre de cette espèce de fronton : une mauvaise préface indispose le public : une préface meilleure que le livre lui-même en fait ressortir l'insuffisance.

Cette observation vise très particulièrement la poésie, le roman, et les ouvrages d'imagination : c'est dans les pièces de théâtre que les préfaces détonnent le plus, puisque la représentation sur la scène est le seul moyen d'apprécier une pièce, et que tout ce qu'on aura pu dire ou écrire auparavant ne signifie rien. Il en est des œuvres d'imagination comme de la musique : quand on ferait la plus belle conférence du monde avant l'exécution d'une symphonie soporifique, on ne réussira pas à tenir l'auditoire éveillé.

Quant aux ouvrages de science, de raisonnement, de faits, la préface est au contraire presqu'une partie intégrante du livre. Sous le titre d'*Introduction*, elle se lie plus directement encore au fond du sujet, dont elle expose l'idée générale après avoir résumé avec plus ou moins de développement les notions indispensables aux lecteurs.

Pour ce qui est des dédicaces, c'est là une marque d'affection qui n'entre pas dans l'ordre des considérations littéraires.

L'*avant-propos* a pour fonction de tourner le cours des idées dans la direction où l'auteur a entrepris de conduire l'esprit du lecteur.

L'*avis au lecteur*, comme son nom le fait voir, est un avertissement, mais plus personnel, et dont le principal objet doit être de mettre l'auteur en communication aussi directe que possible avec ceux qui le liront.

On peut voir que ces cinq genres de pièces liminaires, en raison de leur consistance même, doivent décroître d'étendue dans l'ordre où nous venons de les énumérer.

Au temps passé, il était de règle que tout ouvrage, même le plus grave, fût précédé de sonnets, de quatrains ou autres pièces de vers, composés à la louange de l'auteur par ses amis.

Cette coutume un peu patriarcale a disparu, mais les modernes, les modernes très récents, l'ont remplacée par des préfaces qu'ils ont demandées à un ami ou obtenues de quelque personnage plus ou moins célèbre. En dehors de la satisfaction ou de l'honneur qu'il y croit trouver, l'auteur n'en tire pas grand avantage. Sans compter qu'elle peut écraser le livre de toute la supériorité du préfacier, la préface, même quand elle est modeste de toute façon, a d'avance perdu crédit pour le lecteur, puisque l'auteur, c'est évident, n'a dû la demander qu'à un ami. Tout bien considéré donc, autant vaut ne pas faire faire sa préface.

On trouve parfois à la fin de certains ouvrages une pièce détachée, mais celle-là post-liminaire, sorte de péroraison de l'ouvrage, comme la préface en est l'exorde. On ne s'est jamais avisé de lui donner d'autre nom que celui de *post-face*, par l'excellente raison qu'on ne pourrait songer à mettre une « introduction » un « avant-propos », un « avertissement », voire même un « avis au lecteur », quand le livre est lu : ce serait placer la porte d'entrée sur le toit.

Sauf quelques cas exceptionnels assez difficiles à imaginer, la *conclusion*, qui a sa place reconnue dans tous les genres de littérature, peut résumer aussi bien l'idée ressortant définitivement de la lecture d'un livre. « Post-face » semble dire autre chose, et s'opposer comme un envers à l'endroit de la préface. Si on l'écrit pour corriger ou expliquer ce qu'on vient d'écrire, c'est la moutarde après dîner.

Entre cette première page et le titre, ou après le feuillet de la dédicace s'il y en a une, on place, composés en caractères inférieurs ou supérieurs à celui du texte courant, ce qu'on appelle les *pièces liminaires*, c'est-à-dire, les avis au lecteur, avertissement, avant-propos, préface, introduction, et toutes autres pièces détachées que l'auteur veut placer en tête.

Les trois premières, généralement courtes, n'ont pas de rang déterminé, mais elles doivent toujours précéder la préface ou l'introduction. Quant à celles-ci, c'est l'auteur qui en détermine le rang dans le cas assez rare où il met à son livre une préface et une introduction.

Le titre courant, qui ne se met pas toujours, mais qui est indispensable lorsqu'il y a matière à recherches, porte au verso de chaque page le titre général ou sa principale énonciation, et au recto de la page suivante, une indication de détail en rapport avec la partie du texte au-dessus.

Il y a cent dispositions à y donner suivant le cas, autant et plus de difficultés à tourner ou à franchir, pour concilier les intentions de l'auteur avec les rigueurs de la typographie; mais comme elles varient autant de fois qu'il y a de livres imprimés et de pages dans ces livres, nous ne pouvons que renvoyer le lecteur aux ouvrages spéciaux et surtout à la pratique. Il faut se dire que quand on a été capable d'écrire un livre, on doit arriver sans trop d'effroi ni de peine à en faire les titres courants.

Quant aux numéros d'ordre des chapitres, l'auteur doit en vérifier la suite avec une grande attention, car c'est un compte où on se trompe souvent, et bien que le metteur en pages soit responsable de cet ordre, l'inexactitude des chiffres peut lui donner de grands embarras. Nous conseillons d'ailleurs de n'écrire qu'au crayon le nom et le chiffre romain de chaque chapitre, ce qui a le double avantage de pouvoir ouvrir le chapitre à un autre endroit, ou de corriger le chiffre si on s'est trompé, et cela sans avoir à biffer ou gratter.

CHAPITRE XIV.

ÉDITION ET ÉDITEURS.

Le grand jour est arrivé : le livre est fini. L'auteur a lu et relu son manuscrit, et tour à tour comme un père qui caresse son enfant, ou comme un juge sévère qui interroge un suspect, il a examiné chacune des lignes de chaque page, chacun des mots de chaque ligne ; pas une phrase, pas une virgule, qu'il n'ait contrôlée avec la dernière rigueur : tout est bien, il est sûr de son œuvre, et il va la porter à un éditeur.

Mais auquel ? Tous ne sont pas d'un accès également facile, même ceux qui se laissent aborder. Sans doute ils ont une politesse parfaite, mais qui enguirlande du même sourire un refus ou un consentement. Les démarches seront pénibles à faire, on n'est même pas sûr de mettre ses intérêts en bonnes mains : d'un autre côté, avec un livre comme celui-là, le succès est assuré d'avance ! Est-ce que la dignité littéraire et l'intérêt... matériel, ne s'arrangeraient pas mieux d'une combinaison plus simple, qui est d'éditer soi-même ?

Après mûre réflexion, l'auteur se décide pour ce dernier parti. Il se fait indiquer un bon imprimeur, travaillant à prix raisonnable, fournissant vite l'épreuve, n'interrompant jamais un ouvrage en cours d'impression, et consciencieux de tout point. Il prend son manuscrit sous le bras et va traiter avec l'imprimeur.

L'ouvrage, avec plusieurs semaines de retards imprévus, s'achève après dix mois de corrections et de correspondances, et on demande à l'auteur où il veut qu'on envoie les quelques milliers de feuilles imprimées.

Les faire porter chez lui, ce serait impraticable, puisqu'il n'y a pas de magasin parmi les pièces de son appartement. Grâce à l'obligeance de l'imprimeur, elles restent à l'imprimerie, pendant que l'auteur va se mettre en quête d'un brocheur, qui vient prendre les feuilles, et qui au bout d'une quinzaine, achève son travail.

Un beau jour l'auteur voit arriver quelque chose comme une tonne de livres. Il les case à grand'peine dans des coins, et se remet en campagne pour aller chez beaucoup de libraires leur proposer de prendre le livre en dépôt moyennant 40 p. 100 sur les exemplaires vendus. Quelques-uns acceptent, plusieurs refusent.

Mais il faut expédier des exemplaires en province. Il achète du papier et de la ficelle, commence à faire ses emballages lui-même. Au bout d'une heure de ce travail, il voit qu'il n'y entend rien, qu'il n'en aura pas la force, et il prend un ouvrier, qui emballe pendant que lui-même prépare les adresses. Les adresses de qui? Parmi les libraires indiqués sur l'annuaire, lesquels choisir?

Il faudra d'ailleurs, quand les ballots seront faits, les expédier, c'est-à-dire les transporter au chemin de fer. S'il doit faire tout cela lui-même, il en aura pour un mois !

Il calcule alors le temps perdu à toutes ces démarches, et se décide à recourir à l'entremise d'un commissionnaire en librairie pour mettre le livre en vente.

Le commissionnaire, non pas gratis, comme de juste, se charge de tout, lui promet qu'il n'aura à s'occuper de rien, et se dispose à emporter un ballot de livres. Mais il s'aperçoit que les volumes ne sont pas enveloppés chacun d'une gaine de papier. Beaucoup ont déjà les couvertures fripées aux coins ; le reste recueille la poussière sans en négliger un grain : dans trois mois la moitié des volumes ne seront plus vendables.

L'auteur se fait indiquer l'adresse d'un bon papetier, et achète quelques rames du papier spécial à employer. Il s'imagine d'abord qu'il sera très facile d'envelopper lui-même ses volumes ; qu'il y trouvera, car il a déjà dépensé beaucoup de frais, une bonne économie à faire : mais cette fois encore il lui faut prendre un ouvrier à un franc l'heure, car envelopper un volume n'est pas si simple que cela, on peut gâcher même cette humble besogne, et c'est ce qui lui est arrivé.

Comme l'ouvrage est aussi en vente « chez l'auteur », il faut en garder au moins deux cents volumes. C'est une valeur de huit cents francs au moins ; qu'un incendie arrive, autant de perdu : l'auteur va donc à une compagnie, et assure ses volumes contre ce risque. Ce n'est pas une grande dépense, mais elle grossit le total, et il y faut ajouter la valeur du temps perdu.

Tout cela n'est encore qu'un commencement. Il s'agit maintenant de faire « le service de la presse ». Il faut, sur un certain nombre d'exemplaires, inscrire des envois, plus ou moins coquettement tournés, aux directeurs de revues, aux critiques, aux écrivains influents, sans oublier les amis, les protecteurs, les salons littéraires, tous les juges enfin dont on peut avoir quelque chose à craindre ou à espérer.

Cela fait, reste à envoyer le volume à chaque destinataire, puis à le porter chez les personnes particulièrement qualifiées pour une raison ou pour une autre.

A moins de renoncer à la publicité, et par conséquent à la moitié peut-être de la vente, il est indispensable de faire insérer dans quelques-uns des grands journaux de Paris une annonce à la quatrième page. Il faut encore envoyer, à Paris et en province, une réclame de quelques lignes où le journal est censé faire l'éloge du livre et de son auteur.

Le livre ainsi lancé, commence une série de visites et de correspondances pour obtenir des comptes rendus, et en même temps s'engagent les relations avec les libraires ayant le livre en dépôt ou les acheteurs qui l'ont pris chez l'auteur. C'est une comptabilité inextricable, dont le caractère dominant est de porter sur des quantités variables d'un jour à l'autre, de sorte qu'il est impossible de savoir, tant que la vente n'est pas arrêtée ou épuisée, combien il reste de volumes en magasin, et par conséquent combien il en a été vendu. On voit d'ici ce que représente, en dépense, en temps, et en pertes faute de solvabilité des libraires, ce règlement de compte.

Heureux encore quand, le livre ne s'étant pas vendu, l'auteur n'est pas obligé de le laisser échoué dans les librairies, s'il ne préfère se le faire réexpédier à grands frais pour en embarrasser une pièce de son appartement, quand il en a un.

Voilà, réduit au strict nécessaire, ce qu'il faut pour éditer un volume, et à condition qu'il ne soit question que d'un de ces ouvrages courants qui n'ont rien de particulier. Car s'il s'agissait de livres à dessins ou à figures, d'ouvrages techniques ou scientifiques, le travail et la dépense prendraient des proportions indéfinies.

Les *Évangiles* de la maison Hachette, par exemple, ont coûté un million à fabriquer, et on pourrait citer des ouvrages de science ou d'iconographie beaucoup plus chers.

Ainsi, pour un seul volume, on peut voir que si les auteurs étaient obligés de s'éditer eux-mêmes, ils perdraient, en temps et en argent, deux ou trois fois ce que le livre rapporterait, en admettant qu'il pût se vendre, ce qui serait à peu près irréalisable. Au lieu d'un seul ouvrage, qu'un auteur en eût deux ou trois par an à éditer, il ne lui resterait pas un mois pour en écrire d'autres.

Il est donc probable qu'après cette expérience, ou l'auteur renoncera à écrire, ou il aura recours à un éditeur.

Là les choses se passeront plus simplement : un trait de plume au bas d'un traité, moins que cela, deux paroles échangées, voilà l'auteur dispensé de toutes les démarches que nous venons d'énumérer, et ses ennuis sont remplacés par autant de services. Il peut se remettre tranquillement à sa table et écrire en paix : il ne lui reste que le plaisir de corriger ses épreuves pendant l'impression, et lorsque le livre est mis en vente, d'écrire sur une cinquantaine de volumes un envoi d'auteur.

Et quand on pense que, dans la plupart des traités, pour peu que l'ouvrage n'ait pas contre lui quelque chance particulière d'insuccès, l'éditeur, au bout d'un mois, paye à l'écrivain ses droits d'auteur sur tous les exemplaires tirés, au risque de perdre, si le livre ne se vend pas, les sommes qu'il aura dépensées pour l'imprimer et le mettre en vente !

Il est vrai qu'on ne trouve pas toujours un éditeur disposé à risquer son capital dans une publication dont le succès ou la vente sont incertains : mais même lorsque l'édition se fait à ses frais, et par conséquent à ses risques et périls, l'auteur y gagne encore, non seulement en évitant les embarras dont nous avons parlé, mais en profitant, sans qu'on lui fasse rien payer pour ce service, du crédit littéraire et commercial de l'éditeur, de ses relations, de sa publicité, de son influence enfin, car il en a une, d'autant plus grande que sa situation est plus considérable dans la librairie.

On peut donc dire sans aucune exagération que si les éditeurs n'étaient pas organisés comme ils le sont aujourd'hui, nos écrivains seraient aussi embarrassés pour publier leurs ouvrages qu'ils pouvaient l'être avant l'invention de l'imprimerie.

Cette invention est sans doute un des plus beaux traits du génie de l'homme, mais si l'on met en comparaison ce que fut l'imprimerie à son origine et ce qu'elle est aujourd'hui, c'est comme si on voyait s'élancer sur la mer le transatlantique qui dans cinq jours aura traversé l'Océan, et le tronc d'arbre creusé par le sauvage inconnu qui, le premier, osa s'aventurer sur les flots.

Car Gutenberg lui-même, s'il revenait au monde et qu'on le menât dans un de nos ateliers typographiques, aurait besoin de toute une éducation pour comprendre que ce qu'il voit est une imprimerie, lui dont le génie ne tendait pas plus haut qu'à faire passer ses ouvrages pour des manuscrits.

Supprimez la librairie, l'imprimerie n'est plus qu'une tachygraphie plus ou moins perfectionnée, mais la littérature n'existe pas.

On ne réfléchira jamais assez sur ce que représente, comme puissance intellectuelle et production d'idées, un grand établissement d'éditeur. La librairie est l'histoire du développement littéraire, artistique, scientifique et religieux, de toute nation policée : c'est le procès-verbal de sa vie, et pour l'avenir, l'immortalité de son âme.

Si vous voulez vous rendre compte du rôle qu'elle joue dans le monde, entrez à la Bibliothèque nationale, et songez à cet univers de pensée qui repose dans les pages de trois millions de volumes, et, à votre commandement, va reprendre une forme visible, une voix aussi claire que si l'auteur de chacun de ces livres vous parlait de sa propre bouche.

Voilà le monument qu'en moins de cinq siècles les éditeurs ont élevé à l'esprit humain! Quelle est l'institution, quel est l'empire, quelle est la gloire, qui s'y puissent comparer? Que reste-t-il, de toutes ces ombres évanouies, sauf des souvenirs qui vont s'éteignant de jour en jour, des vestiges à peine reconnaissables, et comme ressource pour la vie présente, rien? Mais les livres, eux, sont toujours là, et si des catastrophes extraordinaires ne viennent pas les détruire, leur immortalité pourra se prolonger jusqu'aux derniers jours de la terre.

Donner l'éternité aux idées humaines après leur avoir donné la vie et le mouvement, est-ce un service, cela, est-ce un bienfait?

Sans les prodigieuses ressources dont dispose la librairie, et qui permettent d'enregistrer et de publier les observations, les expériences, les découvertes, des savants et des voyageurs, que de sciences n'auraient jamais existé, combien n'auraient même pas pu se constituer, faute de documents! Voit-on un physicien, un chimiste, un astronome, voire même un philosophe, travailler à une découverte entrevue, sans savoir qu'un autre l'a déjà faite? Et ainsi pour toutes les branches de la science, chacune restant stationnaire, aveugle et sourde, chaque savant, isolé comme un solitaire retranché de l'univers.

D'ailleurs, pour éditer des ouvrages scientifiques, les textes ne suffisent pas, il faut des planches, des gravures, qui coûtent un prix fou et que pas un auteur ne pourrait publier à ses frais ; il faut des ouvriers habiles, des artistes dessinateurs ou graveurs d'un talent exceptionnel, enfin un matériel toujours au courant des perfectionnements les plus récents.

On peut en dire autant des livres d'art, où telle planche d'un ouvrage coûte à elle seule plusieurs milliers de francs.

On avait pensé, il y a quelques années, à publier aux frais de l'État les *Restaurations* de l'École de Rome : cette publication menaçait de coûter si cher qu'elle a fait reculer l'administration des Beaux-Arts. La maison Didot s'en est chargée.

Ce n'est pas tout. Il faut doubler ce juste hommage aux mérites des éditeurs, car on peut dire sans exagération qu'ils rendent à la société autant de services à refuser les méchants livres qu'à publier les bons. Éclairés par une expérience continuelle et mis en garde par le souci très légitime de leur intérêt, ils ont là en main un crible incomparable : on peut les considérer comme les premiers critiques du monde.

Ce sont en tout cas les plus puissants, car, par le fait, ils donnent à leur gré la vie ou la mort aux œuvres qu'on leur présente, ils font et défont les réputations des auteurs. Ils la font par expérience, à leurs frais : il n'y a pas de leçon de littérature qui vaille celle-là.

On peut dire qu'un éditeur qui pendant des années a perdu ou gagné selon que tel auteur ou tel genre lui sont passés par la caisse, en sait davantage en littérature que le plus subtil des Normaliens. Il fait le goût, il suscite les livres nouveaux, il en ressuscite d'anciens par les collections qu'il combine, sans parler des dictionnaires, documents, cartes, recueils spéciaux, dont il conçoit et organise la publication. Enfin c'est grâce à lui que les écoliers ont des livres, et les fidèles, des paroissiens. Sa puissance d'arbitrage devient ainsi partie intégrante des idées littéraires d'une époque, soit qu'elle agisse soit qu'elle s'abstienne.

On ne peut songer sans frémir à ce qui adviendrait de nous si le principe de l'édition obligatoire venait à être consacré par la loi. L'idée, du reste, est dans l'air, car ce ne serait qu'un corollaire de la liberté d'écrire.

Tout cela s'applique aux libraires, mais en le réduisant, ce qui est encore beaucoup pour les auteurs, à la vente des ouvrages. Tel libraire que nous pourrions nommer fait à lui seul la fortune d'un livre.

Ceux-là aussi sont des critiques; ils lisent ce qu'on leur donne à vendre, et quand ils le proposent sur un certain ton, les lecteurs ont confiance, achètent le livre, le trouvent bon, et le recommandent.

Heureux l'auteur qui a pu mettre sa fortune en ces mains pieuses et intelligentes! Ceci explique pourquoi presque tous les livres se publient à Paris : c'est qu'on y trouve plus d'un de ces libraires-là.

« Allons donc! disait un jour un auteur mécontent, est-ce qu'ils font tout cela par dévouement pour l'esprit humain? Ils le font pour gagner de l'argent : ce sont des marchands comme les autres. Et ils s'enrichissent. Aux dépens de qui? Des auteurs qui les font vivre! »

Et qu'ils font vivre !

Si l'on pouvait établir le total de ce que les éditeurs versent par an dans la bourse de tous les auteurs d'un pays comme la France, on compterait plusieurs milliers de familles qui en tirent leur unique ressource. Nous ferons voir tout à l'heure ce que représente, comme bénéfice pour ses collaborateurs, une grande maison de librairie. Mais il faut convenir que s'il fallait refuser tout mérite à celui qui retire un gain de son travail, quiconque touche un salaire ou un traitement, fût-ce un maréchal de France, fût-ce un souverain pourvu de sa liste civile, « n'est qu'un marchand comme les autres. »

Les éditeurs s'enrichissent quand ils savent mener leurs affaires avec sagesse et habileté, faute de quoi ils se ruinent parfaitement comme de simples mortels. On sait l'histoire de Ladvocat, qui éditait, sans compter, les livres de l'école romantique à son début. Quand il s'y fut ruiné, que purent lui donner ses bourreaux pour le tirer de peine ? Tout ce qu'ils pouvaient produire : de la copie, la même qui avait ruiné le pauvre homme... Chacun s'y mit avec les meilleures intentions du monde, et de ce dévouement sortit le *Livre des Cent-et-Un*, que peu de gens lurent, que presque personne n'acheta.

Pour montrer par des faits à quel point toutes ces considérations sont justifiées, nous croyons devoir donner ici quelques documents littéraires et artistiques, tirés des rapports du jury de nos deux dernières expositions universelles, sur ce qu'on peut appeler les grandes puissances typographiques de la France.

En tête, les Didot, qu'il suffirait de désigner, forment une dynastie dont la renommée se perpétue depuis deux siècles.

La stéréotypie, la polyamatypie, la création des premiers et plus beaux types de caractères modernes, l'invention du papier sans fin, sont, entre beaucoup d'autres, ses titres de gloire. La première, elle a employé des femmes comme compositrices d'imprimerie, et formé des équipes de sourdes-muettes qu'elle instruit au même travail. Le *Thesaurus grœcæ linguæ*, *L'Ornement polychrome*, le *Catalogue illustré des livres précieux de M. Ambroise Firmin-Didot*, peuvent être signalés parmi les ouvrages d'art et de science publiés par cette maison.

On assure que le seul produit de la vente de l'*Almanach Bottin*, aujourd'hui passé en d'autres mains, suffisait à payer tous les frais de la maison. Les Didot sont les éditeurs inamovibles du *Dictionnaire de l'Académie*, et se trouvent ainsi les gardiens de ce tabernacle de la langue française.

MM. Alfred Mame et fils, de Tours, dirigent depuis cent ans un des établissements les plus gigantesques de l'Europe. Dans une cité ouvrière construite par eux, et où le livre se fabrique de toutes pièces, ils font vivre près de mille ouvriers liés entre eux et avec le patron par une caisse de retraite et de nombreuses institutions de prévoyance.

Là se voient réalisés les plus beaux rêves de la fraternité chrétienne, par l'obéissance de tous, maîtres et ouvriers, à leurs devoirs et à leurs croyances.

On se fera une idée de cet établissement par ce détail que

l'imprimerie peut livrer journellement 15.000 volumes, et la reliure 8.000.

Consacrée principalement aux livres de piété, aux classiques pour les écoles chrétiennes et aux livres de prix, la maison Mame publie, avec le *Livre d'heures pour mariage*, chef-d'œuvre du genre, les quarante-deux éditions du *Paroissien romain*, merveilles de typographie.

Dans l'ordre des productions d'élite, leur *Polyeucte*, leur *Touraine*, leur *Sainte Bible* illustrée par Gustave Doré, le *Missel des sept sacrements*, sont des ouvrages d'une perfection absolue.

La maison Plon, Nourrit et Cie est aussi au premier rang de la librairie par son importance et par le choix relevé de ses publications historiques ou romantiques. Comme éditions d'art, elle a produit des chefs-d'œuvre parmi lesquels on peut citer la *Bibliothèque des Beaux-arts*, l'*Inventaire des richesses d'art de la France*, le *Sahara et Sahel* de Fromentin, et ce livre également admirable comme pensée et comme dessin, les *Tableaux Algériens*, de Gustave Guillaumet.

Dans l'ordre scientifique, parmi tant d'établissements d'une égale importance, la maison Masson et Cie tient une des places les plus considérables. Pour donner une idée de la valeur de ses publications, il suffit de citer le *Dictionnaire encyclopédique des sciences médicales*, comprenant 80.000 pages, et qui a coûté près de trois millions de francs. Pendant vingt-cinq années, 350 collaborateurs, sous la direction du Dr Dechambre, ont travaillé à ce grand monument de la librairie scientifique.

Les noms de Delagrave, Goupil, Delalain, Boussod et Valadon, Gauthier-Villars, Chaix, Dupont à Paris; Berger-Levrault à Nancy; Danel à Lille; Privat à Toulouse; Gounouilhou à Bordeaux; Burdin à Angers; Protat à Mâcon; Hérissey à Évreux, peuvent être cités à côté de ceux qui précèdent.

Enfin, parmi les éditeurs les plus spécialement adonnés au roman ou à la poésie, Lemerre, Ollendorff, Dentu, Flammarion, sont universellement connus. Quant à la maison Charpentier, on sait qu'on lui doit l'inauguration de l'in-12 à 3 fr. 50, qui a ressuscité la librairie romantique, et elle garde comme toujours le premier rang dans cette partie de la production littéraire.

Pour résumer en un seul tableau les services qu'une maison de librairie peut rendre à une nation de plusieurs millions d'hommes et à une portion considérable des nations voisines, nous ne pouvons faire mieux que de présenter, comme type de publication dans toutes les branches des connaissances humaines, la maison Hachette, qui a créé des collections de publications périodiques, de dictionnaires; qui, par l'organisation de son service géographique, a enrichi cette bibliographie de plus de cent ouvrages.

Outre les livres de classe, qui furent au début la spécialité de la maison, elle publie depuis quarante-six ans le *Manuel général de l'instruction primaire*. En philologie, elle a édité la *Grammaire comparée des langues européennes*, de Bopp, traduite par M. Michel Bréal; en histoire, les publications de MM. Maspero, Duruy, Guizot, Müntz, Perrot.

La série des grands dictionnaires comprend, entre autres, ceux de Littré, de Vapereau, de Bouillet, et le *Nouveau dictionnaire de géographie universelle*, de MM. Vivien de Saint-Martin et Rousselet.

Il suffit d'indiquer la collection des *Guides Joanne*, les *Atlas de Géographie ancienne, moderne et historique* de Schrader, le *Grand Atlas de Géographie* de Vivien de Saint-Martin, la *Géographie universelle* de M. Élisée Reclus, *Le Tour du Monde*, avec ses 300 relations de voyages, ses 400 cartes et ses 1.000 gravures, pour juger de ce que cette maison crée chaque jour en cette partie.

La *Bibliothèque rose*, la *Bibliothèque des merveilles*, sont dans toutes les mains.

Enfin, comme ouvrages illustrés, son édition des *Saints Évangiles* réunit toutes les perfections auxquelles puisse s'élever un des plus beaux livres de notre siècle. Les dessins et les eaux-fortes sont de Bida et d'Hédouin, qui y ont travaillé onze mois. 290 ornements ont été composés par M. Rossigneux et gravés en taille-douce par Gaucherel.

L'impression a duré quatre mois; le travail total, douze ans. Le livre a coûté un million.

En regard de ce chef-d'œuvre d'art, il faut rappeler cette surprenante publication de l'*Almanach Hachette*, tirée à 220.000 exemplaires, dont la pile, si on les entassait verticalement, aurait onze fois la hauteur de la Tour Eiffel; dont le papier fournirait une bande égale à la distance de Paris à Vienne en Autriche!

La maison Hachette fait plus d'un million de francs d'affaires par mois; elle expédie annuellement plus de 200,000 colis dans tous les pays du monde.

Elle occupe quatre cent cinquante employés dans son établissement, trois cents ouvriers, et l'on peut évaluer à trois mille cinq cents le nombre des gens qui vivent de travaux commandés par elle.

Enfin elle a publié plus de quatre mille ouvrages, composés par huit cents auteurs. Cent cinquante dessinateurs et deux cents graveurs ont travaillé à ses illustrations.

Voilà ce qu'il faut s'imaginer quand on parle d'une grande maison de librairie à Paris ou en province : qu'on songe à ce qu'il y en a de pareilles dans le reste du monde.

L'antiquité des établissements a toujours été reconnue comme un signe d'honneur pour ceux qui s'y sont succédé. A ce titre nous terminerons notre trop courte notice en signalant la plus ancienne librairie qui existe à Paris. Depuis l'an 1580 jusqu'à ce jour, la maison Maire-Nyon, librairie classique et d'éducation, n'a cessé d'être dirigée par quatorze générations de la même famille, dix du nom de Maire-Nyon, et quatre du nom de Pigoreau.

Originairement installée dans une dépendance du Collège des Quatre-Nations, devenu l'Institut actuel, la librairie Maire-Nyon occupe aujourd'hui, à quelques pas de l'Institut, les appartements où habita Mme de Genlis jusqu'à la Révolution. Rien n'y a été changé : les boiseries, bibliothèques et panneaux, s'y trouvent avec la peinture même du temps.

La bibliographie enregistre et décrit les livres nouveaux, la critique les juge, mais c'est isolément pour chaque ouvrage. Il manque un livre, ou plutôt une troisième science littéraire, qui aurait pour objet d'étudier dans son ensemble et dans tous ses détails l'histoire de la librairie, le mouvement de sa production actuelle, et de déterminer la part de chacun, auteurs, artistes, éditeurs, imprimeurs, papetiers et libraires, dans cette sublime épopée de l'esprit humain.

En insistant aussi longuement sur ce qu'on vient de lire, nous n'avons pas eu seulement pour but de faire voir par des faits les mérites et les services d'une industrie devenue presqu'un organe vital de la pensée : nous voulions surtout apprendre à tant d'écrivains ou d'éditeurs, qui l'oublient ou l'ignorent, quelles ressources, quelles inspirations même, ils peuvent attendre les uns des autres; leur rappeler que plus d'un d'entre eux doit, à ces collaborateurs sans lesquels il ne serait rien, le pain qu'il mange; et sa renommée lorsqu'il en a une.

Sans doute une plume est chose bien légère devant ces usines, ces magasins immenses où des milliers d'hommes, aidés de machines formidables, travaillent des bras ou de la tête pour élever jusqu'aux nues la Babel sans fin de l'idée. Mais ce qu'il ne faut pas oublier, c'est que si l'on mettait tout cela sur le plateau d'une balance, et une plume sur l'autre plateau, la plume emporterait tout.

Il faut convenir que la librairie n'a pas été toujours ce qu'elle est aujourd'hui, et les tâtonnements de certains nouveaux intrus dans ce commerce ont pu maintenir pendant quelques années des maladresses d'un côté, des méfiances de l'autre. Mais ici comme dans toutes les grandes industries, on a fini par comprendre que les petits moyens, en affaires, sont non seulement une vilenie, mais de l'enfantillage ; suivant bientôt l'exemple des vieilles librairies qui n'avaient jamais bronché et qui allaient toujours grandissant en estime et en richesse, les jeunes libraires ont fait comme les vieux, et tout va bien.

Ce n'est pas trop que, parmi les livres sans nombre auxquels notre librairie française a donné la vie, il s'en trouve au moins un où l'auteur rende aux éditeurs la reconnaissance qu'ils méritent et les honneurs qui leur sont dus.

CHAPITRE XV

TRAITÉ. PROPRIÉTÉ LITTÉRAIRE.

Ce n'est pas seulement par bienveillance, par devoir, que nous avons jugé bon de rendre si vivement justice aux éditeurs; c'est aussi et surtout pour convaincre les auteurs que là comme dans les situations délicates ou épineuses, la confiance et le respect doivent être le point de départ de toute affaire : car voilà ce que les hommes ont trouvé de mieux en fait de malice pour se tirer les uns aux autres un peu d'argent ou de joie. Il en sera de même ici : les écrivains et les éditeurs serreront leurs rangs au grand profit des uns et des autres, et les brebis galeuses se trouveront éliminées par la force de cette alliance.

Il y a un principe qu'un honnête homme ne doit jamais perdre de vue, c'est que si on est intéressé pécuniairement dans une affaire, accuser de mauvaise foi son débiteur est une indélicatesse, parce que cette allégation, même insinuée seulement, est déjà un moyen de droit quand elle n'en est pas un d'intimidation. Le contrat d'édition est par excellence un contrat de bonne foi, à telles enseignes que beaucoup se font par simples paroles échangées entre l'auteur et l'éditeur, souvent sans témoins, d'autres, par échange de lettres, et les procès, dans ce genre de transactions, sont infiniment rares.

D'un autre côté, s'il est vrai, ce qui est très heureux et du reste fort juste, que beaucoup d'éditeurs s'enrichissent, il est indéniable que beaucoup d'écrivains s'enrichissent aussi, et que cela se trouve surtout chez ceux qui travaillent le mieux. Il est donc à croire que si les éditeurs dépouillent les auteurs, ils le font avec assez de ménagement pour en renvoyer quelques-uns millionnaires, comme Victor Hugo, par exemple, pour ne citer que celui-là.

Il est beaucoup plus facile de chercher un éditeur que de le trouver. La légende de l'auteur novice à qui tous les éditeurs répondent : « Ayez un succès et je vous édite », vaut toute une histoire des débuts littéraires : c'est la vérité même.

C'est d'ailleurs le bon sens. Un éditeur n'est pas un dilettante, c'est un fabricant de livres, et s'il ne fabriquait pas des produits vendables, il ne lui resterait de ses opérations que sa dépense pour les établir. C'est donc à l'auteur de se faire une réputation quelconque, soit par des articles de journaux, soit en payant les frais de ses premiers ouvrages.

D'ailleurs, en édition comme en toutes sortes d'affaires, les relations, les influences, la camaraderie, peuvent fléchir parfois cette rigueur. Un ouvrage, par exemple, dont l'impression ne serait pas trop chère, peut trouver un éditeur, seulement l'auteur en devra laisser la propriété. On ne lui payera ses droits qu'à proportion du nombre des exemplaires vendus, ou bien on lui donnera une petite somme en tout et pour tout, après quoi, quand le livre aurait cent éditions, ce sera au profit de l'éditeur seul. Ces conditions peuvent paraître d'abord quelque peu léonines, mais si l'on voyait ce que sont les ouvrages publiés à ces conditions, on serait plutôt porté à taxer les éditeurs de prodigalité : est-ce que le fait de les accepter ne montre pas ce qu'en pense l'auteur lui-même?

Quoi qu'il en soit la chasse aux éditeurs est un exercice pénible. Très souvent ils sont à peu près inabordables; ils gardent le manuscrit un temps infini, ne le lisent pas, et presque toujours le renvoient. Presque toujours, mais ce toujours a une fin, et l'éditeur est puni de ses crimes par la gloire naissante de l'auteur qu'il a dédaigné. Il pleure, il se frappe la poitrine, il se roule aux pieds du triomphateur, mais il trouve un front de marbre et un cœur de bronze qui... l'envoient promener.

Certain auteur de nos amis avait apporté son manuscrit à un de nos éditeurs connus. Quand il retourna demander la réponse, l'éditeur, entre-bâillant sa porte, descendit deux ou trois marches d'un escalier, et se retenant d'une main à la rampe, lui tendit de l'autre le manuscrit avec la pantomime d'un naufragé qui s'échappe de la mer et s'accroche au rivage. Bien des années après, ayant rencontré l'auteur devenu moins ignoré, il lui demanda un ouvrage à éditer. L'auteur, pour toute réponse, lui rappela l'histoire : la demande, comme bien on pense, n'eut pas d'autre suite.

Cependant comme il se publie en France, bon an mal an, quelque chose comme 6,000 ouvrages, il faut bien que les éditeurs fassent grâce de temps en temps à un manuscrit sur deux ou trois cents qui leur sont présentés *par mois* ou *par semaine*, car le nombre des candidats à l'édition passe tout ce qu'on pourrait imaginer. Et il y a quelque chose de plus inimaginable encore, c'est la misère, le néant, de presque toutes ces élucubrations.

C'est pourquoi l'auteur qui se présente avec son manuscrit pour toute introduction a contre lui, non pas seulement un préjugé, mais une terreur! Pour se tirer de la foule qui se bouscule contre la porte de l'éditeur, il faut, comme nous l'indiquions tout à l'heure, être recommandé par quelqu'un ou poussé par une coterie.

Quoi qu'il en soit ces pèlerinages de suppliants ne durent pas toujours, et soit par quelque succès, soit grâce à une de ces médiocrités transcendantes qui sont partout le plus sûr moyen de devenir illustre, on finit par avoir une célébrité de quartier qui pourra s'étendre, et dès lors, quand on a fini quelque ouvrage, on ne cherche plus un éditeur, on le choisit.

Le choix n'est pas indifférent, parce que chaque éditeur a un genre dominant de publications, même pour les simples romans, et par suite, une clientèle spéciale dont le goût lui sert de direction. On devra donc, par des informations ou par l'examen attentif des catalogues et des prospectus, s'adresser à l'éditeur dont le fonds correspond le mieux au caractère de l'ouvrage à publier. Pour qui est un peu au courant de la littérature actuelle, ces programmes, malgré l'optimisme bien naturel dont ils sont parfumés, sont comme une profession de foi où la valeur d'une maison peut se mesurer d'un coup d'œil.

L'expérience l'a fait voir cent fois : tel ouvrage, à sa première édition, aura passé inaperçu, qui repris par un autre éditeur, va se vendre à plusieurs milliers d'exemplaires. Une fois la convention conclue par parole ou par écrit avec l'éditeur, la bonne foi doit gouverner les rapports et les règlements d'intérêts entre l'auteur et lui.

Ce n'est pas seulement une convenance, c'est une nécessité.

Sur le papier, on peut, le Code à la main, tracer le plan d'une procédure où, par le relevé des exemplaires vendus et de ceux qui restent en magasin, par l'examen des livres, d'après le chiffre des tirages déclarés par l'imprimeur, on devrait pouvoir faire le compte : mais tout ce contrôle ne donne pas de preuves, parce que, comme nous l'avons indiqué plus haut, une partie des exemplaires est chez les libraires, les uns vendus, les autres attendant l'acheteur, et que le chiffre en varie du jour au lendemain.

L'éditeur lui-même n'est fixé sur ce compte qu'une fois par an, le jour où il arrête son inventaire : mais cet inventaire ne lui donne que le passé, et le lendemain du jour où il l'a achevé, l'éditeur peut recevoir un retour de plusieurs centaines de volumes, ou bien une demande aussi considérable de nouveaux exemplaires.

On le voit donc, le compte, en matière d'édition, ne peut être que saisi au passage une fois l'an, après quoi, dès le lendemain il n'est plus exact. Sans doute on doit approuver les éditeurs qui prennent soin d'adresser à chaque auteur, au commencement de l'année, le compte de situation de ses ouvrages, mais c'est là, encore un coup, un document plus historique que décisif.

Au reste l'auteur a toujours le droit de se faire renseigner à toute époque sur sa situation, et presque jamais on ne manque de lui répondre en lui faisant voir les livres, où chaque auteur a son compte courant.

Ainsi, qu'on le veuille ou qu'on ne le veuille pas, la force des choses ne laisse à l'auteur d'autre garantie réelle que la probité de son éditeur, et c'est à lui de s'imputer ce qui sera résulté d'un mauvais choix. En est-il autrement dans toutes les autres affaires d'intérêt? Et puis enfin, est-ce que l'éditeur de son côté ne risque pas d'être lésé s'il se méprend sur la valeur des ouvrages qu'on lui vend? Voilà Verbreckœven, par exemple, qui s'est mis sur la paille en achetant à un prix insensé les ouvrages de Victor Hugo.

Le contrat d'édition se fait, comme nous l'avons indiqué déjà, soit par simple convention verbale, soit par lettres échangées formulant les conditions arrêtées, soit enfin par acte sous-seing privé passé entre les parties.

Dans le cas de convention verbale, l'auteur ne doit pas manquer de noter, en présence de l'éditeur, toutes les clauses convenues, et de lui faire lire sa note : c'est indispensable pour fixer le souvenir de détails qui sont toujours assez nombreux.

Dans les conventions par échange de lettres, c'est une bonne précaution à prendre, après les lettres échangées, que de vérifier avec l'éditeur si les deux lettres sont bien d'accord.

Lorsque l'affaire se fait par traité écrit, il faut conserver avec soin cette pièce, et ne pas manquer de la signer dès qu'on l'a reçue, car on peut mourir, et faute de signature les héritiers seraient sans titre, ce qui peut donner plus tard matière à difficulté si l'éditeur a perdu son double ou meurt sans l'avoir signé.

La forme de ces sortes d'actes, sauf quelques détails déterminés par la nature de l'ouvrage, est à peu près la même chez tous les éditeurs.

Le fond, en ce qui touche les droits des auteurs, ne varie que quant aux nombres et quantités de tirages et d'exemplaires, aux délais de payement ou de résiliation, et autres circonstances particulières à chaque genre de publication.

Mais les tarifs, soit en argent soit en prestation d'exemplaires, sont fixés dans une proportion qui présente peu d'écarts, parce que, malgré leurs différences infinies de mérite et d'importance, les ouvrages ne peuvent être estimés par l'éditeur que dans leur valeur marchande : ces tarifs doivent donc être calculés commercialement, et il faut, quoi qu'il arrive, que l'éditeur puisse compter raisonnablement retirer 10 pour 100 de la somme totale de ses frais et déboursés. En effet, 10 pour 100 est l'intérêt commercial, et qui ne l'obtient pas de son commerce est sûr de faire faillite dans un temps donné.

D'ailleurs comme la mévente, partielle ou totale, arrive très souvent dans la publication d'un livre, qui est une marchandise inconnue, le calcul de bénéfices probables ne se fait que sur une vente présumée de moitié seulement des exemplaires. Un livre a été tiré à 1.000 exemplaires, il faut qu'en supposant qu'il n'en soit vendu que 500, l'éditeur trouve à se rembourser de ses frais et à percevoir son bénéfice. Le surplus est pour lui, l'auteur n'a rien à y prétendre.

Quant à l'auteur, que l'ouvrage tombe ou qu'il réussisse, ses droits sont fixés une fois pour toutes à un pourcentage qui est à peu près de 10 pour 100 du prix fort de l'ouvrage. Le prix fort est celui que porte le prospectus ou la couverture, et sur lequel on prélève les remises à faire aux intermédiaires pour payer leur coopération et leur permettre de vendre l'ouvrage un peu au-dessous du prix marqué.

Il y a cependant une très importante distinction à connaître au sujet des droits d'auteur. Tout en restant réglés par le même tarif d'évaluation, ils diffèrent presque du tout au tout selon le terme fixé pour en exécuter le payement.

Dans la plupart des traités actuels, ces droits sont payables tout de suite ou un mois après la mise en vente, et dans ces conditions, que le livre se vende bien ou mal, l'auteur est payé au jour dit. Le texte du traité porte alors : « par exemplaire *imprimé* ».

Mais si le texte porte : « par exemplaire *vendu* », l'auteur n'a de droits à toucher qu'à proportion du nombre d'exemplaires vendus en effet : rien du tout si la vente a été nulle.

Ceci bien entendu, nous ne pouvons mieux faire que de donner ici un modèle qui est de style dans la plupart des traités d'édition faits par les grandes maisons de Paris, et qui, s'appliquant à l'édition illustrée d'un ouvrage précédemment publié sans illustrations, réunit les clauses les plus ordinairement comprises dans l'édition courante.

Les soussignés

La Société X et Cie, libraires éditeurs, dont le siège est à Paris, rue... n°... ladite société représentée par M....., l'un des associés les plus anciens, auquel est réservée la signature sociale des traités avec les auteurs.

D'une Part :

Et Monsieur...... demeurant à..... rue....., n°....

D'autre Part ;

Sont convenus de ce qui suit :

ART. PREMIER

M... cède à MM.... et Cie, pour tout le temps que durera sa propriété littéraire et celle de ses héritiers ou représentants, soit d'après la législation actuelle, soit d'après la législation future : le droit exclusif d'imprimer, de publier et de vendre avec illustrations, un ouvrage dont il est l'auteur et qui a déjà paru en édition non illustrée à la librairie... sous le titre de... Cet ouvrage fera partie de la collection à l'usage de... format...

ART. 2.

Pour prix de la cession qui leur est faite, MM.... et Cie payeront à M..., pour la première édition illustrée, un droit d'auteur de cinquante centimes, et pour chacune des éditions illustrées suivantes, un droit d'auteur de soixante-quinze centimes par exemplaire tiré du même ouvrage.

Le payement de ce droit d'auteur sera effectué pour chaque édition dans le mois de la mise en vente.

Art. 3.

MM.... et Cie remettront en outre à M... vingt-cinq exemplaires de la première édition dudit ouvrage et cinq exemplaires de chacune des éditions suivantes.

Art. 4.

MM... et Cie feront tirer deux mains de passe en sus de chaque rame pour couvrir les défectuosités du tirage, les treizièmes, les exemplaires donnés et ceux employés pour la publicité.

M..... ne percevra aucun droit sur les exemplaires qui proviendront de ces mains de passe.

Art. 5.

M..... se réserve les sommes que pourrait produire la cession du droit de traduire le texte dudit volume en une ou plusieurs langues étrangères.

Art. 6.

MM..... et Cie se réservent exclusivement les sommes que pourrait produire la vente des clichés ou du droit de reproduction des gravures et planches de toute nature contenues dans ledit ouvrage ; ils se réservent en outre le droit d'utiliser comme bon leur semblera lesdites planches et gravures dans leurs autres publications.

Art. 7.

Dans le cas où MM.... et C¹ᵉ refuseraient, dans les trois mois qui suivront l'épuisement d'une édition dudit ouvrage, de procéder à l'impression d'une édition nouvelle, M.... en reprendrait la libre disposition, mais les gravures et planches resteront la propriété de MM... et C¹ᵉ.

Fait double entre les parties et signé à Paris le.... mil huit cent...

Approuvé l'écriture ci-dessus.

Signature de l'auteur.

Approuvé l'écriture ci-dessus.

Signature de l'éditeur.

Comme tout acte bien fait, celui-ci, dans la brièveté de sa teneur, stipule si clairement toutes les obligations et tous les droits de chacun des contractants, qu'il suffit de le traduire en faits pour voir à quoi l'on s'engage de part et d'autre et quel profit acquis ou éventuel on en retirera.

Par l'article 1ᵉʳ, l'auteur cède son droit de propriété littéraire sur l'ouvrage qui fait l'objet de la convention, mais pour celui-là seulement, qui est une rédaction déterminée sur un sujet : mais il reste libre d'écrire cent autres ouvrages sur le même sujet et de les faire publier par d'autres éditeurs. S'il abuse de son droit en faisant paraître des reproductions ressemblant plus ou moins au premier ouvrage, les tribunaux statueront sur la poursuite de l'éditeur.

En France, l'auteur a la propriété de ses œuvres sa vie durant, et lui mort, ses héritiers la conservent pendant cinquante ans encore. Passé ce dernier délai, l'œuvre tombe dans le domaine public, c'est-à-dire que tout le monde a le droit de la reproduire et de la publier.

Par suite de conventions avec la plupart des nations civilisées, les droits des auteurs sont réciproquement protégés, tantôt pour les mêmes périodes, tantôt pour une durée moindre.

Il suit de là que, dans tous les pays où la propriété littéraire des Français est protégée, l'auteur français n'a pas droit de faire éditer le même livre au préjudice du droit exclusif qu'il a concédé à l'éditeur.

Mais si, au lieu de le publier dans la langue où il a été écrit d'abord, l'auteur le traduisait ou le faisait traduire en une autre langue, ce ne serait plus l'ouvrage qu'il a cédé à l'éditeur, et dès lors celui-ci n'aurait pas à réclamer.

On peut voir par tout ce qui précède que cette « propriété littéraire » n'est en réalité que la jouissance exclusive, viagère pour l'auteur, temporaire pour ses héritiers, d'un fonds idéal qui n'a pas de propriétaire; que cette jouissance exclusive elle-même s'éteint avec la vie de l'auteur, plus un demi-siècle après sa mort, et qu'elle devient désormais un bien sans maître, que personne ne peut s'approprier et dont tout le monde a droit de jouir.

Ces réserves sont utiles à rappeler pour fixer les écrivains sur la véritable nature d'un droit qui diffère essentiellement de la propriété mobilière ou immobilière. En effet l'esprit n'est ni un meuble ni un immeuble, quoi qu'en disent certains philosophes ou certains âpres fabricants de produits littéraires.

Le prix de la cession, qui, comme nous l'avons dit plus haut, a son cours comme celui de toute valeur, s'établit ici par un droit de 50 centimes pour le premier tirage, et de 75 pour le second.

Cette différence s'explique parce que, s'il n'y a qu'une édition, les frais de fabrication seront supportés par 3.000 exemplaires, et que quand on aura prélevé d'abord ces frais sur le produit de la vente, le bénéfice s'en trouvera réduit d'autant.

Mais si plusieurs éditions se succèdent, une grande partie de ces frais, la composition, la correction, la publicité, etc., ne sont plus à refaire puisqu'on a gardé les clichés ; les nouvelles éditions ne coûtent plus que le papier, le tirage, le brochage et l'expédition, et le volume est de moins en moins cher. C'est pourquoi l'éditeur peut augmenter alors le droit d'auteur sur chaque volume.

Il n'y a pas de doute qu'en stricte justice le droit d'auteur devrait s'élever à proportion du nombre des tirages successifs : puisque l'éditeur peut déjà, dès le second tirage, les augmenter de leur moitié en sus sans y perdre, il pourrait continuer la progression.

C'est ce qui probablement n'échappe pas à tous les auteurs, et plus d'un sans doute a dû réclamer, sinon obtenir, des stipulations en ce sens pour certains ouvrages exceptionnels ; quiconque entre en affaire avec un éditeur est maître d'agir de même. N'ayant pas à nous occuper ici des cas exceptionnels, nous voulons simplement renseigner le lecteur sur les conditions courantes de la librairie.

Là, il ne faut pas se le dissimuler, il y a, entre les ouvrages innombrables qu'un éditeur est obligé de produire sous peine d'amoindrir son crédit, une moyenne à obtenir entre les ouvrages qui se vendent et ceux qui ne se vendent pas ; ou l'éditeur sera ruiné à brève échéance, ou il faudra que les bons auteurs payent pour les mauvais ; que le bénéfice sur leurs livres dépasse la perte sur ceux des autres. L'éditeur, quoiqu'il augmente un peu leurs honoraires, ne donne pas aux bons auteurs autant qu'il pourrait donner, il impose plus fort les riches pour s'indemniser en partie de ce qu'il perd avec les pauvres.

C'est parfaitement juste. Supposez qu'il agisse autrement, qu'il traite avec un auteur à succès comme s'il ne devait jamais éditer aucun ouvrage sans valeur, ce sera fort bien sur le moment, mais s'il continue quelque temps ce système, il ne lui restera plus de quoi éditer personne, même les auteurs à succès.

Lorsque les droits d'auteur ne sont consentis que sur les exemplaires vendus, le règlement ne peut s'en faire qu'après le temps nécessaire pour en écouler au moins une partie. Des conventions particulières peuvent tempérer cette rigueur, soit en fixant des époques périodiques pour des règlements de compte partiels, soit en convenant que l'auteur touchera ses droits en partie sur le quart ou la moitié des exemplaires imprimés, et pour le surplus, sur les exemplaires vendus.

Mais hors ces cas assez rares, l'usage est de payer l'auteur sur chaque exemplaire *imprimé*. Quand un éditeur n'a pas assez de confiance dans un ouvrage pour l'éditer à cette condition, et comme d'ailleurs on lui offre plus de manuscrits qu'il n'en peut éditer, c'est plus simple et plus sage alors de ne pas éditer du tout.

On a prétendu, sans pouvoir désigner personne, que certains éditeurs, lorsqu'un de leurs livres a du succès, en envoient des clichés à l'étranger, et en font tirer indéfiniment des éditions frauduleuses.

Les risques de ce genre, s'ils existent, doivent être considérés comme quantités négligeables, autrement ce serait à quitter la partie. Et puis, comme nous l'avons déjà dit, on s'en garantit en s'adressant où il faut.

Pour les exemplaires donnés (art 3), et pourvu qu'il ne s'agisse pas de ces ouvrages qui coûtent de 100 à 1.000 francs le volume, quelquefois davantage, les éditeurs sont généralement fort larges.

L'auteur fera bien, quand il demandera quelques exemplaires en plus, de donner les noms des personnes auxquelles il les destine, et d'expliquer les raisons qui lui font désirer de les leur offrir. Les exemplaires attribués à l'auteur le sont pour ses amis, il ne doit pas en trafiquer ; le nombre en est réglé sur la moyenne des relations probables d'un littérateur : quand donc on demande à l'éditeur quelques exemplaires de plus, il faut pouvoir lui montrer qu'il y a intérêt, pour lui aussi, à mettre le livre entre des mains caressantes.

Les *mains de passe* (art. 4) sont des suppléments de papier pour remplacer les feuilles qui ont été gâtées en les imprimant, et qu'il faut imprimer de nouveau ; il s'en gâte ainsi environ 5 0/0 pour un tirage à 500 exemplaires, et 3 0/0 pour un tirage à 3,000. Il n'est rien payé à l'imprimeur pour le travail de cette impression, mais le papier en doit être fourni par l'éditeur. Comme cela fait des exemplaires en plus, l'auteur, sans cette restriction, aurait pu y prétendre des droits : les exemplaires donnés ou employés pour la publicité l'étant dans l'intérêt de l'auteur autant que de l'éditeur, il ne serait pas équitable d'ajouter pour lui des honoraires sur les exemplaires que l'éditeur a distribués gratuitement.

La propriété d'un ouvrage comprend le droit de traduction, qui est ordinairement cédé par l'auteur en même temps que celui de publication, à moins d'une réserve en sens contraire. Dans le premier cas, il est stipulé que les sommes payées par les traducteurs seront partagées par moitié entre l'éditeur et lui. Ce prix est généralement de 200 fr. pour un volume in-12 ou in-8.

Mais lorsqu'il s'agit, comme dans le cas de notre modèle de traité, d'un ouvrage à illustrer édité précédemment sans illustrations, presque toujours le premier éditeur aura stipulé déjà le partage du produit des traductions : à moins que le premier traité ne soit dénoncé, l'auteur ne peut donc pas consentir une seconde fois ce partage.

En même temps que le droit de traduction, l'auteur possède celui de *reproduction*. Pas plus dans un écrit périodique

que dans un livre, nul ne peut reproduire ses œuvres en tout ou en partie. En droit absolu, si réduite qu'elle soit, toute reproduction est illicite, mais comme citer n'est pas plagier, les tribunaux décident si la reproduction incriminée est un plagiat ou une citation licite.

D'ailleurs il ne s'agit ici que de la reproduction dans un recueil périodique, car du moment qu'il a cédé son droit de propriété à un éditeur, l'auteur ne peut pas autoriser un tiers à publier le même ouvrage sous forme de livre. Mais s'il n'a pas cédé en même temps le droit de reproduire son ouvrage dans un recueil périodique, il peut le céder à qui bon lui semble. Il peut aussi, quand l'ouvrage paraît, en interdire la reproduction.

Les traités ne stipulent rien à ce sujet, par la raison que ce droit, qui ne fait pas question, n'est presque jamais cédé. Néanmoins rien ne s'oppose à ce qu'il le soit, et il l'est en effet, comme par exemple pour certains ouvrages religieux ou populaires : là l'éditeur donne une somme fixe, et l'auteur, en lui remettant le manuscrit, lui vend tous ses droits, y compris la traduction et la reproduction.

Lorsque les éditeurs publient un livre illustré, il font faire des *clichés* de gravures en noir ou en couleurs, qui restent après l'impression achevée. Ils peuvent même faire reproduire ces clichés autant de fois qu'ils le jugent à propos. Les uns et les autres sont cédés, avec droit de les reproduire, à des éditeurs de journaux ou de livres, et notamment aux éditeurs étrangers qui publient la traduction de l'ouvrage auquel ces clichés se rapportaient.

A plus forte raison l'éditeur a-t-il le droit d'employer ces clichés à d'autres ouvrages de sa propre maison. C'est ainsi qu'on voit reparaître dans un périodique des gravures tirées d'un livre précédemment publié.

Les traités font mention expresse de ce droit de l'éditeur, non qu'il fasse question, mais pour écarter d'avance les prétentions qu'un auteur aurait pu élever en alléguant que, son ouvrage ayant inspiré les dessinateurs, ses droits d'auteur se sont incorporés aux dessins avec les idées que ces dessins expriment, et l'argent qu'ils rapportent.

Ce n'est certes pas sans grande raison que les éditeurs prennent soin de résoudre par une stipulation formelle la question de savoir si le sentiment, l'idée, la description ou le récit, ne doivent compter pour rien dans l'œuvre d'art qui représente tout cela sous une forme visible. Car il faudrait à plus d'un tribunal, et même à plus d'une cour d'appel toutes les chambres réunies, suer sang et eau pendant de longs jours, pour résoudre, même de travers, cet insondable problème.

Le traité signé, toutes les relations de droit sont réglées entre l'auteur et l'éditeur. C'est proprement le premier acte de l'épopée, glorieuse ou tragique, qui va se continuer par l'impression et s'achever par la mise en vente.

CHAPITRE XVI.

DES ÉPREUVES.

Pour se rendre compte de ce que fait un auteur quand il demande une correction, il suffit de réfléchir à la différence qu'il y a entre l'écriture et la typographie.

Dans une page d'écriture courante, on met autant qu'on veut de lignes, et de mots à chaque ligne; on espace au hasard de la plume; arrivé à la fin d'une ligne, on laisse du blanc ou on coupe les mots sans compter. En typographie, les pages doivent avoir le même nombre de lignes, toutes exactement de même longueur, sauf à la fin des alinéas : dans chacune des lignes prise isolément, il faut espacer également tous les mots; on ne doit pas faire plus de trois ou quatre coupures de lignes par page.

A moins donc que l'auteur ne remplace un mot ou un passage par un texte de longueur égale, la ligne en est allongée ou raccourcie, il faut remanier plus ou moins jusqu'à ce que, en augmentant ou en diminuant l'espacement d'un nombre suffisant de lignes, on arrive à faire place à la correction; enfin, si le nombre de lignes de la page se trouve dépassé, il faut reporter de page en page les lignes en trop jusqu'à ce qu'on tombe juste.

Or, dans une page comme celles du présent livre, il y a en moyenne 1650 lettres ou pièces diverses : espaces, cadratins, cadrats, interlignes, lingots et garnitures. Il faut, quand il s'agit de corriger une page composée en feuille, desserrer la composition, remanier tout et en faire autant pour les pages qui suivent, jusqu'à ce qu'on tombe juste. Tout cela peut représenter une somme respectable d'heures de travail, et par suite, d'argent. Ces modifications sont toujours coûteuses à exécuter, parce qu'elles ne peuvent être faites qu'à l'heure (en conscience), tandis que la composition primitive est le plus souvent donnée aux pièces (à la tâche) et se fait ainsi économiquement.

Nous arrivons maintenant à l'un des travaux les plus importants de l'art d'écrire. La correction des épreuves n'est pas seulement un travail très long, qui demande une attention sévère, qui décide de la pureté du texte et de la forme définitive d'un ouvrage : elle implique encore, outre une connaissance parfaite de la langue, l'observance des usages graphiques et typographiques, et la conciliation des exigences de l'auteur avec les conditions techniques de l'imprimerie.

Il faut ajouter à cela la situation aussi difficile que délicate où se trouve placé l'auteur, entre deux devoirs également impérieux : donner à son ouvrage toute la perfection obligée, et ne pas bouleverser de fond en comble, à force de corrections imprévues, les conditions sur lesquelles l'éditeur et l'imprimeur se sont fondés pour traiter.

Situation d'autant plus difficile que le passage de l'écriture à l'impression peut changer dans une proportion indéfinie l'effet des livres : les bons y gagnent, les mauvais y perdent, parce qu'il règne dans toute page imprimée je ne sais quelle lumière implacable qui fait au même degré briller les qualités et miroiter les défauts. C'est donc affaire de conscience pour l'auteur, ou de renoncer s'il trouve décidément son livre trop défectueux, ou de contenir dans une mesure discrète le nombre de ses corrections.

Mais pour que sa réserve soit complète et efficace dans l'intérêt de tous, il doit faire ses efforts pour corriger aussi exactement que possible l'épreuve *en placard*, qui n'est pas encore mise en pages et où les corrections sont moins longues, moins difficiles, et par conséquent moins chères.

Il faut savoir que l'imprimeur, pour régler son compte avec l'éditeur, commence par relever sur les épreuves, d'une part les corrections faites par l'auteur, et de l'autre, celles qui sont du fait des ouvriers. Or la correction se paye à l'ouvrier 75 centimes l'heure, et si on assistait à ce travail, on serait étonné du peu qui s'y fait en une heure.

Il est enfin, et nous y avons assez insisté pour n'y plus revenir, un devoir et un moyen de rendre les corrections d'auteur aussi rares que possible, c'est de soigner son manuscrit, de ne pas le donner à l'impression sans l'avoir relu et corrigé ainsi que nous l'avons recommandé à propos de la rédaction.

On vient de voir que le décompte des corrections se fait

par un relevé sur les épreuves corrigées ; ce sont pour l'imprimeur des pièces comptables vis-à-vis de l'éditeur aussi bien que des ouvriers : elles sont sa propriété, et l'auteur doit lui retourner l'épreuve portant ses corrections. Mais l'imprimerie lui adresse toujours deux exemplaires de chaque épreuve ; il garde donc la seconde, qui lui est indispensable, comme on verra tout à l'heure. Toute épreuve déjà corrigée par l'auteur, en effet, lui est renvoyée avec celle où ses corrections ont été exécutées, afin qu'en s'y reportant il s'assure que les fautes relevées ont été corrigées.

Lorsque l'ouvrage est édité, c'est par l'éditeur que les épreuves sont ordinairement transmises ; c'est à lui qu'il faut les renvoyer après corrections faites, parce qu'il a le droit de surveiller le travail, d'adresser des observations à l'auteur ; il y a des maisons d'édition où on lit les épreuves afin d'y rechercher les fautes qui auraient pu lui échapper.

En règle générale, il est dû trois épreuves, dont une en placard et deux en feuilles, mais il n'y a pas là d'obligation absolue : la seule pour l'imprimeur est de fournir une feuille correcte. Dans la pratique, les choses se passent très différemment selon les imprimeries.

Pour les travaux en français, plusieurs imprimeurs emploient comme correcteurs des jeunes filles pourvues de leur brevet supérieur et connaissant la typographie par une longue pratique ; elles corrigent parfaitement. Pour les travaux difficiles, scientifiques et en langues étrangères, on a recours à des hommes érudits, souvent pourvus de grades universitaires.

Nous connaissons une imprimerie française chargée de l'exécution de plusieurs périodiques scientifiques pour l'étranger. Ces travaux exigent l'emploi de caractères épigraphiques innombrables, avec un texte courant toujours en langues étrangères. Les délais très courts et la distance ne permettant pas de soumettre plusieurs épreuves, les bons à tirer sont donnés sur la première épreuve ; ces publications, mensuelles pour la plupart, sont néanmoins absolument correctes et, depuis plusieurs années, ont toujours paru à jour fixe.

Nous pouvons citer un auteur qui, pour trois de ses ouvrages, a reçu trois, parfois quatre épreuves, et puis encore, quand tout a été fini, ce qu'on appelle une *revision*, c'est-à-dire toutes les feuilles réunies. Au contraire, avec un autre imprimeur, on n'a pas donné de placard ; on a fourni deux épreuves en feuille pour la première moitié du livre, et rien qu'une pour la seconde moitié, de sorte que 10 feuilles sur 20 ont été tirées sans son bon à tirer. Il est de fait que cette seconde moitié était aussi correcte que la première : seulement, s'il y avait eu quelque faute inacceptable, l'imprimeur s'exposait à ce que l'auteur exigeât la correction et un tirage de cartons pour les 10 dernières feuilles.

Mais quand l'imprimeur agit ainsi, c'est qu'il est sûr de ses corrections, et l'auteur n'a qu'à se féliciter de cette usurpation hardie qui lui épargne du temps et de la peine.

La correction des livres qu'on publie est presque également parfaite dans tous, et cependant, pour un auteur qui corrige avec soin, c'est une rareté de voir relever d'autres fautes que celles qu'il a indiquées. Ceci nous inspire un noir soupçon : il serait bien dans la nature humaine que les correcteurs, quand ils voient qu'ils ont affaire à un auteur consciencieux, se reposent plus ou moins sur son zèle en attendant la dernière épreuve pour « donner », comme la vieille garde.

Quoi qu'il en soit, la règle est que toute épreuve doit être corrigée lorsqu'on l'envoie à l'auteur.

Enfin, même après le bon à tirer, on lit encore, au moment de faire le tirage, une première feuille qui s'appelle une *tierce*, et qu'on corrige si on y découvre des fautes suffisamment sérieuses.

Toutes les épreuves sont adressées en deux exemplaires, ainsi que nous venons de le dire. Avant de renvoyer corrigée celle qui revient à l'imprimeur, l'auteur fera bien d'en reporter les corrections sur le duplicata qu'il conserve ; puis, coupant par colonnes ce duplicata, d'en faire un recueil à feuilleter : la chose est facile, il n'y a qu'à coller les feuillets par leurs marges intérieures. Cette pratique a l'avantage de permettre, en attendant l'épreuve en feuille, de relire une ou deux fois le placard et d'y noter, en les indiquant d'une croix ou d'un rond, les nouvelles fautes qu'on découvrirait. Si l'on fait ensuite quelque changement sur l'épreuve en feuille, on la reportera sur le placard. De plus on établit ainsi un texte tout corrigé pour l'envoyer aux journaux reproducteurs.

On peut d'ailleurs, en les mettant dans un dossier, se dispenser de coller ensemble les placards.

Si l'on a affaire à un imprimeur aimable, et ils le sont tous, on obtiendra facilement trois exemplaires de chaque épreuve au lieu de deux. Cette troisième épreuve est souvent très utile pour opérer certains remaniements, et surtout pour parer aux accidents qui peuvent mettre hors d'usage un premier exemplaire, sinon l'auteur, obligé d'employer le second, n'en aurait plus ; sa collection d'épreuves serait dépareillée.

L'envoi de chaque placard, naturellement, est accompagné de la partie correspondante du manuscrit. Une fois ses corrections faites, l'auteur n'a pas à le renvoyer : il le garde, en ayant soin de le reformer en ordre, car il aura très souvent besoin d'y recourir. En y reproduisant les changements ou corrections d'une certaine importance, on pourra en faire encore un texte à envoyer pour la reproduction.

CHAPITRE XVII

DE LA LECTURE ET DE LA CORRECTION DES ÉPREUVES.

Pour tirer de sa coopération tout l'effet utile qu'il a droit d'en attendre, l'auteur doit être fixé sur les attributions de ceux qui, à l'imprimerie, collaborent avec lui à la correction de son livre.

Tout d'abord il faut remarquer que le mot « correction » comprend deux opérations très distinctes dont la plus essentielle est la lecture, tandis que la correction proprement dite n'est qu'un travail manuel fait sur les indications des correcteurs ou de l'auteur lui-même. C'est avec les correcteurs seuls que celui-ci collabore directement, et ses notes, ses observations, ne vont qu'à eux.

Le véritable office des correcteurs consiste donc à lire les épreuves, puisque la notation en marge des changements à faire n'est qu'un signe conventionnel pour l'ouvrier qui les exécute, et qui s'appelle, non correcteur, mais *corrigeur*.

Ce qui est vrai du correcteur est vrai de l'auteur : pour lui aussi, corriger c'est lire. Mais comme il y a autant de degrés dans la lecture que dans tous les autres travaux de l'esprit, il est bon que les écrivains sachent la mesure de travail qui s'y dépense à l'imprimerie, et qu'ils en fassent autant si ce n'est davantage.

Ce n'est donc pas le correcteur qui exécute les corrections : il ne fait que les marquer en marge comme ferait l'auteur. Celui qui corrige réellement est le corrigeur. Penché sur la galée où elle est posée, il desserre ou détaque la composition selon qu'il s'agit d'un placard ou d'une épreuve en pages, écarte les lettres à la place où est la correction à faire, les prend à l'aide d'une pince, les remplace, les supprime, les transpose ; il fait de même les remaniements de mots ou de lignes, avec le travail qui en résulte pour les espaces et les interlignes. Cet ouvrier, en qui on se représente à tort un correcteur, n'exécute là qu'un travail de typographie, il n'a rien à voir avec le manuscrit : il ne fait autre chose que de décomposer et recomposer en suivant aveuglément les indications notées sur l'épreuve.

En fait, cependant, c'est ce travail-là qui importe à l'auteur ; il est généralement accompli avec une exactitude impeccable ; c'est très rare de voir revenir dans l'épreuve suivante une faute signalée sur la précédente. Si les correcteurs étaient toujours aussi habiles à leur besogne que le corrigeur à la sienne, les pauvres auteurs économiseraient une bonne partie du sang et de l'eau qu'il leur faut suer trop souvent à passer par les « dures épreuves » et les « corrections cruelles » dont ils sont trop souvent accablés.

Souhaitons-nous donc, dans nos rêves de félicité typographique, des corrigeurs qui soient toujours aussi bons, et des correcteurs qui deviennent meilleurs à mesure que le cours des âges poussera l'humanité dans la voie du progrès.

Voici donc ce qui se passe. Le placard, composé et tiré en épreuves, est lu par un des plus jeunes correcteurs, relu, corrigé, tiré de nouveau, et adressé avec la copie à l'auteur.

Au retour du placard, un correcteur plus expérimenté le lit, le donne à corriger, le relit. On met en pages, et on adresse à l'auteur ce qui est l'épreuve « en seconde ».

Cette seconde, revenue à l'imprimerie, est parfois lue, corrigée, relue, par un correcteur encore plus capable, et retournée à l'auteur.

De même pour l'épreuve en bon à tirer, sans compter la lecture *en tierce*, qui se fait, comme nous l'avons rappelé précédemment, au moment de commencer le tirage définitif.

Ainsi, de compte fait, chaque épreuve passe à l'imprimerie par plus de six lectures.

Pour corriger sérieusement une épreuve, il faut employer trois manières de lire dont chacune supplée à l'insuffisance des deux autres.

Voilà qui paraît d'abord extraordinaire, mais sans compter que tout le monde relit souvent plusieurs fois les livres qui lui plaisent, il faut d'abord savoir que, de ces trois manières, deux sont exclusivement spéciales au travail de la correction ; quant à la troisième, c'est tout simplement celle dont nous lisons tous.

Donc il y a d'abord la *lecture typographique*, où l'attention du correcteur s'attache tout particulièrement à la recherche des fautes typographiques. On ne peut pas bien faire plusieurs choses à la fois : or il y en a plus d'une à réaliser dans un ouvrage écrit, et la première est que les mots et les phrases soient exactement présentés, dans un texte ordonné selon les règles de l'art.

Cette préoccupation ne laissant pas à l'esprit la liberté nécessaire pour observer l'effet intellectuel de l'ouvrage, le correcteur passe à une seconde lecture, qui s'appelle en effet la *lecture intellectuelle*, et où, ne s'occupant plus des fautes d'impression, il examine si les mots, les phrases, les idées, sont d'accord avec le dictionnaire, la grammaire, voire même la logique. C'est là qu'il relève les fautes de français, les oublis, les contradictions, les anachronismes, toutes ces bévues enfin, qui échappent aux auteurs: c'est là qu'il peut rendre des services signalés, et comme c'est généralement le plus éprouvé des correcteurs qui prend ce soin, il est rare que le correcteur n'ait pas raison. Le correcteur typographe, s'il est expérimenté, corrige « au doigt et à l'œil », c'est-à-dire en suivant du doigt sur la copie pendant qu'il lit l'impression. Cette seconde lecture se fait, soit avec un lecteur, soit au doigt ; on peut du reste simplifier considérablement cette méthode par la superposition de l'épreuve pliée convenablement sur la copie.

Certains correcteurs habiles à lire au doigt ne font qu'une lecture pour les travaux courants.

Vient enfin la troisième lecture, qu'on peut appeler la

lecture littéraire, qui se fait couramment, avec cette allure moyenne, dégagée, dont un lecteur ordinaire suit les pages d'un livre en s'abandonnant à ses impressions, et qui est comme la répétition générale de ce drame ou, hélas! de cette tragédie qui s'appelle la mise en vente d'un livre. Il peut se dégager de cette troisième lecture des impressions ou des aspects utiles à signaler à l'auteur.

Ainsi s'achève ce qu'il faut appeler « les lectures » de chaque épreuve. Si, après tant de soins, l'auteur se contentait de lire purement et simplement, une seule fois, les épreuves qu'on lui a envoyées, il faut convenir qu'il serait digne de tous maux, car tant de travail a été dans son intérêt. Il lira donc trois fois au moins, et chaque fois à un point de vue différent, les épreuves à corriger; de plus, dans l'intervalle d'une épreuve à l'autre, il relira ses recueils d'épreuves précédentes, pour y découvrir et marquer d'un signe particulier ces fautes insidieuses qui se dérobent jusqu'au dernier moment, et dont il finit par rester toujours quelqu'une d'irréparable.

Ajoutées au nombre de celles de l'imprimerie, les neuf lectures de l'auteur compléteront un total de nombreux contrôles par où aura passé un livre imprimé, et cependant un livre sans une seule faute est un phénomène rarissime.

Lorsqu'on rapproche ce regret de l'étonnement qui nous frappe devant la correction presque impeccable de ces journaux qui se rédigent et s'impriment en quelques heures, on se sent pris de mélancolie et de découragement à voir arriver ses épreuves. Mais il ne faut pas se laisser abattre : il n'y a là qu'une apparence trompeuse. D'abord, si on lisait d'un bout à l'autre un de ces in-folios que forme l'année d'un journal, on y trouverait plus d'une faute, surtout si le journal est d'une époque récente, car depuis ces derniers temps cette correction est bien déchue. Ce qui fait la différence, c'est que les journaux ne sont plus guère que des reproductions de textes imprimés qui se composent presque sans erreur; les trois quarts des matières, feuilletons, annonces, documents, faits divers, remplissages, sont composés à loisir, et les articles du jour sont en grande partie corrigés par leurs auteurs. D'ailleurs il est juste de rendre aux compositeurs spéciaux de ce genre de typographie l'honneur qui leur est dû : chacun reconnaît que « les journalistes », comme on appelle ces ouvriers, sont les premiers virtuoses de la corporation.

Au moment où il s'apprête à lire la première épreuve de son livre, l'auteur doit prendre sa tête dans ses deux mains pour réfléchir aux conditions et aux conséquences du labeur qui commence pour lui. Il a fallu le travail de plusieurs hommes pour seulement mettre l'épreuve en état de lui être soumise, et lui, il est seul, devant un texte épuré sans doute, mais où il lui faut vérifier chaque phrase, chaque mot, chaque lettre, ainsi que les dispositions et les détails typographiques.

Nous montrions tout à l'heure comment et pourquoi c'est pour lui un devoir de mettre à tout le moins autant de soin à son travail qu'en ont mis les correcteurs de l'imprimerie : de là suit que, pour les égaler, il faudrait que son attention fût triple de la leur : c'est pourquoi nous avons conseillé de relire les recueils d'épreuves pendant les intervalles qui en séparent les arrivées.

Cependant quand il se sera ainsi pénétré de ses devoirs, il faudra qu'il s'arme de tout son sang-froid pour résister à l'aspect de la transformation que l'imprimerie a fait subir à son ouvrage.

Nous avons remarqué quelle intensité de lumière et d'évidence l'impression ajoute à la pensée écrite ; c'est surtout à la première épreuve que l'auteur est frappé de cet effet : ce qu'il voit est un autre livre où qualités et défauts, défauts surtout, ressortent en relief sur le fond du discours.

Mais comme l'amour-propre ne perd jamais ses droits, surtout à un pareil moment, l'auteur ne voit que les qualités qui ont grandi, et il ne voit plus les défauts, qui n'ont pas diminué.

A moins donc qu'on ne soit du nombre de ces heureux auteurs qui n'écrivent que pour se féliciter eux-mêmes de leurs ouvrages, on devra se ceindre les reins, non d'un baudrier de triomphateur, mais de la corde d'un pénitent qui va confesser ses fautes avec un ferme propos de les réparer.

Le procédé de correction universellement usité dans l'imprimerie n'a rien de sacramentel ; il est le meilleur, voilà tout : chacun pourrait donc corriger à sa façon pourvu que les corrections fussent clairement indiquées. C'est ainsi que pour les thèses d'étudiants, qui sont généralement le début de nous tous dans l'art difficile de corriger nos sottises imprimées, les corrections se font en numérotant chaque faute et en reportant à la fin de l'épreuve l'indication du changement à faire, précédée du même numéro.

Mais pour qui se mêle du métier d'écrire, il n'est pas permis d'ignorer ce que tout auteur doit savoir, à son grand avantage d'ailleurs, puisque le procédé est aussi simple à apprendre que facile à pratiquer.

On trouve dans tous les ouvrages de typographie des spécimens d'épreuves avec l'explication de la valeur des signes divers des corrections.

On en trouvera un dans l'*Almanach Hachette* de 1894. Bien qu'il y ait dans ce modèle trente-deux indications, on peut ramener à quinze environ les signes indispensables, dont nous donnons ici les figures et les usages.

| Ce signe sert à marquer toute lettre ou ponctuation à corriger. Il se trace perpendiculairement à travers la lettre, dépassant la ligne en haut et en bas jusqu'à la moitié de l'interligne.

──── Lorsqu'il y a plus d'une lettre à corriger, au lieu de trait vertical on trace une ligne horizontale au milieu de la hauteur des lettres à changer ou à supprimer, en prenant garde à ne les dépasser ni en avant ni en arrière, et en faisant le trait assez fin pour qu'il laisse distinguer les lettres ainsi rayées.

⋏ Ce signe, placé dans l'espace blanc qui sépare deux lettres d'un mot ou deux mots entiers, indique qu'il faut intercaler là soit un mot soit une ou plusieurs lettres.

⌒ Pour transposer dans la même ligne deux ou plusieurs

lettres d'un mot, deux ou plusieurs mots d'une phrase, on fait circuler ce trait entre les espaces qui les séparent.

S'il s'agit de mots, le tracé s'allonge en dessus et en dessous à proportion de la longueur des mots à transposer :

S'il y a lieu de transposer des lignes entières, on trace un trait horizontal, à partir de la fin de la première ligne, dans l'interligne qui la sépare de la suivante, et arrivé à la fin de cet espace, on fait tourner le trait sur la marge, on le ramène dans l'interligne suivant, et ainsi de suite tant qu'il y a lieu.

𝟅 Le *deleatur*, légère modification du *d* qui commence son nom, signifie en latin : « qu'il soit effacé ». C'est un des signes les plus usuels, et qui indique toute suppression d'une ou plusieurs lettres, de mots entiers ; s'il s'agit de supprimer des lignes, des passages, il suffit de rayer les lignes, d'encadrer ou de croiser les passages. Pour les mots entiers, les rayer suffit aussi à la rigueur, mais il est plus sûr et plus clair de mettre en marge un 𝟅.

✕ Il arrive assez souvent qu'une lettre, pour avoir été haussée par accident ou surchargée d'encre, dépasse le niveau de la composition et marque beaucoup plus noir que les autres ; par des causes analogues, les espaces et même les cadratins qui séparent les mots, au lieu de rester au-dessous des lettres, se trouvent haussés à leur niveau et laissent leur marque à l'impression. Ce signe, en forme de croix de saint André, indique qu'il faut les renfoncer.

Ⓐ Lorsqu'une lettre est d'un autre caractère que le mot dont elle fait partie, on la reproduit en marge en l'entourant d'un cercle.

⌐ Ce signe, placé dans l'espace entre deux lettres, indique qu'il faut le diminuer.

⊃ Celui-ci, qu'il faut rapprocher deux mots ou deux parties d'un mot, trop écartés.

(⸺) Cette ligne, terminée par deux courbes concentriques, se trace entre deux lignes trop écartées qu'il faut rapprocher.

|⸺| S'agit-il au contraire d'espacer des lignes trop rapprochées, on trace le long de l'interligne qui les sépare un trait horizontal ainsi barré de deux petites traverses verticales.

Lorsqu'il y a lieu d'espacer les mots d'une ligne, ce signe, qui ressemble à un dièze, sert à l'indiquer.

(⸺) Quand, après avoir supprimé un mot, on veut le conserver, il suffit de l'enfermer dans une parenthèse et d'y faire au-dessous une ligne de points.

⸺ Pour indiquer qu'il faut composer un mot en italique, on le souligne et on met en marge : *ital*.

═══ ≡ Deux lignes parallèles sous un mot demandent qu'il soit en petites capitales ; trois lignes, en grandes capitales.

Pour le romain, les majuscules, les capitales classiques, l'égyptienne, l'elzévir, le didot, l'antique, la normande, la latine, le petit-texte, etc., etc., on écrit en toutes lettres, en marge, le nom du caractère demandé.

Maintenant, pour inscrire les corrections, qu'elles soient tracées par des signes placés dans l'intérieur du texte ou seulement signalées par un trait vertical, toutes doivent être figurées sur la marge de droite, à la hauteur précise de la ligne où elles sont. Si cette marge est trop étroite pour les contenir toutes, au lieu de les inscrire en ligne droite, on fait monter ou descendre la ligne sans l'interrompre.

On écrit la première correction après avoir tracé d'abord entre elle et le texte un trait vertical; à droite de la correction ainsi faite, on en met un second; à droite de celui-ci, la troisième correction, puis un trait, et ainsi de suite jusqu'à la fin des corrections de cette ligne.

Dans les transpositions de mots ou de lignes un peu étendues ou compliquées, il est beaucoup plus simple de numéroter les mots isolément ou par groupes, dans l'ordre qu'on veut leur donner, et de tracer à droite et à gauche du numéro un trait aboutissant au commencement du mot ou du groupe; c'est comme une accolade. Ce procédé, très facile et très clair, ne donne lieu à aucun malentendu.

Après une très longue pratique dont nous pouvons nous autoriser, nous avons adopté définitivement l'ordre suivant comme le plus simple, le plus sûr et le moins fatigant, pour lire et corriger les épreuves.

Il faut les lire trois fois. Les lire trois fois de suite, c'est comme si on ne les lisait qu'une : les trois lectures doivent donc être aussi espacées que possible. Or, comme en général on rend les épreuves du jour au lendemain, il convient de les lire au moment où elles arrivent, le soir avant de se coucher, et le lendemain matin.

Une des grandes causes d'inadvertance, c'est le voisinage entre une correction déjà faite et une faute à relever : la correction empêche de voir la faute à côté. Pour éviter cela, nous nous bornons, dans les trois lectures, à mettre simplement un trait léger au crayon sur chaque faute, et rien qu'un gros point, au crayon, à la marge de gauche, pour indiquer qu'il y a une faute à cette ligne.

Ce n'est qu'après la dernière lecture que nous faisons les corrections, à l'encre, sur la marge droite, comme c'est l'usage.

Nous recommandons, les corrections finies, une précaution très utile, et qui ne demande que deux ou trois minutes : c'est de parcourir les marges gauches en vérifiant, en face de chacun des points, si la correction signalée a été bien indiquée. Il est rare que ce dernier coup d'œil ne fasse pas découvrir un ou deux oublis.

La méthode que nous recommandons a pour avantage, d'abord, en espaçant les lectures, de donner à l'attention du répit pour se rafraîchir ; mais ce qui la rend surtout efficace, c'est qu'elle laisse le temps de dormir sur l'épreuve. Or, comme nous l'avons rappelé à propos de la conception des idées, rien, pour les inspirer et les mettre en ordre, n'est fécond et ordonnateur comme le sommeil. Aussi la correction du matin est-elle la plus clairvoyante, surtout pour ce qui concerne les défectuosités des phrases.

Pour le classement de l'exemplaire des épreuves qui

restent à l'auteur, nous rappelons qu'il est bon de coller par colonne les feuillets de placard, de manière à en faire un cahier, et de relier les épreuves en feuilles par un fil continu qu'on passe de l'une à l'autre, en l'arrêtant alternativement en bas et en haut de chaque cahier. On pourrait se contenter de placer les feuilles dans un dossier, mais notre procédé est plus commode pour feuilleter.

C'est à la troisième épreuve que l'auteur, en écrivant sur le coin ou la marge : *Bon à tirer*, ou simplement : *Bon*, suivi de sa signature, donne à l'imprimeur l'autorisation de mettre la feuille sous presse, mais à condition que les corrections y indiquées soient préalablement exécutées. Si donc cette condition n'a pas été observée, et que des fautes se retrouvent après le tirage en bonne feuille, c'est-à-dire définitif, l'auteur sera en droit d'exiger que la feuille fautive soit imprimée en entier ou cartonnée, selon le cas.

Pour remplacer un passage ou des mots sur une impression en feuille, il faut en effet réimprimer quatre pages : un feuillet ne suffirait pas, parce qu'on ne peut brocher ni relier un feuillet à moins d'y mettre un onglet.

L'importance même de son droit suffit pour faire sentir à l'auteur quel soin il doit mettre à cette épreuve décisive, qui est le *ne varietur* du contrat d'impression. De son côté l'imprimeur, qui connaît sa propre responsabilité, doit redoubler de soin et de surveillance, et c'est ainsi qu'on verra le plus souvent manuscrit et tirage marcher sans encombre du faux titre au mot *Fin* et arriver à bon port.

Nous terminerons par une observation qui, pour être toute de conscience, n'en engage pas moins la responsabilité de l'auteur, au regard de cette fraternité de travail dont il doit s'inspirer dans ses relations avec ses collaborateurs.

Rien ne l'oblige à s'occuper du titre courant ni des chiffres de la pagination ; il ne tient qu'à lui de ne pas même les lire, car l'imprimeur seul en est responsable. Mais après ce qui est arrivé pour un de nos ouvrages, nous ne pouvons nous dispenser d'avertir les écrivains que c'est pour eux un devoir de lire et de corriger le titre courant et le numéro de chaque page avec autant de sollicitude que le texte.

Il est donc arrivé que l'imprimeur, pour avoir repris sur une feuille le premier chiffre de la centaine qui précédait, a continué son foliotage avec une erreur de 100 pages en moins, et que, s'en étant aperçu longtemps après, il lui a fallu recomposer, recorriger et tirer à nouveau ces 100 pages ! Il ne nous en a même pas soufflé mot ; rien que l'aveu lui en eût été trop pénible. Ce fut bien des années après, lorsqu'il était mort depuis longtemps, que son successeur nous avoua le désastre, sans même un mot d'amertume.

Depuis ce temps-là nous corrigeons religieusement les titres courants et le foliotage, en pensant à notre vieil imprimeur.

CHAPITRE XVIII

DES COQUILLES.

Quand, après quelques années de pratique, un écrivain se croira devenu un correcteur à peu près impeccable, il ne lui restera plus qu'une chose à apprendre, c'est qu'il est impossible, ou peu s'en faut, d'imprimer un livre qui n'ait pas une seule faute. *Sine mendâ* est un rêve presque irréalisable : même pour les livres généralement reconnus comme tels, on peut toujours répondre que, quand cinq cents correcteurs auraient vérifié et attesté le miracle, rien n'assure qu'un cinq cent-unième n'y découvrira pas une faute restée inaperçue pour les cinq cents autres.

La coquille typographique a positivement quelque chose d'infernal. Nous ne disons pas cela pour celles qu'on découvre et qui se laissent corriger aussi docilement que des écoliers en faute, mais la coquille insidieuse, perfide, hypocrite, qui, tant que le livre n'est pas tiré en bonnes feuilles, se déguise sous l'aspect de l'innocence candide, pour se démasquer aussitôt les feuilles brochées, c'est le surnaturel de l'imprimerie. Il est inconcevable que le spiritisme et autres « ismes » de la psychologie fantastique ne se soient pas encore avisés du gouffre de mystères qui est là tout béant. En attendant leurs révélations sur le contenu de ce gouffre, on en reste réduit à de vains gémissements, et personne n'a encore trouvé l'explication de ce singulier phénomène.

Or, ce qui est non moins inexplicable et singulier, c'est l'éclat éblouissant avec lequel se manifeste la « coquille infernale » aussitôt qu'elle se sait irréparable. Vous ouvrez le livre au hasard : elle vous saute aux yeux ! Cela se voit comme le nez au milieu du visage, et personne ne l'avait vu.

On peut juger, d'après tout ce que nous venons de dire, à quel point le travail de correction agace le système nerveux : au lieu de l'attention ordinaire, il faut là mener de front autant d'attentions spéciales qu'il y a de détails à surveiller dans une impression. Mais si, rien qu'à corriger ses propres ouvrages, l'auteur en rapporte souvent une courbature cérébrale, on peut penser ce qu'il advient de « l'état d'âme » d'un correcteur après quelques années de ce travail. Aussi, bien qu'il se trouve pas mal d'originaux parmi les typographes, ce n'est rien en comparaison des correcteurs. D'ailleurs l'originalité des typographes est gaie, tandis que celle du correcteur est lugubre, à raison de la situation ironique où il vit rencogné.

De là toute une légende d'histoires plus ou moins épiques sur les rivalités et les batailles entre correcteurs et protes, tantôt sur des questions de grammaire transcendante, tantôt sur la place d'un guillemet, voire même d'une simple virgule.

On trouvera dans l'introduction du *Dictionnaire de l'argot des typographes*, de M. Boutmy, une étude très complète et très curieuse sur le caractère et les façons d'être des correcteurs. Il y a d'ailleurs, comme on peut croire, de nombreuses exceptions à ce régime, qui est surtout particulier à quelques ateliers de Paris, car dans toutes les vieilles imprimeries, les correcteurs ne considèrent pas leur métier comme une galère, leur besogne est intelligente, et ils se tiennent à juste titre pour des employés supérieurs; leur autorité est acceptée de tout l'atelier.

Le malheur est que l'auteur même se trouve engagé sans le savoir dans quelques-unes de ces batailles. Pour lui la chose est d'ailleurs fort simple : s'il est bien sûr de son droit, il n'a qu'à maintenir sa correction jusqu'au bon à tirer, et cela fait, refuser la bonne feuille si on n'en tient pas compte.

Le correcteur, il faut lui rendre cette justice, n'épuise pas toute sa vaillance à des luttes sans gloire à propos de guillemets ou de virgules : il rend encore plus de services aux écrivains qu'il ne leur cause d'ennuis. Lorsqu'il croit deviner une erreur ou une méprise de l'auteur, et qu'il ne pense pas pouvoir la corriger d'office, il compose à la renverse le mot ou la phrase à signaler. S'il relève, comme nous l'avons déjà rappelé, une inconséquence ou autre erreur de fond, il la note en marge.

L'habitude de la correction arrive même à donner un coup d'œil si surprenant, que, sans savoir un mot d'algèbre, par exemple, certains typographes reconnaissent une formule fausse rien qu'à son aspect. Mon ami Henri Sainte-Claire Deville m'a raconté l'histoire d'un vieil ouvrier compositeur qui avait ce don précieux.

La coquille, de même que tous les autres maux de cette vallée de larmes, n'est pas sans quelques avantages moraux ou philosophiques. Si elle fait pleurer un instant l'auteur, elle lui laisse une leçon salutaire et, ce qui est bien autrement important pour la pauvre humanité, elle fait rire, non pas seulement les contemporains, mais d'interminables postérités de bibliophiles. Comme service plus sérieux, on peut citer tel ouvrage qu'une coquille célèbre a rendu immortel, ou telle coquille servant désormais à marquer « la meilleure édition » d'un livre recherché.

La coquille a fait plus encore, puisqu'un jour, voulant sans doute s'essayer à la poésie, elle a imprimé un des plus beaux vers de la littérature française. Si banale que soit l'histoire, mais précisément parce que tout le monde la sait par cœur, il faut que je vous la raconte encore une fois.

Vous savez donc que Malherbe, dans ses stances à Du Perrier, avait écrit :

> Et Rosette a vécu ce que vivent les roses,
> L'espace d'un matin.

Le correcteur, trouvant avec raison que ce rapprochement de « Rosette » et « roses » dans le même vers formait un jeu de mots inadmissible de la part d'un poète de cette envergure, lut : « Et rose, elle », et composa :

> Et rose, elle a vécu ce que vivent les roses,
> L'espace d'un matin,

ce qui faisait une si belle fin de stance que Malherbe se garda bien de corriger cette coquille de génie. C'est grand dommage que le nom du compositeur ne nous soit pas parvenu, mais il n'en partage pas moins, avec tant d'illustres inconnus, l'immortalité anonyme.

Quoi qu'il en soit la coquille de Rosette peut être considérée comme la plus célèbre.

Voilà l'histoire : malheureusement on dit qu'elle n'est pas vraie. En attendant qu'on en prouve la fausseté, elle est trop classique pour qu'on la raye de l'histoire littéraire, dont elle reste, jusqu'à nouvel ordre, un des plus beaux ornements.

La plus ancienne, véritable fossile du genre, est celle du *Psautier de Mayence*, imprimé en 1457, par Jean Fust et Pierre Schœffer : *spalmorum* pour *psalmorum*; une simple transposition de lettres. C'était, comme on voit, l'enfance de l'art, mais la typoconchyliographie, si j'ose m'exprimer ainsi, était encore au berceau, comme l'imprimerie, dont elle devait suivre, avec le temps, les merveilleux progrès.

Pour compléter par un trait suprême l'histoire à vol d'oiseau des coquilles célèbres, nous venons offrir à la stupéfaction de nos lecteurs la coquille la plus colossale dont nous ayons connaissance. Nous croyons pouvoir nous flatter qu'elle est inédite, ce qui en vient enfler encore la glorieuse énormité. De plus elle est moderne, puisque l'édition qui lui a donné naissance était la réimpression d'un ouvrage publié au commencement du XVIIIe siècle.

Une vieille famille d'imprimeurs, après de longues années d'exercice, voulant s'élever à elle-même un de ces monuments typographiques qui éternisent pour la postérité le nom et l'honneur d'une maison, résolut d'imprimer un chef-d'œuvre.

Après de longues et solennelles délibérations, on décida de publier un *Télémaque* in-folio, mais un *Télémaque* à éclipser tous les *Télémaques* présents, passés et futurs.

Pendant de longs mois, tout l'atelier y travailla ; chaque épreuve, chaque bonne feuille, chaque tierce, fut lue, relue, corrigée, par tous les correcteurs d'abord, puis par chacun des membres de la famille, qui était nombreuse.

Enfin, après tant de soins, le grand jour arrive ! Le livre, broché en feuilles, est apporté en cérémonie au milieu de l'atelier, où sont rassemblés les ouvriers et la famille. Le vieux maître, ému, la larme à l'œil, saisit d'une main tremblante la feuille de couverture, l'ouvre, et le premier mot qui lui saute aux yeux dans le frontispice, en capitales énormes, c'est :

LÉTÉMAQUE

C'était d'ailleurs la seule faute d'impression du livre.

S'il y a quelque chose au monde qui puisse nous réconforter contre l'amertume de la coquille infernale, c'est cet exemple-là, et nous sommes heureux d'en offrir la consolation à nos lecteurs, après les émotions inquiétantes dont il nous a fallu faire palpiter leurs cœurs. Mais c'était, comme on a pu voir, dans leur intérêt.

Le *Dictionnaire de l'argot des typographes*, déjà cité, contient un recueil de coquilles qui est certainement destiné à devenir pour les races futures un document précieux sur « Le Mouvement Conchiliotypographique à la fin du XIX° siècle. »

Sous les titres de *Coquilles célèbres ou curieuses* et d'*Aneries*, l'auteur a recueilli en deux longs chapitres une collection qui vaut bien des musées moins utiles et surtout moins réjouissants. Les philosophes sont bien coupables d'avoir laissé aux pîtres et aux clowns l'exploitation de cette bêtise humaine qui devrait être le premier fondement d'une psychologie sérieuse.

Nous pouvons d'ailleurs rappeler que, surtout pour les livres de fonds, le clichage offre un moyen de corriger sans retour possible toutes les fautes qui se découvrent après de précédentes éditions, puisque la composition, après avoir été moulée, est refondue d'une seule pièce, et que pour corriger, on enlève le morceau où est la faute pour le remplacer par un autre portant pour toujours la correction. Ce travail, qui peut se renouveler indéfiniment, permet d'arriver en fin de compte à une correction absolue.

Le tirage en bonnes feuilles achève la partie intellectuelle du travail typographique, et désormais l'auteur n'a aucune participation à fournir, sauf parfois pour le choix de la couverture. On sèche, on plie, on satine, on broche, et les exemplaires sont envoyés chez l'éditeur, où vont s'exécuter les multiples opérations de la mise en vente.

Ces opérations, nous n'avons pas y revenir : le lecteur n'a qu'à se reporter au chapitre XIV, où nous en avons expliqué tous les détails. Le livre est achevé et la destinée s'ouvre devant lui.

CHAPITRE XIX.

L'IMPRESSION DU LIVRE.

L'imprimerie, avec l'ordonnance superbe de l'écriture, a des propriétés géométriques de proportion, d'égalité, de continuité, d'équilibre entre les parties, qui en font à la fois un instrument de précision pour exprimer ou concevoir la pensée, et une œuvre d'art, car elle est belle.

Ce n'est pas ici le lieu de nous abandonner aux effusions qui débordent d'une âme bien conformée à la seule idée de ces beautés, beautés d'ailleurs inconnues du *servum pecus* des lecteurs. La critique soi-disant d'art ne s'est jamais avisée qu'il y a là toute une esthétique à découvrir, cent fois plus positive que les chinoiseries dont elle nous rebat les oreilles sous prétexte de peinture ou de musique.

Sans insister davantage sur un sujet où nous n'espérerions pas trouver beaucoup de lecteurs enthousiastes, nous nous contenterons d'affirmer qu'il y a une analogie incontestable entre la typographie et l'architecture, et nous nous réservons de revenir sur cette proposition lorsque nous aurons à nous occuper de la composition typographique du titre.

En attendant, et faute de critiques pour nous enseigner les règles de l'admiration, nous admirons un livre à l'égal d'un tableau ou d'un monument. Si nous le trouvons beau, c'est qu'il suscite en nous la surprise et le plaisir : ce n'est pas autrement que l'art, sous d'autres formes, nous surprend et nous enchante.

Depuis des siècles que l'imprimerie nous verse ses torrents de lumière, il est singulier que les hommes n'aient vu dans cet art que sa puissance d'expansion. Éblouis de cette merveille, ils ne se sont pas rendu compte de ce que l'esprit humain a gagné en étendue et en profondeur par l'usage même de ce moyen nouveau et par les ressources inespérées qu'il ouvre à l'art d'écrire.

A ces beautés d'art et de raison que nous décrivions tout à l'heure, et qui sont surtout comme des insignes et des parures pour embellir la pensée, l'imprimerie ajoute une propriété peut-être plus importante à elle seule que toutes les autres : c'est la possibilité de corriger indéfiniment.

Sans qu'il soit besoin de se perdre en méditations sur ce qu'auraient été les ouvrages de l'esprit à défaut de cette ressource, il suffit de se dire que, sans aucun doute, si les auteurs n'avaient eu d'autre moyen de correction que de faire recommencer la page d'impression à chaque changement ou correction, ils n'auraient fait ni changements ni corrections. Avec cette facilité, au contraire, l'impression est aussi libre, aussi souple, que si l'auteur écrivait de sa main ; celui-ci n'hésite pas à changer tous ces mots, tous ces passages, qu'on ne juge réellement pas tant qu'ils ne sont qu'écrits, et dont les défauts sautent aux yeux aussitôt qu'on les voit passer en désordre au travers des rangs corrects de la ligne typographique.

La possibilité de corriger, voilà l'essence même de l'imprimerie : sans cela, avec des plaques de métal moulées sur des planches gravées en creux, on aurait pu multiplier les exemplaires comme nous le faisons aujourd'hui avec nos clichés.

On s'est épuisé à vouloir décider quel est le véritable inventeur de l'imprimerie. Si on entend par là l'imprimerie telle que nous la voyons fonctionner, il faut dire qu'elle a été inventée quatre fois : par Gutenberg, avec les caractères mobiles ; par Faust, avec le poinçon et la matrice ; par Didot, avec la stéréotypie ; par Kœnig et Bauer, avec la presse mécanique. Mais si l'on demande qui a mis entre les mains de chacun des hommes le moyen de communiquer sa pensée à l'humanité entière, c'est Gutenberg. Toute l'imprimerie est en puissance dans les caractères mobiles.

Qu'on veuille bien le croire, à exprimer ici des sentiments qui se rapportent plutôt à l'idéal de l'imprimerie qu'à la pratique de ce grand art, nous ne nous sommes pas seulement laissé aller au plaisir de rendre grâce aux bienfaits dont tout écrivain, tout lecteur, lui est redevable : nous avons pensé qu'il serait profitable, surtout aux jeunes auteurs, d'en faire voir l'utilité. Qui veut aimer son métier doit aimer ses outils, et c'est ce que nous avons essayé de faire voir au commencement de cet ouvrage : mais il faut aimer encore plus ses aides et ses compagnons de travail, et le meilleur moyen de les aimer est de se rendre compte de ce qu'on doit à leur collaboration.

Si le nombre des imprimeries n'était pas aussi considérable, nous aurions pu reprendre ici, au sujet de cette noble industrie, qui est une des gloires de la France, l'état de situation que nous avons indiqué pour l'édition : mais le grand nombre des établissements et des détails aurait exigé des développements excessifs. Nous ne pouvons donc que renvoyer aux rapports des jurys, publiés à la suite des expositions universelles, et où l'on trouvera tous les documents désirables. D'ailleurs l'importance relative des divers imprimeurs se rattache de moins près aux intérêts d'un auteur que celle d'une maison de librairie : qu'il soit imprimé avec une machine à vapeur dans un atelier de deux mille ouvriers ou par un patron et sa famille, avec une presse à bras, le livre est imprimé, et il peut l'être aussi bien, sinon mieux.

Nous n'oublierons jamais la vieille imprimerie de Fontenay-le-Comte, où, dans une maison datant de plusieurs siècles, le vieux maître Pierre Robuchon imprima nos premiers ouvrages. Aidé de sa femme et de sa fille, et d'un ouvrier qui travaillait pour lui depuis plus de trente ans, il composait, corrigeait, et d'un vigoureux coup de barre imprimait feuille à feuille. Car il ne possédait pour toute installation que la vénérable presse à bras. Les livres sont là : ce sont des chefs-d'œuvre d'impression.

Quand je pense que, dans mon horrible candeur d'auteur

novice, je lui demandai d'imprimer deux de mes volumes sans une seule coupure de mots d'une page à l'autre, et qu'il le fît, sauf une qui échappa, et par ma faute! Je revis, bien des années après, Auguste Baud, son gendre et digne successeur, et celui-ci m'avoua, en souriant, qu'il avait plus d'une fois été obligé de remonter à trois ou à quatre pages, c'est-à-dire de bouleverser la composition de trois ou quatre pages, pour faire disparaître une coupure! L'exiguïté de ses ateliers ne l'empêchait pas de produire des œuvres typographiques de premier ordre : à une de nos expositions universelles, il obtint une médaille pour *Les Monnaies du Poitou*, de Poey-Davant, un des plus beaux livres qu'on ait imprimés sur la numismatique, et où toutes les difficultés d'une composition hérissée de signes spéciaux sont résolues sans une seule faute.

Ce n'est pas un des moindres plaisirs de l'art d'écrire que de sentir comme on s'attache peu à peu à ces compagnons qui, par leur travail, donnent un corps à notre pensée. La plupart nous restent inconnus, mais cette idée, loin de troubler l'affection, nous la laisse purement humaine, dégagée des ressentiments sévères où peut-être, à voir de trop près les misères de ces inconnus, notre cœur se refroidirait.

C'est entendu, et ils vous le diront eux-mêmes sans se croire déshonorés pour cela, les ouvriers typographes sont couverts de défauts horribles : mauvaise tête, amour-propre, paresse, penchant déplorable à la flânerie et, ce qui est plus grave, mœurs plus que légères ; avec cela, une indépendance, à l'égard des chefs, qui frise l'oppression.

Si nous étions en contact direct avec eux, nous ne penserions qu'à leurs torts : ne connaissant que leur travail, et leur rôle dans notre vie, nous ne pensons plus qu'aux services rendus : pour ce qui est de leurs défauts, nous nous demandons si nous n'en avons pas nous-mêmes d'aussi nombreux et, en tout cas, moins excusables, parce que pour nous la vie est plus facile et le travail moins dur.

La vérité est que le personnel typographique est très sympathique, très intéressant, et qu'avec des défauts comme il nous en vient à tous de notre condition en ce monde, ces ouvriers supérieurs ont leurs vertus, vertus parfois brutales ou gouailleuses, mais qui en valent de plus gourmées : la gaîté, la probité, la franchise, et par-dessus tout une charité sans mesure pour quiconque, camarade ou inconnu, leur tend la main. Et puis, leur travail, c'est le plus beau de tous, et ils le font en perfection.

Alors, à mesure qu'on a vieilli à griffonner ces vaines feuilles de papier qui sans eux s'envoleraient aux vents, on se sent pris, comme les officiers de marine, d'une tendresse infinie pour ces diables de matelots!

Au milieu de cette furie de haine et de discorde qui déchire en ce temps-ci la race humaine, que c'est bon de trouver un petit coin où les heureux de ce monde et ceux qui poursuivent le bonheur peuvent encore se serrer la main sans méfiance et sans amertume!

A partir du moment où le traité a été signé, l'éditeur prend ses dispositions pour faire imprimer l'ouvrage.

La première chose à faire, c'est de déterminer le choix du format, de la justification, du caractère et du papier.

Dans les ouvrages courants et, à plus forte raison, dans ceux qui doivent faire partie d'une collection, l'auteur n'a pas voix délibérative sur ces détails, mais en général on lui soumet un spécimen de page pour le cas où il pourrait avoir quelque observation à faire. Au contraire, lorsque le livre, par son sujet ou dans les intentions de l'auteur, doit être présenté dans des conditions particulières, les questions de format, de caractère, de papier, sont décidées d'un commun accord.

Pour le papier, d'abord, qui est tantôt ferme, tantôt souple, tantôt épais, tantôt mince, avec diverses combinaisons de ces qualités, celui qui convient pour tel format ne convient pas pour tel autre.

Un livre de grand format exige un papier épais et ferme, avec lequel il serait impossible d'imprimer un in-32; et réciproquement, si l'on employait un papier mince et glacé pour un in-quarto, on ne pourrait feuilleter le livre sans déchirer les pages. Pour certains ouvrages destinés à être annotés, il faut choisir un papier collé : c'est un détail à ne pas oublier. La question du glaçage est aussi à considérer, parce qu'elle se lie souvent aux nécessités de la vente, pour donner meilleur air à des papiers de qualité médiocre.

Il faut avoir une idée sur tout cela pour en raisonner en connaissance de cause avec l'éditeur. Si l'on veut de beau papier, il faut savoir ce que c'est qu'un vélin, un vergé, un chine, un japon, un indien.

Ce n'est pas du tout la même chose, quel que soit le sujet d'un ouvrage, de le publier dans tel ou tel format. Sans parler de l'in-folio, qui ne s'applique de nos jours qu'à des ouvrages accompagnés de planches, l'in-quarto convient à des livres scientifiques, il en déploie avantageusement la dignité ; mais il noiera dans sa vaste étendue une de ces œuvres légères dont il faut souvent tourner les pages pour rafraîchir, comme d'un éventail, l'attention distraite du lecteur. En dehors de ses nécessités scientifiques, c'est un format disproportionné et disgracieux. Un in-8 plus ou moins grand en offre tous les avantages sans en avoir les inconvénients.

Les proportions esthétiques pour un livre sont 2×3, c'est-à-dire largeur égale aux deux tiers de la hauteur. (Protat.)

Les formats moyens, in-12, in-16, in-18, et c'est là leur grand mérite, s'ajustent à tous les genres, parce qu'ils sont légers, faciles à feuilleter, et que la justification en est assez abondante pour qu'on n'y ait pas à tourner la page trop souvent.

Enfin, avec l'in-32 et autres formats minuscules, il tombe sous le sens qu'un auteur ne doit pas prétendre faire lire un traité de philosophie ou un roman de longue haleine.

Tous ces formats ont des proportions en longueur et en largeur qui dépendent des dimensions du papier, et par le fait de ces proportions, la plupart, sauf l'in-quarto, présentent des pages plus longues que larges. Les justifications étroites des elzévirs, des aldes, et de quelques livres du XVIIe siècle ou de notre époque actuelle, ont une sveltesse qui donne un aspect élégant à la page, surtout quand le caractère est fin et léger et qu'il y a de belles marges, mais cette brièveté des lignes, en obligeant les yeux à un continuel va-et-vient, fatigue le regard et dissipe l'attention.

Que si, au contraire, les lignes de l'in-16, sans être plus nombreuses, ont un peu plus de longueur, de manière à donner une réduction d'in-quarto, la lecture est plus posée, l'attention se soutient mieux, la suite des idées se trace couramment, et, ce qui n'est pas un moindre avantage, le volume s'ouvre et reste ouvert. Le présent ouvrage est imprimé dans ce format. Nous ne pouvons donc que conseiller, pour l'avoir employé nous-même à la satisfaction de plusieurs bibliophiles de nos amis, ce format, dont les Allemands se servent depuis très longtemps pour des collections d'ouvrages classiques, scientifiques ou littéraires.

La justification, qui est la longueur de la ligne, donne la proportion des lettres par ligne et des lignes par page, d'où une latitude presque indéfinie pour varier l'aspect, et par suite, l'effet des formats, soit en les accordant avec la mesure du papier, soit en les y opposant par des contrastes souvent heureux dont on pourra comparer les avantages ou les inconvénients en feuilletant des livres.

Dans un autre sens, la justification est l'opération par laquelle on justifie, c'est-à-dire remplit la ligne avec des lettres ou des espaces.

Dans une page, la surface imprimée peut varier à l'infini, mais il y a une règle fixe pour l'établissement des marges, qui doivent toujours conserver entre elles certaines proportions ; cette règle, très peu d'imprimeurs et d'éditeurs la connaissent ou s'y astreignent.

Voici la règle : on fait un spécimen imprimé d'une page pleine ; on tire une diagonale d'un coin à l'autre du texte, puis, dans le même sens, une seconde diagonale d'un coin à l'autre du papier : si ces deux diagonales ne sont pas parallèles, les marges ne sont pas en proportion avec le texte.

Ces proportions des marges ont pour but de faciliter la reliure, qui doit toujours être prévue.

Ces observations, comme on a pu voir, ont une portée intellectuelle autant qu'esthétique ; la preuve, c'est le soin qu'on prend d'en tenir compte quand on édite un ouvrage, si modeste qu'en soit le sujet ; c'est encore le goût du public, répondant souvent par un succès aux bonnes inspirations qui ont dirigé l'éditeur et l'imprimeur.

Mais si le papier et le format ont tant d'importance pour l'aspect général d'un livre, que n'y aurait-il pas à dire à propos du caractère dont on s'est servi pour l'imprimer ! Ici l'esprit du lecteur entre en contact direct, continu, avec ce texte que pendant de longues lectures il ne quittera pas des yeux, et dont chaque lettre selon sa forme, chaque mot selon son arrangement dans la ligne, lui donnera un plaisir ou une peine ; plaisirs et peines microscopiques, sans doute, mais qui, répétés jusqu'à des millions de fois, finiront par peser sur son jugement.

Les types réellement purs de style et bien gravés sont très rares. Parmi les nombreuses séries d'elzévirs qu'on trouve chez les fondeurs, à peine en peut-on rencontrer deux ou trois qui réunissent ces deux qualités ; on pourrait en dire autant des séries de types Didot ; chaque fondeur a la sienne avec des variantes plus ou moins heureuses.

Dans un même ouvrage, tous les types employés doivent appartenir à la même série : l'unité de l'œuvre l'exige ; que de livres pourtant qui présentent des dérogations à cette règle !

Au sujet de la grosseur des caractères, et du nombre de lettres à la ligne, ainsi que de la force de l'interligne, il y a des règles qui ont pour but de réduire au minimum la fatigue du lecteur.

Considérez, depuis la gothique, la ronde, la civilité, les types si divers de nos caractères modernes ; comparez avec les nôtres ceux des nations étrangères : ne voyez-vous pas quelles énormes différences les distinguent, et combien les uns semblent aiguisés pour blesser les yeux, tandis que d'autres les caressent ? Il y a en effet des dispositions de lignes, de formes, de proportions, de lumière, de régularité, dont chacune a son action propre, qui, mille fois perçue par le regard, y produit des impressions favorables ou pénibles. Ce que l'expérience fait voir, la science en a constaté la nature, les causes, les suites, et sans insister davantage sur une question où nous n'avons pas qualité pour dogmatiser, nous ne pouvons que renvoyer aux travaux des savants qui ont traité ce sujet. Ce qu'on peut dire, c'est que le problème est de laisser le plus de blanc possible, tout en donnant aux pleins et aux déliés des lettres la grosseur indispensable pour qu'on puisse les lire facilement même avec une vue médiocre. Le nombre des lettres ne doit pas être excessif : une ligne ne devrait pas avoir plus de 60 à 70 lettres.

En ce qui touche l'esthétique typographique, nous n'avons qu'à nommer les bibliophiles pour faire voir comment la perfection de l'art a pu, par la seule puissance de sa beauté, créer toute une classe, l'une des plus aimables et des plus heureuses de cette pauvre terre, d'hommes uniquement occupés à aimer les livres bien imprimés.

Les conditions de l'impression étant réglées, il reste, avant de commencer la composition, à mesurer la quantité du travail à faire, le temps qu'il y faudra ; à préparer le papier et autres fournitures pour les épreuves et le tirage ; à calculer le nombre et l'assortiment de lettres nécessaires aux compositeurs. Bien que ces détails se rapportent plus directement à la responsabilité typographique de l'imprimeur et à l'établissement de sa comptabilité, les auteurs n'y en sont pas moins intéressés, puisque pour eux aussi il y a là un élément d'appréciation sur la valeur de leurs ouvrages.

L'imprimeur commence donc par lire le manuscrit, qui doit contenir la table des matières, le titre, les divisions, les pièces liminaires, les notes ou documents, à leur place ; enfin tout ce qui doit être imprimé, dans l'ordre où il doit l'être ; le tout écrit sur le recto seul des feuillets, avec un numéro de pagination sur chaque feuillet, et chaque page contenant autant que possible un même nombre de lignes égales.

Cette dernière condition, plus souvent désirée qu'obtenue, a pour effet de rendre plus précise l'évaluation du nombre des lettres contenues dans le manuscrit : c'est d'après ce nombre que l'imprimeur saura celui des feuilles de l'ouvrage, puisque le prix à lui payer pour le tirage se règle par feuilles.

Voici comment on procède pour obtenir l'évaluation du manuscrit : on prend 20 lignes au hasard dans 20 pages différentes ; on compte le nombre de lettres de chacune prise à part, en y ajoutant, comme si chacun était une lettre, les intervalles qui séparent les mots. On additionne alors les nombres obtenus, on divise le total par 20, ce qui donne la moyenne de lettres par page, et en multipliant cette moyenne par le nombre de feuillets, on obtient le total des lettres de l'ouvrage.

Cette opération, la seule d'ailleurs qui soit praticable, ne donne pas toujours des résultats exacts, parce que l'écartement des lettres et des mots varie énormément avec les écritures des auteurs. Nous pouvons citer le fait d'un de nos manuscrits qui, refusé d'abord par l'éditeur comme trop court pour suffire à un volume, puis évalué de nouveau, a parfaitement fourni 334 pages in-12 du caractère et de la justification en usage pour ce format.

Si tout le monde écrivait de même, il n'y aurait jamais de mécomptes : mais comme, au demeurant, l'erreur provient toujours du fait de l'auteur, il faut autant que possible écrire ses pages de la même grandeur, et quand on intercale des morceaux, découper de façon à ne pas trop disproportionner les feuillets.

Quand ces soins faciles n'auraient d'autre utilité que de rendre le travail plus sûr à l'imprimeur, c'en serait assez pour s'y appliquer, mais l'exemple que nous venons de citer fait voir qu'il peut y aller, à présenter des manuscrits mal proportionnés, de l'édition d'un livre. Au reste, sans prétendre insérer de la morale dans une question de manuscrit, nous ne pouvons nous empêcher de rappeler combien l'ordre et la correction, même dans les détails matériels du métier d'écrire, peuvent être utiles à un écrivain.

L'évaluation faite, l'imprimeur soumet à l'éditeur un spécimen d'une page du texte, dresse son devis, fait préparer les fournitures et donne le manuscrit au metteur en pages.

Le travail d'une impression met en mouvement tout un personnel où les rôles, selon qu'ils sont individuels ou collectifs, amènent l'auteur à des relations plus ou moins directes avec ces collaborateurs dont, la plupart du temps, il ne sait même pas le nom. Sans parler du charme piquant de cette partie jouée, les yeux bandés, avec des inconnus qui peuvent avoir une influence sérieuse sur la destinée de son nom, l'auteur, qui a aussi sa responsabilité dans la condition matérielle du livre, a tout avantage à savoir, pour chacun des détails de la composition et de la correction, à qui il a affaire.

Il doit donc se rendre compte des attributions de chacun, et cette connaissance lui servira pour le diriger dans ses corrections. Elle lui apprendra surtout à distinguer ce qui est possible de ce qui ne l'est pas, à ne pas s'obstiner à des corrections inutiles ou inexécutables, et d'une manière générale, à ne pas abuser des corrections, parce que bien souvent, par les remaniements qu'elle entraine, une correction indiscrète amène une faute.

Le metteur en pages est, pour l'auteur, le plus direct, le plus influent, et quand il sait bien son métier, le plus utile de ses collaborateurs. Après celui qui a écrit l'ouvrage, c'est lui qui fait « le livre » : l'auteur crée l'âme, le metteur en pages fait le corps, et pas plus pour un livre que pour un homme, cette « guenille » n'est à dédaigner.

Devant le nombre indéfini d'opérations et d'ouvriers que comporte la fabrication d'un livre, on a compris qu'il serait impossible d'administrer une imprimerie un peu considérable s'il fallait conduire et surveiller directement le travail d'exécution de chacun des ouvrages en cours de composition. On a donc fait de la mise en pages une entreprise et une responsabilité personnelles pour un seul homme, auquel on a donné, mais seulement pour tel ou tel livre, pouvoir de diriger, surveiller, et au besoin refaire lui-même, tout ce qui doit être fait.

Ce n'est donc pas seulement à mettre en pages que consistent les attributions de l'entrepreneur responsable : il lit premièrement le manuscrit, en vérifie la pagination, y rectifie les confusions matérielles, les inadvertances, y remarque même, pour les signaler à l'auteur, les erreurs qui sautent aux yeux.

Cette lecture achevée, il distribue la copie entre un certain nombre d'ouvriers chargés chacun de composer un paquet de lignes ; il surveille leur travail, en contrôle le salaire, et concilie leurs intérêts avec ceux de l'établissement qui les occupe.

Pour établir la mise en pages, il fixe et vérifie la justification, détermine le caractère et la place des titres, sommaires, notes, tables, parties liminaires ; les blancs à distribuer, les filets, vignettes, fleurons, à intercaler ; dans les ouvrages illustrés, le placement des gravures. Enfin, tant que dure la composition, il surveille et dirige la correction des épreuves depuis le placard jusqu'au tirage en bonne feuille.

On le voit, c'est toute la typographie à savoir. Aussi, pour cet emploi, car ce n'est qu'un emploi affecté à un seul ouvrage, faut-il trouver des hommes de première valeur, sachant tout, en état de tout faire, doués d'un goût sûr ; qui joignent à ces mérites la fermeté et le tact nécessaires pour se faire obéir des ouvriers mis sous leur direction, et dont les fautes ou les maladresses retomberaient sur lui.

Le prote, qui est le directeur attitré de tous les services d'une imprimerie, n'en exerce spécialement aucune, et bien que ses attributions soient beaucoup plus importantes pour l'ensemble de l'établissement, ses rapports avec les auteurs ne sont pas aussi directs et intéressants. Le prote, quoi qu'en dise l'Académie, ne lit ni ne corrige les épreuves.

CHAPITRE XX

LA COMPOSITION TYPOGRAPHIQUE

La composition typographique est un travail dont on ne peut avoir une idée complète que si on l'a vu exécuter. Sans pouvoir en donner ici tous les détails, nous devons rappeler du moins ceux qui se rapportent particulièrement aux épreuves, et dont la connaissance est indispensable aux auteurs pour collaborer pertinemment à la correction.

Composer, c'est prendre lettre à lettre chacun des mots d'un texte, et les aligner, en les séparant par un espace en blanc, dans l'ordre où ils sont écrits, en y intercalant tous les signes de ponctuation ou d'autre valeur marqués par l'auteur.

Pour espacer les mots, le compositeur insère entre eux des obstacles qui les empêchent de se rapprocher : les *cadrats*, les *cadratins* et les *espaces* servent à cet usage ; les *interlignes* séparent les lignes.

Toutes les lettres, tous les signes, sont isolés, et distribués dans deux caisses en autant de compartiments qu'il y a de lettres et de signes différents, et qui contiennent aussi, rangés par sortes, les espaces et interlignes nécessaires.

Ces deux caisses, jointes à se toucher, sont placées sur une table à hauteur de poitrine, inclinée en avant : le tout réuni s'appelle la *casse*.

La moitié supérieure, *haut de casse*, contenant les majuscules et les lettres d'un usage restreint, est divisée en compartiments égaux ; la partie inférieure, *bas de casse*, a des compartiments inégaux, parce que la proportion de chaque lettre dans les mots d'une langue est très inégale. Dans un texte français, par exemple, l'*e* muet se rencontrera 1100 fois en moyenne, tandis que le *k*, le *z*, l'*y*, ne seront employés que 150 fois.

Debout en face de la table, le compositeur a devant lui la *copie*, c'est-à-dire un feuillet du manuscrit. Il tient de la main gauche, à peu près comme le joueur de dominos tient ses dés, son composteur, plaque de métal rectangulaire, bordée en coin sur deux côtés et libre sur les deux autres ; de la main droite, prenant les caractères un à un, il les range dans le composteur debout sur leur pied, l'œil, c'est-à-dire la partie gravée, en l'air.

Quand il a rempli la longueur du composteur, il compose une seconde ligne, et recommence jusqu'à ce que la largeur de l'instrument soit occupée, et alors il va déposer les lignes sur un *marbre*, plateau de fonte. Quand il a produit assez pour en faire une *galée*, espèce de plaque formée de tous ces caractères assemblés, il l'entoure et la serre d'une ficelle, et grâce au dressage parfait des caractères, tout cela se tient comme si c'était d'un seul morceau.

Vue en cet état, la composition présente à sa surface toutes les lettres et tous les signes ; c'est sur cette surface que l'encre sera déposée par le rouleau, et que, par la pression, elle décalquera sur le papier la figure de chaque lettre. Quant aux espaces et interlignes, comme elles ne sont là que pour faire du blanc, moins hautes que les lettres, elles n'arrivent pas au même niveau, l'encre ne s'y attache pas, et quand on imprime, elles ne touchent pas le papier.

Enfin, comme le tirage ne peut fournir qu'un décalque analogue au reflet d'un miroir, les lettres sont renversées, autrement elles le seraient sur le papier : c'est là comme dans les cachets, qui donneraient une empreinte à l'envers si on les gravait droit. Les caractères d'imprimerie sont autant de petits cachets.

On le voit, une composition typographique est une espèce de mosaïque où l'on peut tout déplacer, supprimer, intervertir, remanier, mais en desserrant à chaque fois le lien ou le cadre qui la tient compacte, et en y maintenant toujours les proportions de la page et les distances de lignes ou de mots.

Or si l'espace entre les lignes peut rester invariable, il n'est pas possible, vu l'inégalité de longueur des mots, de les espacer dans toutes les lignes également. On a pris du moins pour règle que dans chaque ligne prise isolément, tous les mots doivent être également espacés. Ceci est déjà très difficile en composant, mais devient parfois un vrai casse-tête lorsque, par suite d'une correction, il y a nécessité de remanier une ou plusieurs lignes.

Cette règle d'espacement égal dans chaque ligne prise à

part donne lieu à deux effets fâcheux. L'un, c'est de former des colonnes plus ou moins longues de monosyllabes le long du côté droit d'un alinéa, pendant plusieurs lignes de suite; l'autre, c'est de tracer dans la page des sillons de blanc, quelquefois bifurqués, qu'en langage du métier on appelle « crevasses », et qui se prolongeant de ligne en ligne, font un effet non moins désagréable.

Avec d'imperceptibles tricheries sur l'espacement, en remontant ou descendant un ou deux mots d'une ligne à l'autre, il est possible de remédier à ces défectuosités, car elles sont rares dans la plupart des impressions, et on n'en rencontre jamais une seule dans les livres composés avec soin.

Tout n'est pas fini lorsque la composition d'une feuille a été achevée. A moins qu'un ouvrage n'ait été écrit d'une seule traite, comme un discours, un document, il s'y trouve des divisions plus ou moins fréquentes. Or il n'est pas admis qu'un chapitre finisse par un nombre quelconque de lignes au haut de la dernière page où il s'achève. Soit que le reste de la page doive rester en blanc, comme quand on imprime « en page », soit que le chapitre suivant doive commencer tout de suite après le précédent, il faut qu'il y ait au moins trois lignes en haut de la page où finit le texte. Si donc, après avoir rempli un certain nombre de pages, il ne reste plus qu'une ou deux lignes, il faut diminuer ou allonger le chapitre, et à cet effet on demande à l'auteur de faire cette modification. C'est ce qui s'appelle « tomber en fin de chapitre ».

Le placement des gravures dans les livres illustrés amène

aussi cette nécessité, et c'est encore à l'auteur d'y pourvoir : on lui demande de la copie ou des réductions de copie, et si le compositeur est ainsi obligé à des remaniements fastidieux, l'auteur a une tâche plus fastidieuse encore, puisqu'il lui faut s'ingénier, tantôt à retrancher du nécessaire, tantôt à ajouter du superflu. Quand son style est ce qu'il doit être, ces amputations ou ces greffes littéraires lui donnent parfois toutes les anxiétés d'une opération chirurgicale.

Lorsqu'enfin, grâce aux efforts réunis de l'auteur, des compositeurs, des correcteurs, des corrigeurs et des metteurs en pages, tout ce qui était humainement possible semble avoir été fait pour assurer la perfection d'un livre, il reste encore à composer le titre, et il y a là, surtout pour le metteur en pages et pour le compositeur, autant d'art et de goût à déployer, autant de problèmes à résoudre, peut-être, que dans la composition du livre entier.

Le public, à ce qu'il semblerait d'abord, ne se soucie aucunement d'un titre, car sauf entre bibliophiles, on n'a jamais entendu de simples lecteurs s'extasier sur la beauté de ce premier feuillet. Et cependant, s'il y avait des critiques en typographie autant qu'ils pullulent en art et en littérature, l'esthétique seule du frontispice serait depuis plusieurs lustres aussi florissante et aussi fructueuse que celle de la peinture ou du piano-forté.

Mais pour être privé de « cornacs d'art » en cette partie, le public n'en a pas moins l'instinct, bestial ou raffiné, qui lui fait sentir la beauté des choses ; bien qu'il n'en ait pas toujours conscience, l'aspect d'un beau frontispice a pour ses yeux un rayonnement d'art et de pensée qui l'étonne, l'attire, le retient, et plus d'une fois lui donne l'envie irrésistible de posséder un livre si bien présenté.

Quant aux bibliophiles, et surtout aux amateurs de typographie, qu'on regrette de voir si rares, le frontispice est souvent pour eux la moitié, parfois le tout, de la valeur d'un ouvrage, et quelques-uns même, malgré les déchirements barbares qu'entraîne leur passion, font des collections de frontispices, rares et curieuses à se pâmer.

La beauté d'un titre n'est pas seulement dans le plaisir tout extérieur que la vue d'un objet agréable ne peut manquer de faire éprouver au premier venu ; il suffit pour cela d'avoir des yeux, car le titre d'un livre en est comme le visage : quand il est agréable à voir, il nous dispose en faveur de l'ouvrage, tout comme une jolie figure est le meilleur des passeports pour voyager à travers les affections hasardeuses des hommes.

Mais ce n'est là que la surface d'une beauté plus profonde et plus superbe, qui réside dans les lignes et dans les proportions, dans leurs rapports avec les degrés d'importance des idées représentées par chacune des parties ; dans la lumière où, comme sur un fond d'auréole, ces mots en petit nombre, suspendus dans l'espace, tracés en caractères élégants et sévères, représentent et définissent les idées contenues dans l'ouvrage.

Or il faut qu'on sache qu'à ces conditions s'en ajoutent deux

qui peuvent à elles seules faire juger de la difficulté du travail :
toutes les lignes doivent être de longueurs différentes : le
caractère doit être d'une force graduée et proportionnelle à
l'importance relative de chaque ligne dans l'ensemble du
titre ; les distances entre les lignes, sauf pour les sommaires,
doivent être variées selon la force des lettres.

Le titre n'est donc pas seulement l'indication du sujet d'un
livre et du nom de son auteur : c'est l'analyse exacte, claire
et précise, du livre entier ; c'est une œuvre d'art ; enfin
c'est un document bibliographique.

Nous venons de montrer comment il peut satisfaire à la
plus essentielle de ces trois conditions. Ce résultat, quand il
est obtenu, trace d'avance la longueur, le nombre et la distance des lignes. Du rang qu'il leur donne, le compositeur
déduit les proportions relatives des caractères dans chacune.
Le plan d'ensemble du frontispice se trouve dessiné du même
coup.

On sait que, pour les titres à plusieurs lignes, l'ovale ou le
vase sont seuls admis comme types, à l'exclusion du cercle,
de la pyramide ou du rectangle. Pour rendre manifeste ce
plan idéal dont les contours ne sont pas marqués, on trace,
en partant de l'extrémité de la première ligne et en revenant
à son commencement, un trait qui fait le tour du frontispice
en touchant tous les bouts de ligne qu'il rencontre.

Lorsque la figure ainsi déterminée est satisfaisante, il en
résulte la beauté d'art sur laquelle nous insistions tout à
l'heure. Ce n'est pas la beauté du dessin ou de la musique,

mais elle a le plus grand rapport avec celle de l'architecture, parce que la typographie nous présente un édifice construit par l'intelligence, et où, comme en architecture, la forme indique la fonction.

Enfin, comme document bibliographique, le titre, en constatant le lieu et la date de l'édition et presque toujours le nom de l'éditeur, donne au livre son histoire, marque sa place dans l'espace et dans le temps, et en facilite le classement dans les bibliothèques et dans la littérature.

Nous ne nous laisserons pas entraîner davantage sur un sujet qui nous a toujours été si cher et sur lequel il y aurait encore tant à dire : nous nous contenterons de renvoyer le lecteur au *Traité de la typographie* de Fournier, où il trouvera, sur le titre, un véritable chef-d'œuvre.

Puisse de même le titre du présent livre, que nous avons, comme dans plusieurs autres de nos ouvrages, composé en y plaçant une vignette dessinée exprès par nous, ne pas paraître trop en désaccord avec les principes que nous venons de formuler.

Dans le chapitre *De la conduite du travail*, nous avons examiné ce qui se rapporte au choix et à la rédaction du titre : il suffit de nous y référer. Ici, qu'on veuille bien le remarquer, le titre n'est que l'interprétation typographique de ce que l'auteur a écrit ; mais comme dans le texte imprimé, et avec beaucoup plus d'ordre et de lumière, nous y retrouvons la puissance d'effet que l'imprimerie donne à l'idée écrite.

Nous avons, au chapitre des divisions, indiqué ce qui se rapporte aux titres courants. Ces sortes de titres peuvent avoir une grande importance dans certains ouvrages ; ils sont dégagés des conditions d'assortiment qui rendent si difficile la composition du titre, puisqu'ils se disposent en haut de chaque page et toujours en même caractère. Nous n'avons donc pas à y revenir, sinon pour faire observer que l'auteur, étant presque toujours chargé de rédiger les titres courants variables, doit connaître les règles et les nécessités spéciales à cette partie de la composition.

Elles sont d'ailleurs des plus simples. Il faut d'abord que chaque titre courant puisse tenir, avec ou sans abréviations, dans la longueur de la ligne ; il faut que les indications en correspondent, soit au dernier, soit au plus important, des passages contenus dans la page où elles sont placées. A part les exceptions obligées à raison de la matière de l'ouvrage, le titre courant reproduit : au verso, le titre général en tout ou en partie, au recto, celui de la division courante. S'il n'y a pas de division, on le met en entier à chaque page, ou divisé entre le verso et le recto.

Nous devons, pour achever l'étude des parties liminaires, dire ici quelques mots au sujet de la couverture. Bien qu'elle ne fasse pas partie intégrante du livre, puisqu'elle n'est ordinairement pas reliée avec lui, cette pièce détachée est très importante, et depuis quelques années, particulièrement dans la littérature légère, roman, poésie, monologue, elle tend, comment dire cela ? à prendre charge du succès de certains ouvrages. Pour les livres d'étrennes, c'est presqu'un art nouveau qu'elle a suscité, et on la voit paraître par centaines sous toutes les formes et sous toutes les couleurs.

Imaginée principalement comme moyen d'attirer les yeux, de piquer la curiosité ou d'émoustiller la gaillardise des passants, elle arrive peu à peu à faire jonction avec l'affiche en couleurs, dont elle n'est qu'une variété mercantile ; dans ces conditions, ce n'est plus qu'une devanture de boutique. Les éditeurs s'épuisent en imaginations pour trouver des couvertures d'un effet plus ou moins irrésistible : il faut croire qu'ils y sont forcés par les nécessités de la concurrence, mais on ne voit pas que ce bariolage fasse grand'chose à leur prospérité commerciale et encore moins au succès de tels ou tels livres : une reliure bien rouge et bien dorée éblouit mieux un enfant ou une vieille grand'mère que toutes les couvertures du monde.

Autrefois la couverture était une simple reproduction, sur papier de couleur, du frontispice, avec ou sans quelque encadrement d'un style sérieux qui n'excluait pas l'élégance. On y trouvait souvent des indications supplémentaires, soit au recto, soit au verso, sur les ouvrages de l'auteur ou sur le sujet du livre : aussi n'est-ce pas d'aujourd'hui que les bibliothèques publiques et les amateurs éclairés prennent soin de la faire relier avec les volumes qu'elle couvre.

Les auteurs auraient grand tort de se désintéresser de ce détail, soit qu'il s'agisse d'un roman, d'un livre d'étrennes, ou d'un ouvrage plus sérieux où la couverture est, non plus une simple amusette, mais un document bibliographique. Ils ne doivent jamais manquer de se faire présenter les projets préparés par les artistes spéciaux qu'on emploie à ce travail, et qui n'ont pas toujours le goût ni la mesure nécessaires, car ces couvertures en couleurs sont pour la plupart d'un effet douteux quand il n'est pas inconsidéré.

CHAPITRE XXI

LA VIE ET LA MORT DU LIVRE.

La question de savoir à quoi tient le succès d'un livre est insoluble. Est-ce le nom de l'auteur? Le talent? Le sujet? Le goût du public? Le suffrage de la critique? Une circonstance favorable? L'habileté de l'éditeur? Le bénéfice d'une réaction contre un genre dont les lecteurs ne veulent plus? On peut, avec autant d'apparence, répondre oui ou non à chacune de ces questions.

Le succès d'un livre est un fait impossible à déterminer, parce qu'il y a plusieurs publics dont chacun a son jugement particulier : ce qui plaît à l'un déplaît à l'autre ; l'un achète le livre, l'autre le repousse.

L'auteur lui-même ne peut avoir une juste idée des raisons qui font réussir ou non ses livres, car souvent il se voit faire une ovation pour un ouvrage qu'il trouve très ordinaire, tandis qu'un autre, beaucoup meilleur, reste inconnu.

D'ailleurs on ne peut pas davantage savoir au juste ce que c'est qu'une réputation, car selon ce que les uns ou les autres ont lu de lui, un auteur est classé dans des compartiments très différents du « train pour la postérité ». Si l'on biffait, de tant d'ouvrages célèbres, l'irréligion, la prétention, le patelinage, le dandysme, l'antithèse, l'aliénation mentale enfin, que resterait-il de Voltaire, de Michelet, de Renan, de Barbey d'Aurevilly, de Victor Hugo, d'Auguste Comte?

Enfin ce qui met le comble à l'incertitude, c'est que les réputations tendent à devenir de jour en jour plus éphémères, si bien que, selon toute apparence, « le train pour la postérité » risque fort de n'arriver jamais à destination.

La gloire littéraire, autrefois, était un empyrée : l'apothéose une fois décernée, on n'en descendait plus. Ainsi se peupla cet Olympe dont quelques dieux sont encore pleins de vie. Quant aux autres, on ne les a pas détrônés, on ferme les yeux sur l'irrégularité de leur position et, ce qui va de soi, sur leurs livres, qu'on laisse moisir dans une sorte d'honorariat de la gloire.

Mais aujourd'hui la république des lettres ne veut plus ni dieux ni empereurs : à la place des trônes du temps jadis, elle a une estrade où, sur quatre ou cinq riches fauteuils, elle fait asseoir les élus du suffrage universel de la renommée. Elle les y fait asseoir, mais pour un temps, après lequel on les prie de se lever pour laisser la place à d'autres.

La production démesurée des œuvres littéraires a donc renversé de fond en comble toute l'ancienne économie du monde intellectuel ; une concurrence éperdue a élevé, ou si l'on aime mieux, ravalé l'art d'écrire à une industrie, et en a fait une source de fortune. Il n'y a donc pas à s'imaginer qu'il suffise d'avoir du talent pour y réussir : tout le monde en a, au moins de ce talent banal qui chez nous court les rues, et parmi les milliers d'ouvrages qui passent au cours de ce débordement, beaucoup seraient des chefs-d'œuvre s'ils avaient paru du temps de Louis XIV ou même sous la Restauration.

En définitive on ne voit pas pourquoi les livres anciens auraient dû nécessairement valoir mieux que ceux de notre temps. Il ne faut pas oublier qu'il n'y a rien de nouveau sous le soleil, les sujets sont donc les mêmes pour nous que pour nos anciens, et nous avons sur eux l'avantage de les avoir pour modèles, tandis qu'eux ne pouvaient imiter que des auteurs grecs ou latins. Mais comme nous l'avons remarqué ailleurs, ce qui confère à un écrivain l'immortalité littéraire, c'est d'être le premier à produire une forme inconnue ; il suffit même qu'elle soit simplement oubliée.

La situation des littérateurs d'aujourd'hui n'a donc changé que par suite de l'excès de production, mais elle a changé du tout au tout. Voilà pourquoi un écrivain, s'il est sage, doit se désintéresser de tous les rêves de gloire et d'orgueil qu'on faisait jadis au moment de publier un livre : il s'épargnera bien des chagrins, sans compter les ridicules.

Surtout il y aura gagné cette sérénité d'âme qui l'affranchira des haines, des révoltes, des vanités, des inspirations odieuses ou coupables ; de cette mauvaise tenue de l'esprit, enfin, qui pousse trop d'auteurs hors du droit chemin, et qui, pour quelques réussites honteuses ou quelques ovations de carrefour, les amène en fin de compte à cette variété du déshonneur que les honnêtes gens appellent mépris.

Ce qu'il faut se dire, c'est que dans la carrière littéraire comme dans toutes les autres, le moyen le plus habile et le plus sûr d'arriver est de marcher dans le grand chemin, sans s'impatienter, sans faire la roue ou la cabriole, sans tenir des propos licencieux à ses compagnons de route et, ce qui est le grand point, sans ennuyer personne.

Sans doute il y a de quoi perdre la tête devant l'énormité de certains succès, l'injustice de certains échecs, d'autant plus que du jour au lendemain on voit la renommée du même auteur tomber de la palme d'or à la pomme cuite ; il en est de ces hasards comme de tant d'autres dont il ne faut pas chercher à deviner les causes.

Quand vous faites un livre, faites-le de votre mieux : hors cela vous ne pouvez rien pour lui. Lorsqu'il aura paru, attendez, et quoi qu'il doive arriver, résignez-vous d'avance.

C'est précisément de cette incertitude que sont sortis les procédés de distribution et de publicité qui vont se multipliant à proportion que s'accroissent le nombre et, oserai-je le dire, l'audace, des livres nouveaux luttant désespérément pour la vie.

Longtemps à l'avance, l'éditeur, par des prospectus, des articles de presse, des réclames, des extraits insérés dans les journaux, annonce l'ouvrage.

Il fait imprimer une affiche et la distribue aux libraires, qui la placent à leurs devantures.

Si l'auteur est suffisamment accrédité en talent ou en scandale, des affiches illustrées en couleurs sont placardées par longues rangées partout où il n'est pas interdit d'afficher. Parfois même des files de voitures à bras, traînées par des malheureux affublés de livrées grotesques, trimballent tout le long des rues quelque scène du livre, moulée en carton colorié ou verni.

Enfin quand l'auteur est décidément un grand personnage littéraire, l'éditeur lui envoie un reporter, et tous les journaux du globe publient l'interview où l'illustre écrivain a épanché ses confidences sur son propre génie.

Ces procédés sont religieusement observés par certains éditeurs qui se croiraient perdus s'ils y manquaient. Même, pour des ouvrages de littérature éphémère comme le roman, la philosophie, la politique, quelques-uns ont fait plus : ils ont imaginé l'édition fictive. Une âme candide, voyant sur la couverture : 3ᵉ, 10ᵉ, 20ᵉ édition, peut à la rigueur en conclure que le public se rue sur ce livre, et qu'il faut se dépêcher de l'acheter, sans quoi, demain peut-être on n'en trouvera plus à aucun prix.

Ici nous arrivons vraiment à la partie enfantine de la réclame. C'est ainsi que l'auteur d'un livre nouveau, flânant de librairie en librairie pour se donner le plaisir d'y contempler son livre mis en vente depuis la veille, arrivé au boulevard Montmartre, pourra voir sur la couverture : 3ᵉ édition ; au boulevard Saint-Denis, 5ᵉ ; au boulevard du Temple, 8ᵉ ; et s'il n'était qu'un passant au cœur naïf, il pourrait croire que le succès de ce livre court comme une traînée de poudre, puisqu'en moins de vingt-quatre heures on en est déjà à la huitième édition !

Il ne faut pas croire que nous exagérions : nous avons vu de nos yeux, sur un volume d'un de nos plus célèbres auteurs, (d'ailleurs mort depuis très longtemps), 8ᵉ édition. Or l'ouvrage avait paru la veille.

C'est déjà beaucoup d'user de ce procédé, mais il ne faut pas en abuser. Lisant un jour, en tête d'un roman nouveau, la liste des ouvrages de l'auteur, (d'ailleurs mort depuis très longtemps), émerveillé de leur nombre et de la quantité des éditions, nous eûmes la curiosité d'en additionner le total. De compte fait, l'auteur, avec ses trente ou quarante ouvrages, aurait vendu douze cent cinquante mille exemplaires et touché plus de cinq cent mille francs de droits d'auteur. Nous nous sommes ressouvenu à ce propos de cette maxime, par nous commise en jouant un soir aux petits papiers : « Qu'y a-t-il de plus difficile à dire ? — Un mensonge qui se tienne debout ».

Ce sont là des malices de paysan qui ne trompent personne : pour qu'il en fût autrement, il faudrait trouver à point nommé autant de nigauds qu'il y aurait d'exemplaires à placer. Elles peuvent nuire : la chose est toujours sue, et le public en conclut avec raison que l'auteur n'a pas grande confiance dans son succès ; d'ailleurs cela se fait souvent à son insu. Enfin, la preuve que l'édition fictive ne sert à rien, c'est que pour certains livres d'un débit assuré, paroissiens, manuels, classiques, etc., on ne met ni date de publication ni chiffre d'édition : on peut ainsi réimprimer le même ouvrage sans qu'il vieillisse jamais.

Quand un livre est bon, il n'a pas besoin de ces faux brillants. Nous pourrions citer tel ouvrage qui, à la demande de l'auteur, ne porte aucun chiffre d'édition, et depuis des années, réédité dix ou douze fois sous des formes diverses, se vend toujours.

Tout ceci n'est encore que la mise en scène de la représentation, et de là on passe à la distribution de deux à trois cents exemplaires, les uns adressés directement par l'éditeur à un nombre indéfini de journaux, les autres adressés au nom de l'auteur, avec ou sans envoi signé de lui, aux critiques ou aux lecteurs considérables dont il peut espérer la faveur.

Indépendamment de ces exemplaires, l'auteur, ainsi que nous l'avons indiqué à propos du traité d'édition, envoie encore à ses amis ou aux personnes de son monde les exemplaires à lui attribués, et en général tâche de les placer dans des cercles aussi divers que possible.

Pour certains exemplaires, il va lui-même les porter, et de plus, lorsqu'il s'agit de rendre à certains personnages un hommage hors de pair, l'exemplaire qu'il offre est sur papier de Chine ou du Japon, et sur un feuillet en regard du faux titre sont imprimés ces mots : « Exemplaire N°... Imprimé pour M... »

Pendant que l'auteur se multiplie et se prodigue pour tâcher de faire faire par ses amis des comptes rendus de son livre, l'éditeur lance dans toutes les librairies sérieuses de Paris, de la province et de l'étranger, des placiers ou courtiers en librairie qui prennent la commande d'un certain nombre d'exemplaires et les font expédier aux demandeurs ; il leur est alloué une commission, et au libraire, une remise de 20 à 33 0/0.

Il est rare, du reste, que le libraire achète ferme : il ne fait que prendre les volumes en dépôt, et au bout d'un certain temps, si la vente paraît décidément arrêtée, il renvoie à l'éditeur ceux qui restent. C'est pourquoi il est difficile, hors le cas d'un succès éclatant, de savoir tout de suite quelle a été au juste la réussite d'un ouvrage : on ne peut guère être à peu près fixé qu'après cinq ou six mois.

C'est d'un lecteur à l'autre que se propage, en théorie du moins, le succès d'un livre, et il est d'ailleurs certain que les salons, les cercles, les groupes littéraires ou politiques, la presse enfin, y sont pour beaucoup. Mais ces influences diverses sont impossibles à mesurer, et varient dans des proportions infinies selon la nature de l'ouvrage.

Tout bien considéré donc, c'est encore, après le talent de l'écrivain, le libraire qui fait le plus, ainsi que nous l'avons déjà dit.

Quant à la critique, elle se tient en général dans une réserve tellement étroite, que c'est presque ne jamais dire ni bien ni mal d'un ouvrage, par quoi on arrive à ne faire de peine à personne.

Cependant on peut remarquer de temps à autre des comptes rendus de proportions très étendues et qui, sous une forme personnelle au critique, ne sont que des extraits du texte même, mêlés de quelques lignes d'éloge en forme d'exorde et de péroraison.

Voilà l'idéal de la critique qu'un auteur puisse rêver, car nul éloge ne vaut cette reproduction.

C'est un idéal aussi pour le critique, puisque, tout en comblant les vœux de chaque auteur, il n'a qu'à réunir, en les arrangeant un peu, un certain nombre de comptes rendus de ce genre pour en former de temps en temps un volume.

Pendant quelques semaines encore, on voit pleuvoir dans tous les journaux des réclames de l'éditeur, rédigées avec un art si ingénieux que chaque phrase en peut être détachée et former un sens complet; selon l'importance du journal, on lui en donne à insérer une ou plusieurs tranches.

En même temps, dans les revues, dans les journaux illustrés, on voit passer quelques articles de critique, presque tous d'une bienveillance banale, et dont les termes vagues font voir que le critique n'a pas lu un traître mot de l'ouvrage. Heureux quand il n'en estropie pas le titre ou quand il ne vous impute pas, pour vous en louer, quelque livre exécrable qui n'est pas de vous.

Le temps passe; ces éloges à trente sous la ligne commencent à vous affadir, ils vous inquiètent un peu. Enfin votre cœur palpite : heureux auteur, vous avez un ennemi ! C'est l'oiseau rare; sans ce précieux secours, qui voulez-vous qui s'intéresse à votre livre? Mais du moment que vous êtes attaqué, vous avez pour défenseurs tous les ennemis de votre ennemi.

D'un regard avide, vous dévorez le précieux factum. Hélas ! votre ennemi ne vous connaît pas, ne vous en veut pas, et n'a jamais lu une ligne de vous : il a entendu parler de votre nouveau livre, mais il a compris de travers, et à propos d'une histoire risible il vous reprochera d'être navrant, ou bien, si vous avez raconté, avec toute l'onction dont vous êtes capable, quelque légende bien mystique, il gourmandera votre athéisme désolant.

Peu à peu vous recevez des lettres de lecteurs ; la plupart vous annoncent qu'ils vont vous lire avec une joie folle, mais vous n'entendrez plus parler d'eux. Quelques-uns, par des remarques gracieuses, vous font bien voir qu'ils ont lu, mais parlent-ils franchement ? Ils disent tous à peu près la même chose.

Tout cela se ralentit, puis s'arrête. En vous promenant le long des boutiques de libraires, vous voyez votre livre reculer de rang en rang parmi les nouveautés de l'étalage ; on lui a retiré la bande alléchante où il était écrit : Vient de paraitre. Sa jeunesse a passé comme fleur, on ne le propose plus aux passants, il faut entrer et le demander.

Alors commence pour lui l'âge de la maturité, et sa vie, comme celle d'une personne, va s'en aller cahin-caha à travers les caprices de la destinée.

Des nouvelles vous en arriveront des pays les plus invraisemblables ; vous recevrez d'un boyard monténégrin des lettres enflammées d'enthousiasme ; un jeune auteur qui depuis des années vous a pris pour un des écrivains les plus célèbres de la France, vient en tremblant vous rendre ses hommages le jour même où vous venez d'apercevoir votre livre en étalage sur les bords de la Seine. Oui, dans une boîte de bouquiniste. Vous rencontrez chez un ami un savant qui revient du bout du monde; il a lu votre livre au pied du Chimborazo ou de l'Himalaya, et votre ami, qui vous le présente, ne peut pas parvenir à retrouver le titre du livre, qu'il n'a d'ailleurs jamais lu !

Cependant, à en croire l'éditeur, le « volume », comme on dit, « ne va pas trop mal ». Vous apprenez un jour qu'une vieille Anglaise a payé cent francs un des exemplaires ! Où, comment, pourquoi, vous ne le saurez jamais, quoique la chose soit parfaitement vraie.

Vient la Noël. En poussant votre promenade jusqu'au bout du boulevard Beaumarchais, vous voyez le « volume » en vente dans une baraque de camelot : 25 CENTIMES !

Et ainsi de bric et de broc, pendant plusieurs années, si bien que vous finissez vous-même par oublier votre livre.

Or rien ne vous dit que, dans un mois, dans huit jours, vous n'allez pas voir arriver un éditeur qui vous suppliera de lui confier une nouvelle édition de ce livre, qu'il l'éditera avec un grand luxe, et plusieurs éditions en seront enlevées avec un enthousiasme inexplicable.

Vous croyez peut-être que c'est tout ? Non, car tout en roulant à travers ces vicissitudes impossibles à débrouiller, le même livre circule à travers les catalogues. Dans l'un vous le voyez coté parmi les volumes dits « en solde », à des prix humiliants qui varient entre cinq et douze sous : dans l'autre, recommandé comme « romantique très curieux et très rare », il est offert à 10 ou 15 francs, avec cette note : « Épuisé », quand il est de fait qu'il en reste en magasin chez l'éditeur un nombre déplorable. De plus, d'un catalogue à l'autre, les prix de ces exemplaires rares varient du simple au double.

D'ailleurs il ne faut pas croire que ce soit là une destinée particulière aux auteurs à renommée discutable : les plus célèbres y passent comme les autres ; on peut voir dans certains catalogues des ouvrages édités depuis trois ou quatre ans à des prix de 400, 200, 50 fr., et offerts à moitié, au tiers, au quart de ces prix.

Malgré ce que peuvent avoir de maussade ces petits malheurs de la vie littéraire, il ne faut point les ignorer, car pour qui s'en croit à l'abri ou ne s'en méfie pas, ils peuvent induire un auteur à une mésaventure aussi désagréable que possible, qui est de se donner un camouflet à soi-même en croyant se vanter de sa gloire. C'est ainsi qu'un de nos écrivains les plus répandus, (d'ailleurs mort depuis très longtemps), se félicitait du débit prodigieux de ses livres parmi les peuplades presque civilisées d'une terre fort éloignée de chez nous. Or cette terre, où notre littérature est en grand honneur, est renommée pour être le grand déversoir où vont se dégorger les torrents de livres qu'on ne peut plus vendre en France, même aux camelots de la foire au pain d'épices : l'auteur ne le savait pas !

Le malheureux se rengorgeait.

Devant de pareils exemples, dont on pourrait faire un in-folio à trois ou quatre colonnes, ce serait une grande folie de se tourmenter sur le sort des ouvrages qu'on publie. C'en serait une plus grande encore de chercher par quel moyen les sauver de la mort qui les attend.

Après une carrière plus ou moins courte, plus ou moins agitée, il faut qu'ils meurent comme nous mourons tous en ce monde, avec cette différence, pour les livres de notre temps, que la vie, comme pour nous tous aussi, devient de jour en jour plus hasardeuse et plus précaire.

Pendant quelques années, les exemplaires survivants s'écoulent par les boîtes des bouquinistes, par les étalages des camelots, vont s'enfouir dans les cabinets de lecture de province, dans les bibliothèques de charité ou dans les greniers des vieux châteaux : c'est le sort commun.

Après cela il ne reste plus que l'épicier, où le livre passe ses derniers jours à envelopper des pruneaux.

Enfin, lorsque les rats mêmes n'en veulent plus, il est mis au pilon.

Là les rêves de gloire que l'auteur avait si tendrement, si douloureusement caressés, sont réduits en bouillie pour en faire du papier que d'autres écrivains, d'autres fous, barbouilleront à leur tour des mêmes rêves... « *E finita la commedia* » : le livre est mort.

Mais allez, ne pleurez pas : faites-en un autre.

Nous n'avons pas besoin d'ajouter que ces observations quelque peu funéraires ne s'appliquent pas aux livres de science, aux publications techniques ou historiques. Nous avons réservé à plusieurs reprises la distinction qu'il faut faire entre les livres de simple littérature, qui passent, et les livres de fonds, qui restent.

CHAPITRE XXII

LA CARRIÈRE

Si nous en restions là, si, après l'avoir traîné à travers les péripéties de ce roman du livre, nous laissions le lecteur à ses réflexions devant la tombe de notre héros, nous mériterions vraiment d'être appelé mauvais cœur. D'ailleurs, pour être exacte, notre étude n'en serait pas moins incomplète.

Nous avons pris pour fond ce qui arrive la plupart du temps. Cependant il y a des écrivains de talent dont les ouvrages, admirés comme ils méritaient de l'être, leur ont valu tous les grades littéraires, depuis l'estime jusqu'à l'immortalité. C'est même de leurs œuvres, de leurs méthodes et de leur caractère, que nous avons tiré le meilleur de notre livre : mais nous y trouvons de plus autant d'exemples pour faire voir que tous les rêves de gloire ne finissent pas au fond d'une boîte de bouquiniste.

Certainement tous les écrivains ne peuvent pas prétendre au génie, mais il reste encore dans la littérature assez de situations honorables ou brillantes pour contenter l'espérance d'un homme de bon sens, et pour lui faire, dans le travail le plus facile et le plus agréable qui soit au monde, une vie de bonheur.

C'est pourquoi nous ne nous croirions pas quitte envers le lecteur si, après lui avoir montré les illusions, les vanités, les ridicules et jusqu'aux immoralités de la carrière, nous ne lui mettions pas sous les yeux, avec la situation actuelle de la littérature de notre pays, les ressources qu'il y pourra trouver et la conduite à tenir pour s'y faire une place.

De toutes les carrières séduisantes, la littérature est la plus perfide.

Les illusions, les déboires, les naufrages, n'en sont que les moindres risques : hasard, circonstances, relations, y ont autant et souvent plus d'influence que le talent. Le dégoût vient, puis l'aigreur, puis l'irritation, puis la rage, et l'écrivain perd, avec le plus pur et le plus frais de ses moyens, le principal élément de l'art, qui est le caractère : c'est le caractère qui fait l'originalité. Nous l'avons assez rappelé aux premières pages de ce livre : ce que le lecteur cherche dans un ouvrage de l'esprit, c'est l'homme, et voilà pourquoi la personne d'un écrivain est pour plus de moitié dans ses victoires ou ses défaites.

Les mauvaises relations, la haine, la paresse, l'ivrognerie, ne tardent pas à entrer en scène, et plus le malheureux s'abaisse, plus son orgueil grandit : c'est un homme perdu. S'il n'a voulu compter, pour vivre, que sur sa plume, c'est la misère et peut-être pis.

Mourir après avoir passé son temps à insulter les uns, à

démoraliser les autres, pour gagner de l'argent, voilà une sale vie et une mort infâme. C'est de boue que devraient être les statues qu'on élève à des écrivains de cette race-là.

Tout homme doit rendre à la société ce qu'elle a fait pour lui, et riche ou pauvre, mériter son pain ou le gagner, sans quoi on n'est pas autre chose qu'un histrion qui vit d'aumônes en attendant de passer au rang des dieux.

Si l'on est sage, on ne prendra la littérature que comme un délassement, et on commencera par se faire une carrière sérieuse à laquelle on se consacrera, parce que tout honnête homme doit vivre en travaillant. Il restera à l'écrivain trois fois autant de loisir qu'il en faut pour produire des ouvrages littéraires. Dégagé de toute mauvaise inspiration, il trouvera d'ailleurs dans la pratique régulière de la vie des observations et des enseignements que tous les rêves de son imagination ne lui auraient jamais donnés. Il fera des œuvres saines, vraies, intéressantes, et il sera, avec autant de dignité que l'orateur, *Vir bonus, scribendi peritus.*

Au reste, si l'on savait le nombre des écrivains de notre temps qui exercent une profession sérieuse et ne font de la littérature qu'un passe-temps pour leur esprit et un supplément de revenu pour leur maison, on serait bien surpris. De temps à autre on apprend par hasard que tel romancier est chef de bureau à l'administration des postes; tel vaudevilliste, magistrat; tel caricaturiste, entrepositaire des tabacs; tel poète, employé de mairie; tel conteur égrillard, chef de division dans le plus rébarbatif des ministères. Pour qui ne les connaît que par leurs œuvres, rien qu'à leur supériorité littéraire on devine que ces hommes-là ont dans la vie d'autres chats à fouetter qu'à se torturer l'imagination, entre une cigarette et un verre d'absinthe, pour s'extirper du génie.

Ces aspirations littéraires, à un âge où rien n'a pu encore les justifier, sont d'autant plus dangereuses que, si l'on n'a pas d'occupation pour en distraire, elles tournent à la démangeaison d'écrire, d'abord, puis bientôt à un état cérébral dont le vrai nom est : graphomanie.

La manie d'écrire, en effet, ne s'arrête pas toujours à cette folie aigre ou douce, qui d'ailleurs suffit déjà amplement à ridiculiser son homme, même quand il a du talent : dans certaines cervelles déséquilibrées par une dose excessive d'orgueil, elle peut devenir une vraie maladie mentale, et alors, autour de l'affreux maniaque, on ne rit plus, on pleure.

Parmi les histoires sinistres venues à notre connaissance, une surtout peut servir d'exemple à ceux qui se sentiraient entraînés par ce vertige, et comme elle est d'une éloquence à faire peur, c'est œuvre pie que de la raconter.

Un père de famille, fonctionnaire en retraite, intelligent, d'un caractère simple et calme, se trouvant désormais sans occupation, et voulant s'en créer une pour le temps qui lui restait à vivre, s'avisa de l'histoire naturelle comme d'une des plus aimables études qui pût charmer les loisirs d'un vieillard. Sa famille ne pouvait qu'être ravie de le voir finir ainsi dans cette espèce d'état de grâce où la contemplation de la nature nous berce, quand, devenus vieux, nous achevons de répandre sur les bêtes et sur les fleurs ce qui nous reste d'amour pour les choses de la terre.

Ainsi commença l'idylle, et jusqu'à son dernier jour, on put voir ce patriarche, avec simplicité, avec bonhomie, mais dans une ardeur et une activité extraordinaires, entasser notes sur notes, manuscrits sur manuscrits, et entretenir avec des savants et des éditeurs de Paris de volumineuses correspondances.

Cependant il restait toujours sur la réserve au sujet de la forme et du but de cet énorme travail; il s'enfermait pour écrire, et quand il avait fini, mettait sous clef tous ses papiers. On essayait parfois de le questionner sur ces mystères, mais à tout il répondait, avec un sourire et en hochant la tête :

« Vous verrez, vous verrez, quand ce sera fini ! »

Il meurt. Les jours passent, personne dans la maison ne se sentait le courage d'ouvrir la porte de ce cabinet où palpitait encore l'âme de celui qu'on avait perdu...

Arrive une lettre de Paris.

Elle contenait un compte de cent mille francs d'impression et de gravures coloriées, pour un dictionnaire d'histoire naturelle que, depuis des années, le maniaque, sans en souffler mot, faisait imprimer et illustrer à ses frais !

La famille ne possédait pas cent mille francs. On lui prit tout ce qu'elle avait, jusqu'au dernier centime. Ce fut la misère noire.

Si cet exemple ne suffit pas à vous mettre en garde contre la vanité d'écrire, tirez-en du moins cette leçon : à moins que vous ne soyez millionnaire, ne publiez jamais un ouvrage à vos frais. Du moment que les éditeurs refusent d'en prendre la charge, ce refus seul vous dit que votre livre n'est pas vendable.

Il y a une autre espèce de graphomanes, ceux qui payent pour écrire dans les journaux. Ils sont plus nombreux qu'on ne pense; quant à ceux qui écrivent pour rien, on ne les compte pas. Les journaux, comme bien on pense, sont très friands de ces deux sortes de collaborateurs, mais avec une faveur un peu plus marquée pour ceux qui payent. Les candidats étant nombreux, il n'y a qu'à choisir. D'ailleurs on n'a pas à s'inquiéter du talent, on est sûr d'avoir « du bon », comme disent les marchands, car il va de soi que l'homme assez riche pour payer la publication de ses articles ou de ses romans l'est également pour en payer la rédaction à un de ces pauvres diables qui battent la misère sur le pavé de Paris. Il y a une concurrence si âpre entre les candidats, qu'à l'heure qu'il est, ils s'arrachent une rédaction à coups d'écus.

Un monsieur, depuis plusieurs années, payait dix mille francs par an pour écrire dans un journal de Paris. Tout à coup voilà qu'on le remercie. Il est désolé, mais on lui donne quelque raison décisive évidemment, puisque l'idée d'offrir une augmentation du bail ne lui vient même pas à l'esprit.

Quelques jours après, un autre rédacteur le remplaçait. Celui-là ne payait pas dix mille francs par an pour écrire dans le journal : il en payait quinze mille.

Au surplus chacun sait que dans tous les journaux, dans toutes les revues, il y a un groupe de rédacteurs dont la prose gratuite, en allégeant les frais du journal, sert indirectement à payer les autres rédacteurs.

De là un second conseil aux débutants : ne payez jamais pour écrire. Même, si vous écrivez pour rien, que ce soit seulement afin de vous faire connaître : ce résultat obtenu, refusez toute rédaction gratuite, sous peine d'être classé comme un écrivain sans valeur aucune.

Après y avoir insisté tant de fois, nous n'avons pas à revenir sur la nécessité de la modestie. Mais cette modestie doit être, qu'on nous permette l'assonance, modérée, et plus sous-entendue que trop avouée, car autrement vos amis, c'est-à-dire vos ennemis les plus dangereux, vous prendraient au mot et iraient partout colporter vos aveux en disant :

« Il en convient lui-même! »

Gardez donc au fond de votre cœur la modestie comme un talisman contre les dangers de l'orgueil : faites plutôt montre de vos ardeurs et de vos espérances lorsque vous aborderez les relations faute desquelles vous auriez bien de la peine à vous produire dans le monde littéraire.

Là se forment « les connaissances », ces liens tantôt insignifiants tantôt tout-puissants, qui font des hommes de la même profession une société d'intérêts. Là, tout en s'arrachant les parts du gâteau, tous travaillent au bénéfice de chacun.

Ne craignez pas de vous poser comme quelqu'un qui a le sentiment de sa valeur; et si, pour appuyer votre aplomb, vous présentez une œuvre ou un travail de quelque mérite, on en conclura que vous pourrez plus tard être utile à quelqu'un, et on vous admettra dans un groupe.

Il en est de la littérature comme de tous les corps de métiers : le plus sûr et le plus solide des réputations s'y fait par les rivaux et par les émules. Certes, s'il est un monde où les auteurs, surtout les plus éminents, s'empressent à faire fête aux nouveaux venus, c'est dans le grand monde littéraire ; mais on peut trouver dans les régions moins hautes, parmi les jeunes, des rivaux, des disciples, des admirateurs, des concurrents, qui les uns par leur dévouement, les autres par leur envie ou leur haine, ne vous seront pas moins également précieux.

Il y avait autrefois à Paris des salons réellement littéraires, où les auteurs célèbres ou marqués pour le devenir lisaient, devant un cénacle de grands personnages, auteurs, critiques, lettrés ou seigneurs, les manuscrits des ouvrages qu'ils allaient faire paraître. Bien que plusieurs salons de notre temps prétendent se décerner le même renom, la vérité est que quand on va dans ces salons soi-disant littéraires, on y entend pour tout potage débiter des monologues, des vers de jeunes demoiselles, représenter des charades ou jouer du piano.

Néanmoins, comme les réunions qui s'y donnent se composent d'un monde très distingué, heureux l'auteur qui peut en devenir le familier, car les femmes y sont en majorité, et ce sont les femmes qui lisent : les hommes n'en ont ni le temps ni le goût. Pour elles, une lecture agréable ou touchante est presqu'un événement dans l'existence, au fond si étroite et si insignifiante, où leur sexe les confine ; et comme leur cœur est plus simple et plus doux que le nôtre, elles ont de la reconnaissance pour l'auteur, et elles le disent avec l'abandon naturel aux êtres faibles et gracieux. Or, ces êtres faibles et gracieux pouvant prendre un homme entre deux doigts et le faire sauter comme un pantin, elles ont une influence énorme sur la destinée des écrivains qui leur plaisent ; plus d'un, que personne ne songeait à lire, leur a dû des triomphes dont ils ont pu s'étonner eux-mêmes.

Ce n'est pas tout : à fréquenter les gens comme il faut, un jeune auteur gagne de s'affilier à des mœurs sociales qui ne souffrent ni impertinences ni vilenies d'aucun genre, même sous prétexte de littérature, et ne fût-ce que pour ne pas se faire exclure d'une si honorable compagnie, il reste dans le bon chemin.

Quoi qu'il en soit et à condition de se mettre en garde contre ces bagatelles de la porte, il y a grand avantage à débuter par la presse périodique. On a un grand nombre de lecteurs ; on peut à son gré y essayer de divers genres ou se concentrer sur un genre personnel ; on voit son nom continuellement répandu à des milliers d'exemplaires ; on fait des connaissances ; enfin la critique s'occupe de vous parce que « vous êtes de la paroisse », que vous avez les mêmes intérêts, et que d'ailleurs vous lui donnez, avec vos variétés ou vos feuilletons, le blé dont elle fera son pain. A moins de vous en tenir à ce genre de littérature, qui a le grave inconvénient d'être souvent précaire et qui permet difficilement d'écrire des œuvres de longue haleine, il faut tâcher de trouver accès dans ces revues de famille que publient plusieurs grands éditeurs, et dont l'importance est graduée, avec beaucoup de tact et de justesse, d'après les âges et les convenances de diverses espèces de lecteurs.

Comme le nombre est inimaginable des femmes, et aussi des hommes, qui se mêlent d'écrire, autant pour élargir leur aisance que pour se donner une occupation flatteuse, les éditeurs des journaux de modes ou d'enfants trouvent toujours, sous l'avalanche de manuscrits insignifiants qu'on leur adresse, des perles et des bijoux littéraires dont ils arrivent à composer des recueils de choses souvent charmantes.

Quand quelqu'un des romans ainsi publiés leur paraît d'une valeur hors ligne, ils le publient d'abord, illustré par les meilleurs artistes de Paris, dans leur revue, et cette publication terminée, en font un volume pour étrennes ou distribution de prix. Les auteurs n'y gagnent pas moins que l'éditeur, car ils reçoivent doubles honoraires, d'abord pour la série d'articles, puis pour le volume. Or comme le taux de ces honoraires est le même que dans les autres périodiques, les écrivains les plus considérables ne dédaignent nullement d'y collaborer.

C'est surtout aux jeunes auteurs que cette combinaison est d'un avantage inappréciable en ce qu'elle leur met en main un volume : quand ils s'adresseront à un éditeur pour un autre ouvrage, et que l'éditeur leur fera la réponse sacramentelle :

« Ayez un succès et je vous édite », si le volume a réussi, les voilà presque quittes de la plus terrible des difficultés de tout début littéraire.

Depuis quelque temps il a paru des revues « à volumes », comme on pourrait les appeler, et où chaque numéro contient, avec une pagination particulière, des feuilles qu'on peut réunir pour former cinq ou six volumes contenant chacun un ouvrage à part. On trouve là les mêmes avantages.

Ce premier pas fait, le second devrait être d'aborder les grandes revues, qui font des réputations à peu près assurées, même à des écrivains d'un génie simplement estimable. Mais là on n'entre pas comme dans un moulin.

Pour peu qu'on ait de bon sens, on doit bien comprendre que quand un entrepreneur de littérature fonde une revue, à moins d'être un fou, il le fait pour gagner une situation et une fortune, et nullement pour travailler aux progrès de l'esprit humain. S'il pouvait faire sa revue à lui tout seul, croyez qu'il n'y manquerait pas, à telle enseigne qu'on a pu voir, dans de petites revues éphémères, le directeur de cette entreprise désespérée signer de cinq ou six pseudonymes toute sorte d'articles, jusqu'à des réclames de marchands : mais pour une grande revue, ce n'est pas praticable. Il prend donc des rédacteurs, le moins possible, les paye le moins possible, et tout est pour le mieux s'il peut se procurer quelques-uns de ces graphomanes dont nous parlions tout à l'heure et qui au lieu d'être payés, payent pour écrire.

Dans ces conditions, qui sont parfaitement justes, une

revue devient la chose de ses fondateurs, et on n'y peut être admis que si on est de la maison, soit par une participation pécuniaire, soit par un lien de famille ou d'amitié. Seules, les femmes ont assez de puissance pour imposer parfois de force un collaborateur étranger à l'association, mais le cas est rare, sans compter qu'une femme ne suffit pas toujours. Il en faut souvent deux.

Il y a une industrie littéraire où certains auteurs ont gagné et gagnent encore des fortunes énormes : c'est le feuilleton. Autrefois les auteurs de feuilletons s'appelaient Alexandre Dumas, Eugène Sue, Frédéric Soulié ; leurs romans étaient lus passionnément par tout le monde et devenaient des livres immortels qu'à l'heure qu'il est on réédite indéfiniment. Aujourd'hui il n'en va plus de même : les feuilletons de journaux n'intéressent plus le public lettré, mais en revanche, des millions de lecteurs populaires dévorent cette littérature de résistance qui s'appelle « le roman de portières ». Voilà où, si l'on veut gagner de l'argent, on peut essayer : mais il faut avoir le tour de main et apprendre à manœuvrer ces ficelles qui paraissent si grossières, et dont le jeu est assez savant, assez puissant, pour émouvoir, pour passionner, plus des trois quarts d'un peuple qui sait encore admirer Molière et Corneille !

On trouve dans ce champ d'exploitation une concurrence redoutable, celle des femmes. La galanterie ne permet pas de dire si leur prose vaut ou non celle des hommes, mais la vérité ordonne de faire remarquer que la plupart signent d'un nom masculin, trouvant évidemment avantage à passer là sous silence un sexe qui partout ailleurs les ferait accueillir à bras ouverts.

A part quelques-unes qui ont un véritable talent, et que leur supériorité place au-dessus et en dehors de leur sexe, les autres, grâce à l'intarissable fécondité de leur imagination, produisent une telle quantité de lignes en un jour qu'elles peuvent inonder de leur encre plusieurs bureaux de rédaction à la fois.

Or le nombre de lignes à fournir étant pour elles une quantité négligeable, elles ont pu baisser indéfiniment leurs prix. Elles donnent, pour un sou la ligne, des feuilletons de 20,000 lignes qui, au taux le plus modeste des honoraires masculins, coûteraient 5000 francs au journal; et pour ne pas être mieux servi, car ce qu'elles racontent est aussi amusant, quelquefois plus, que ce qu'on aurait payé 25 centimes à des auteurs mâles.

Maintenant, on ne peut que se féliciter de cet état de choses : les pauvres femmes ont assez de peine à gagner leur vie; c'est bien le moins qu'elles trouvent là une ressource pour s'aider à élever leurs enfants, (qui d'ailleurs sont aussi les nôtres)... Il faut de plus leur rendre cet hommage que, sauf quelques têtes folles, toutes écrivent avec douceur, avec décence; qu'elles ne cherchent ni à navrer, ni à corrompre leurs lecteurs, ce qu'on ne peut pas dire de tous les écrivains du sexe fort.

Un genre de publication où les éditeurs sont un peu plus

accessibles parce que le talent y est difficile à se procurer, c'est le livre d'étrennes. Genre ingrat du reste, parce qu'il y faut s'enfermer dans un cercle rigoureusement limité de moyens toujours les mêmes et d'idées restreintes à la mesure des adolescents. Au fond c'est le conte de fées, seulement le caractère du héros, ou bien la science, y remplace la baguette de la fée et le talisman du Prince Charmant de notre vieille enfance. On n'y peut guère sortir des naufrages, des batailles, des secrets ; la surprise et la curiosité sont les seuls effets qu'on puisse espérer de ces êtres plus aimés qu'aimables, qui n'ont pas encore de cœur ni d'esprit. Et le diable est qu'il faut, autant que possible, faire figurer dans l'histoire un enfant, et que ce soit un enfant français. On voit que dans ces conditions-là un auteur ne peut s'en tirer qu'en refaisant imperturbablement le même livre. Seulement il faut s'y prendre de telle façon que chaque volume nouveau semble encore plus extraordinaire et encore plus imprévu que les précédents. Pour réussir à ce jeu terrible, il faut plus que du talent, il faut du génie, et l'homme qui, comme Jules Verne, par exemple, arrive à produire plus de quarante volumes également passionnants pour plusieurs générations d'adolescents, est l'égal des écrivains les plus renommés de son temps, et leur supérieur si on considère tout ce qu'il a fait entrer d'idées et de sentiments dans des millions de jeunes têtes.

Il faut que la littérature juvénile soit quelque chose de presque impossible à faire, quand on voit que, depuis les contes de Perrault, qui n'étaient que de vieilles légendes rajeunies, et dont l'une, Peau-d'Âne, est de la dernière inconvenance, on n'a pas pu refaire vingt contes qui soient restés. C'est d'ailleurs que le temps n'y est plus, et que les contes de fées, avant que ce siècle soit fini, s'en iront bras dessus bras dessous avec les fables, suivis de près par les romans, qui, au moins sous leur forme actuelle, sont tout près de passer au rang des fossiles de la littérature antédiluvienne.

Voilà, pourrait-on dire, les rues principales de la cité littéraire : c'en est assez pour mettre les nouveaux débarqués à même de s'y orienter au petit bonheur. En dehors de cette littérature courante, il y a tout un monde intellectuel que le public ignore, et où la science, le travail, le talent, sont les seuls moyens de se faire connaître, de faire publier ses ouvrages; où les coteries sont sans pouvoir, où la critique est une œuvre de science et de raisonnement soumise aux mêmes lois que les auteurs dont elle juge les travaux. L'itinéraire banal que nous venons d'indiquer ne pourrait convenir à une pareille carrière; mais si notre incompétence nous défend de nous aventurer sur un domaine où nous n'avons que faire, nous oserions bien affirmer de confiance que les moyens de réussir dans cette carrière-là sont juste le contre-pied de ceux qui font réussir dans l'autre.

La publicité étant l'élément même de la renommée, un auteur qui veut se faire une place au soleil doit écrire, écrire, écrire, sans cesse et sans repos. Il ne doit pas laisser passer un jour, s'il est possible, sans qu'on s'occupe de lui, quand le public ne lirait de ses ouvrages que leur titre et le nom de l'auteur.

Ayez donc continuellement en portefeuille un assortiment varié, aussi bien comme proportions que comme sujets, de manuscrits parfaitement achevés, prêts à être imprimés du jour au lendemain, et vous verrez quelles bonnes occasions vous fournira cet approvisionnement toujours disponible. C'est surtout pendant l'été, quand tout le monde est en vacances, que les revues et même quelques éditeurs, se trouvant à court de copie, acceptent souvent avec grâce ce qu'ils n'auraient pas même lu en d'autres saisons.

Aussi, loin de vous chagriner de voir vos élucubrations les plus chères se métamorphoser en ce plantigrade littéraire dont vous devinez le nom, soyez bon pour votre ours ; ne le brutalisez pas, caressez-le ; rafraichissez sa toilette, frisez-lui le poil s'il le faut, mais menez-le avec vous dans vos visites aux journaux ou dans les cafés littéraires : vingt fois vous le ramènerez à sa niche : à la vingt-et-unième, vous reviendrez sans lui.

Au commencement de la carrière, et à mesure que les obstacles et les déceptions se multiplieront devant vous, on vous rebattra les oreilles de pronostics décourageants : ne vous laissez pas tant consterner que cela.

Vous remarquerez qu'à travers ces légendes terrifiantes, on ne vous parle pas de faillites dans ces maisons d'édition dont le nombre augmente cependant au lieu de diminuer. Si vous croyez à la statistique, vous apprendrez que d'une année à l'autre le nombre des livres imprimés grossit dans une telle proportion que la Bibliothèque nationale, qui en reçoit un exemplaire pour dépôt légal, ne saura bientôt plus où les mettre. Le krach dont on vous épouvante n'est pas autre chose que l'excès de production d'une marchandise littéraire trop surfaite et dont on ne veut plus, mais la « bonne marchandise » est toujours « demandée », comme on dit en style de commerce; on en fabrique beaucoup, et les qualités supérieures trouvent des prix largement rémunérateurs.

La librairie est un commerce comme les autres. Autrefois le public ne s'occupait pas des affaires des éditeurs, parce que ce commerce-là, comme tous ceux de ce bon vieux temps, se faisait à petit bruit : mais aujourd'hui que l'industrie a pris des proportions inouïes, la littérature est devenue un torrent qui charrie des paillettes d'or ; et comme l'or est, depuis que le monde est monde, la grande affaire de la vie, tout ce qui, dans cet ordre d'idées dominantes, est de nature à faire sensation, est accueilli avec crédulité et devient légende.

De là à inventer ce qu'on a appelé le « mouvement littéraire », il n'y avait qu'un pas : on l'a fait. Seulement, dans cette industrie faite par parties égales d'argent et d'esprit, on n'a pas distingué entre les deux « facteurs », et on a tenu pour révolution de l'esprit humain ce qui n'était qu'une baisse dans les prix d'un certain produit. En réalité la baisse a porté sur les méchants ouvrages que, dans un esprit de concurrence, les éditeurs imprudents ou incapables avaient eu le tort de publier.

Mais pour qui prendra la peine de suivre les catalogues, il ne sera pas difficile de s'assurer que les livres de fonds se vendent au moins aussi bien que jamais ; que certains romans font la fortune des auteurs et des éditeurs, et que si la concurrence dont on fait tant de bruit a pu détourner un courant littéraire au profit des recueils périodiques, la librairie, en réimprimant les feuilletons et les articles de revue ou de journaux sous forme de livres, ramène à elle une partie de ce même courant. Le développement des livres d'étrennes ou de luxe, « mouvement » tout moderne, n'a pas manqué non plus de compenser dans une mesure indéfinie les changements d'équilibre qui se sont opérés par suite du développement formidable de la presse périodique.

Quand on parle d'une question générale, il semble qu'il n'y ait que Paris au monde ! Qu'on songe donc à ce que dévorent de livres et de journaux ces villes de province, ces cercles, ces châteaux, ces boutiques de grandes ou petites villes, ces pays étrangers enfin, où on s'ennuie, où on ne sait que faire pour tuer le temps ! Si on parcourait les prospectus des librairies d'occasion de certaines provinces, on serait stupéfait de ce que contiennent les bibliothèques mises en vente : il y a là des gens qui achètent tout ce qui paraît. Et puis, une chose dont on ne tient pas compte, c'est que tout livre d'occasion a commencé par être acheté, preuve que les livres nouveaux ne suffisent pas aux demandeurs : mais le prix d'occasion s'ajoute au prix payé par le premier acheteur, et l'argent ainsi gagné augmente d'autant le total des bénéfices de la librairie.

Tout ceci bien compris, les jeunes auteurs seraient bien fous de se laisser démoraliser par ces histoires de croquemitaine qui sont un des moyens les plus usités, dans toutes les affaires de commerce et d'industrie, pour écarter les concurrents et, faute d'y réussir, brouiller les cartes ou troubler l'eau : or ici on a affaire à deux intérêts au lieu d'un, puisque les confrères en pied ne doivent pas précisément se faire une joie d'encourager les nouveaux à leur faire concurrence.

Au surplus, si en fin de compte vous persistez à vous laisser démoraliser, si vous croyez que tout est perdu pour les livres, ne faites plus de livres : abandonnez les vaincus, passez à l'ennemi, et écrivez pour les journaux. Vous pourrez là faire des articles sur tous les sujets imaginables, et même sans aucune espèce de sujet. On vous dispensera même de style pourvu que vous vous montriez hardi et amusant.

Enfin, si le cœur vous en dit, faites-vous critique. Si vous parvenez à vous faire la main assez souple et assez légère pour libeller vos arrêts avec une sévérité apparente et une indulgence simulée, tous vos justiciables auront peur de vous et vous adoreront en même temps ; ceci d'ailleurs est le pis-aller du genre, car si vous vous appliquez, vous pourrez faire de mieux en mieux, et devenir un de ces « princes de la critique » comme on en compte deux ou trois en titre d'office : vous aurez alors une des situations les plus enviables qui se puissent rêver dans la littérature de votre temps.

Nous parlions tout à l'heure des catalogues comme documents utiles à consulter pour se guérir de la vanité d'auteur ;

il faut ici relever un autre de leurs avantages, qui est de suggérer des sujets ou des formes, et parfois même de fournir de l'ouvrage tout fait qu'il suffit de rajeunir pour en tirer des livres véritablement originaux. Beaucoup d'écrivains célèbres ont transformé en chefs-d'œuvre plus d'un de ces bouquins perdus sur les rayons des cabinets de lecture ou des bibliothèques de campagne. Nous pourrions citer, comme exemple de ces trouvailles fécondes, un vieux livre de voyages et d'aventures dont un écrivain de mon temps a tiré, pour commencer, trois grandes séries d'articles-variétés, et puis après, trois gros volumes. On peut dire qu'en achetant ce livre, qui lui a coûté tout juste six francs, l'auteur en question a gagné 1000 pour cent, au bas mot, car ce qu'il en a tiré de copie dépasse 6000 francs.

C'est une chose indispensable que de se tenir au courant de ce qui se publie sur vos œuvres. Soyez donc abonné à une de ces agences qui découpent dans tous les journaux les articles, gros ou petits, où vos ouvrages sont appréciés ou même simplement désignés. Lorsqu'il vous arrivera un article bienveillant, vous ne ferez que votre devoir en envoyant, à l'auteur s'il a signé, ou au directeur si l'article est anonyme, votre carte avec « tous mes remerciements », ou même une lettre s'il y a lieu. Conservez avec soin ces documents : c'est un peu l'histoire de vos œuvres.

Gardez, pour les relire et pour en faire collection, les lettres de lecteurs ou de critiques bénévoles. Plus tard, quand vous aurez à faire d'autres livres, vous pourrez trouver là des indications précieuses, soit dans le texte, soit même entre les lignes de ces jugements où les sous-entendus et les arrière-pensées sont aussi instructifs que les phrases ostensibles.

Enfin, et c'est là le dernier perfectionnement qui ait été inventé pour étendre soi-même l'aire de sa renommée, faites, comme les acteurs, des tournées en province ou à l'étranger pour y produire vos œuvres en les lisant devant des assemblées nombreuses, et votre personne, en vous montrant aux peuples sur les balcons d'hôtels aussi renommés que vous-même. Que la question de dépense ne vous arrête pas : les agences de voyage vous accorderont certainement de fortes remises, car rien qu'en laissant sur les coussins de leurs sleeping-cars l'empreinte de votre passage, la réclame que vous leur faites est un bénéfice pour leur caisse. D'un autre côté, en vous prêtant aux *interwiews* des reporters lancés à vos trousses, vous aurez une publicité monstrueuse dans tous les journaux de l'univers, ce qui est de l'or en barre.

Les avis sont partagés, nous ne le dissimulons pas, sur les avantages à espérer de ces sortes de marches triomphales, et on en pourrait citer plus d'une qui s'est liquidée par un désastre aussi financier que ridicule. Nous n'oserions prendre sur nous de vous donner un conseil, mais pour le cas où vous ne vous décideriez pas, il reste une ressource, celle-là infaillible, pour jeter votre nom à tous les échos de la renommée : c'est de mourir.

S'il est une région où le mort soit un être sacré, c'est en littérature. Non seulement il ne fait plus d'ombrage à personne, mais il fournit matière à copie pour des articles nécrologiques d'une grande étendue, où, tout en se pavoisant des plus généreux sentiments de justice et de respect, on n'y perd rien, de sorte que l'oraison funèbre fait à la fois la gloire du défunt dans l'autre monde, et dans celui-ci, le bénéfice du panégyriste.

L'inconvénient est que celui qui meurt véritablement ne jouit pas de ces honneurs posthumes : aussi quelques bons esprits ont-ils tourné la difficulté en ne mourant pas, mais en se faisant passer pour morts : c'est l'apothéose assurée, avec, de plus, une résurrection glorieuse. Généralement les héros de ces entreprises ingénieuses acceptent de bonne grâce la seconde partie du programme, et pourtant croirait-on qu'il s'est trouvé un fâcheux pour y regimber ! Un certain poète grec, furieux de l'indifférence de ses contemporains pour ses vers, s'avisa de faire le mort. Aussitôt ce fut dans tout le pays un concert de désespoir et de louanges. Au lieu de remercier, quand on l'eut porté en grande pompe au cimetière, avec des milliers de couronnes trempées de larmes, cet original se dressa furieux hors de son cercueil, dit mille sottises aux gens qui étaient venus lui faire la conduite, et pour les punir de lui avoir manqué d'admiration, se tua pour tout de bon, là !

Mais vous pouvez vous sentir quelque répugnance à vous enterrer vivant, de vos propres mains ; le stratagème, en effet, semble quelque peu lugubre : dans ce cas, rabattez-vous sur l'apocryphe. Si Macpherson avait publié *Ossian* sous son nom, le livre aurait certainement passé inaperçu, car il est formidablement ennuyeux : attribué à un vieux barde des siècles passés, il a pendant près d'un demi-siècle porté jusqu'au délire l'admiration des lecteurs les plus savants et les plus intelligents de l'Europe, à commencer par Napoléon, qui avait fait d'*Ossian* son livre de chevet : il ne trouvait rien d'aussi sublime. Les poésies de Clotilde de Surville ont fait la pâmoison de la haute société pendant de longues années, jusqu'à ce que Barbier ait découvert que le véritable auteur en était un marquis de Surville, ancien capitaine, condamné à mort et fusillé en 1798 pour vols à main armée sur les grandes routes.

Le mépris des richesses est la devise des écrivains ; ils ne travaillent que pour la gloire, c'est convenu. Néanmoins, pour le cas où il s'en trouverait quelqu'un qui ne fût pas précisément de cet avis, nous croyons devoir compléter à tout hasard nos renseignements sur la carrière par quelques évaluations utiles à consulter pour être toujours fixé sur les cours moyens du marché littéraire.

Un volume in-18 tiré à 1100 exemplaires coûte à fabriquer 1500 francs environ, à quoi il faut ajouter les frais de publication. Le prix de vente de 550 exemplaires doit couvrir les frais. Si tous les volumes sont vendus, il y a pour l'éditeur 10 0/0 de bénéfice net.

A chaque nouveau tirage, les frais généraux étant remboursés par la vente du premier tirage, le bénéfice par exemplaire s'augmente de la somme épargnée.

Pour un volume Charpentier, l'auteur reçoit, sur le premier

tirage, 40 centimes par exemplaire imprimé ; sur le second et tous les suivants, 50 centimes, soit 400 et 500 francs.

Pour les ouvrages grand in-8, généralement illustrés, il reçoit 50 centimes par exemplaire sur le premier tirage, qui se fait ordinairement à 3,000 exemplaires, soit 1500 francs, et 75 centimes sur le second tirage et les suivants.

Un volume, au dire des experts du métier, doit rapporter à l'auteur 5,000 francs : d'abord pour sa publication dans un journal, puis par la vente des exemplaires, enfin par les droits de reproduction ou de traduction. On conçoit que ce n'est là qu'une moyenne entre les livres qui ne rapportent rien et ceux qui peuvent rapporter des sommes folles. Il y a des ouvrages comme ceux d'Alexandre Dumas, d'Eugène Sue, qu'on reproduit depuis cinquante ans sous forme de livraisons ou de volumes, non seulement en France, mais dans tous les pays du globe.

Les privilèges du droit de propriété, dans les conditions que nous avons rapportées plus haut, ont amené les écrivains à se constituer en une Société des Gens de lettres, aujourd'hui reconnue d'utilité publique, et dont l'action consiste à relever partout, soit en France soit dans les pays qui ont avec nous des conventions littéraires, toutes les reproductions publiées par les journaux périodiques, et à en faire payer la redevance aux termes de traités qu'elle passe avec eux à des conditions variables selon le siège et l'importance du périodique reproducteur.

Ses agents lui envoient les feuilles contenant les reproductions d'ouvrages des sociétaires. Elle retient, pour entretenir le fonds social, 20 0/0, et remet 80 0/0 à l'auteur.

Non seulement elle gère les intérêts de l'auteur, mais au besoin elle défend ses droits, et intervient, s'il y a lieu, dans ses difficultés avec les journaux et les éditeurs.

La société, par un traité avec un libraire attitré, assure à chacun de ses membres la facilité de faire éditer leurs œuvres, à leurs frais bien entendu, mais avec l'avantage de la publicité, des annonces, des relations, et de l'exposition publique dans les étalages du libraire.

Le libraire a d'ailleurs le droit de refuser de publier s'il voit des inconvénients pour lui.

Enfin, outre qu'elle fait des avances et donne des secours, des bourses, aux auteurs malheureux ou à leurs familles, outre des prix annuels fournis par des donateurs sociétaires ou étrangers, elle assure à ses membres, après 60 ans d'âge et 20 ans de sociétariat, une pension annuelle et viagère de 500 francs payable par trimestre.

Les conditions d'admission sont : d'avoir publié la valeur de quatre volumes in-8; d'être présenté par quatre sociétaires; de payer une cotisation annuelle de 12 francs. Le comité statue sur l'admission.

Les conditions, sinon sévères, du moins très fermes, dont il faut justifier pour être admis dans la société, deviennent pour l'auteur une garantie et une recommandation à l'égard des journaux reproducteurs, qui du reste sont presque tous abonnés avec obligation de reproduire une certaine quantité de lignes par semaine : on a donc là des chances d'avoir des reproductions plus ou moins fréquentes : car un auteur isolé, à moins de dépenser des sommes folles, ne pourrait jamais savoir où et par qui il a été reproduit.

Quand donc ce ne serait que comme vulgarisation de ses œuvres, on aurait déjà un avantage incomparable ; mais les produits pécuniaires, que personne ne dédaigne, car un sou est un sou pour tout le monde, peuvent prendre des proportions indéfinies, à telles enseignes que certains associés touchent, déduction faite des 20 0/0 retenus par la société, plus de 40000 francs par an.

Les journaux abonnés demandent souvent des textes, soit en désignant un ouvrage déterminé, soit en faisant afficher dans les bureaux de la société des demandes de tel genre d'ouvrages : chacun peut consulter ces avis et proposer ou envoyer des textes. Mais il y a un moyen plus direct et plus efficace, qui est d'envoyer d'office des volumes, des séries d'articles, aux directeurs des journaux abonnés.

Les concours ouverts par l'Académie française, l'Institut, les sociétés savantes, offrent aux auteurs toute une carrière où ils peuvent, s'ils savent travailler au goût de ces divers cénacles, remporter des récompenses à la fois honorables et fructueuses, sans parler de la recommandation qu'un prix académique attache au nom et à l'œuvre d'un écrivain.

Bien qu'il faille aborder là un domaine réservé, tenant un peu du patrimoine pour un groupe particulier de bénéficiaires, avec du talent et de l'honorabilité, on y arrive très bien. Sur vos vieux jours surtout, si, à écrire des livres honnêtes et modestes, vous n'êtes pas devenu précisément millionnaire, vous verrez vos humbles triomphes académiques devenir plus bienfaisants à proportion du nombre de vos années.

Nous voilà au bout de la carrière; au delà il ne reste que l'hôpital. Il ne manquera plus désormais aux invalides de l'art d'écrire, grâce à la générosité magnifique de deux hommes de lettres dont le nom restera immortel, les frères Galignani, fondateurs du journal qui porte leur nom. Une superbe maison de retraite, pourvue d'une dotation qui défie l'avenir, ouvre un asile aux gens de lettres que l'âge, les infirmités et tant d'autres infortunes de la vie, ont réduits à accepter ce bienfait. Il existe d'ailleurs, pour des catégories spéciales d'écrivains, quelques établissements analogues.

Dieu vous préservera de finir ainsi, mais à la condition que vous ayez vous-même conduit sagement votre barque en évitant les écueils qu'on vous avait signalés : aide-toi, Dieu t'aidera.

Vous avez vu comment le livre meurt : bientôt ce sera votre tour. Après de longues années de travail, de création passionnée, d'espérances et de découragements, vous avez senti votre plume s'alourdir et trembler dans vos doigts; lorsque vous considérez la vie, il vous semble que le cercle de vos idées va se fermer, et que votre esprit saturé d'idées, votre cœur fatigué d'avoir battu si longtemps, demandent grâce et tombent de sommeil. Si vous êtes sage, si vous êtes ferme devant le préjugé de la mort, savourez avec délices le plus doux peut-être des temps de la vie : celui où, délivré des maux, rassasié des biens, guéri des désirs et des espérances, vous ne vivrez plus que de souvenirs; et si quelque chose peut adoucir vos adieux aux êtres chers qui doivent vous survivre, ce sera la pensée que vous leur laissez, dans les livres que vous avez écrits, le plus pur de votre âme.

SOMMAIRE DES CHAPITRES

CHAPITRE PREMIER
L'INSPIRATION ET LA LIBERTÉ

Émouleurs littéraires. Singerie. 2. — Hors des chemins battus. Toute-puissance de l'opinion. L'inspiration et ses sources. 3. — Hérédité littéraire. 4. — Cabotinage. La Fontaine, Ésope, Racine. 5. — Molière, Bossuet, Victor Hugo. *La Tristesse d'Olympio* et *Le Lac*. Écoles. Le premier mot de La Bruyère. 6. — Les dieux de l'encre. Révolte des peuples. L'enthousiasme de jadis. 7. — Le deuil de l'art. L'écrivain n'est qu'un homme. Les immortels qu'on ne lit plus. 8. — Modestie d'esprit et de raison. — Respect à ses lecteurs. La terreur par l'ennui. Pétard et torpille. 10.

CHAPITRE II
DU SUJET

Tout est dit. Ce qu'on aurait dû faire des premiers livres écrits en ce monde. Source des idées humaines. 11. — Le langage typographique. Livres primitifs. Le papyrus et les livres des Grecs. Le parchemin. Le papier. 12. — L'antiquité littéraire et philosophique. Invariabilité de la vie. Le livre unique. 13. — Histoire abrégée de la philosophie. Les romanciers et l'horreur. Descriptions et analyses de l'amour et de la corruption. La poésie de la fin. 14. — Krach du livre. Agonie et résurrection. Les soi-disant révolutions littéraires. 15. — Ni brevet ni diplôme. La prétendue enfance de l'esprit humain. Éternité des idées vraies. Indifférence du choix du sujet. 16. — L'homme du livre. Le nom seul est immortel. 17. — Les formes. Génie et mérite. 18. — L'ingurgitation de soi-même. 19. — Citateurs d'Horace et de La Fontaine. La tabatière à musique. L'usure du livre par la lecture. 20. — Le meilleur des critiques : soi-même. Garder aussi précieusement ses défauts que ses qualités. 21. — Se relire. 22.

CHAPITRE III

DE L'IMITATION

Lecture des bons auteurs. Qu'est-ce que la beauté du style? 23. — L'esthétique dogmatique. 24. — L'esthétique du sentiment. Bossuet et l'abbé Cottin. De l'aigle au canard. Ne pas lire la critique des grands auteurs. 24. — Inspiration et respiration. Expérience d'imitation inconsciente. L'association des idées. 25. — L'hyperbole et les disproportions en poésie. 26. — Tyrannies du rythme. Contagion du vers. Le trompe-l'œil en poésie. Difficulté de distinguer les uns des autres les ouvrages en vers. Poètes perroquets. 27. — La prose inimitable. Lectures générales. 28. — Littérature scientifique. Critique et lecteur. 29. — L'usage littéraire. 30. — Lecture à un ami. 31.

CHAPITRE IV

DES GENRES

Sources des livres. 34. — Comment vient l'idée d'un livre. Réflexion, cours des idées. Notes. Digestion de l'idée. 35. — Misères de la composition. Conception étrangère. L'oie aux marrons et la dinde truffée. 36. — *Age quod agis*. L'école des navrants. 37. — Pessimisme. Misanthropie. Ironie. Scepticisme. 38. — Athéisme. Thèses morales. Surnaturel, hypnotisme, suggestion. 39. — Théories scientifiques, matérialistes, immorales. Le macabre. 40. — Aliénation mentale. 41. — Responsabilité de l'écrivain. Mauvais livres. 42. — Contagion du mal. 43. — Schopenhauer, Gœthe, et l'assassinat littéraire. *Werther*. 44. — Difficulté de représenter le bien. Facilité de représenter le mal. 46. — Les Harpies. L'hyperbole. 47. — La mesure. L'agrandissement poétique. 48. — L'idéal ridicule. Coups de pistolet. Justesse du tir. 49. — Grossissement et réduction. Énigme, secret, mystère. Un dithyrambe stupéfiant sur la vieillesse. La mécanique en littérature. Fantastique. 50. — Fantaisie. Singularité. Le fantastique dans l'antiquité. 51. — Le même au temps présent. Descriptions. — Roman d'amour. Morphine érotique. 53. — Mise en scène et personnages.

Tout le monde furieux. Roman historique ; d'aventures, 54. — Le tragique, sa limite d'intensité. Tragédie. Le superlatif du suprême. Réserve dans l'expression. Abus de l'amour et de la mort, 57. — *Nésilda la pauvre mère*. Champfleury et *Les Bourgeois de Molinchart*, 58. — Détails trop techniques sur l'amour, les cadavres, les fous, les filles matériellement corrompues. Genres naïfs. Idylles. Paysanneries. Prose poétique. Mysticisme. Psychologie imaginaire, 59. — Mémoires. Espionnage. Ingratitude. Scandale. Banalité. Livres de morale, 61. — La vertu comme sujet. 62. — Roman par lettres, 63. — La nouvelle, 64. — Mélanges, 65. — Conte, 66. — Boutade, 67. — Invective. Récit personnel. Dialogue, 68. — Roman dialogué. Voyages, 69. — Mysticisme et bouddhisme. 70. — Livres de philosophie, 71. — Pensées ou maximes. Naturalisme. 72. — Analyse. Vivisection appliquée à l'amour. Écueils et bonnes passes. Livres scientifiques, 73.

CHAPITRE V

DES LIEUX COMMUNS

Lieux communs et métaphysique. 75. — Idées-mères. Idées moyennes. La langue, lieu commun, 76. — La monnaie des idées. La liberté du charabia. La « politesse » de la littérature. 77. — Fixité de la langue française. Français moyen. 79. — Bataille de l'originalité contre le lieu commun. Pomme cuite et laurier. Sens commun. Sentiment de la vie. 80. — Le « bon sens ». 81. — Les humbles. Sentiment de la nature. 82. — Le vrai du sens commun. Le vrai en littérature, 84. — Le vrai des philosophes. Le vrai individuel. 85. — Gazons écarlates. 86. — Comparaison et métaphore. Respect pour la langue. 87. — Le grain de réalité. Le ferment des idées vraies. 88. — Mesure du vrai en littérature. Le savant de Gulliver. 89. — Tout ce qui est élevé, noble ou émouvant est un lieu commun. La religion est le lieu commun divin. 90.

CHAPITRE VI

VERTUS ET VICES LITTÉRAIRES

Naturel. Simplicité. Formules de la langue intellectuelle. 91. — La « littérature » en soi. 92. — « L'hydre de l'anarchie » et « cruelle énigme ». Simplicité littéraire des anciens? La simplicité dans l'homme, quoi qu'il écrive. 94. —

Jean Huss. 95. — Originalité. 96. — Cacographie salutaire. La bêtise dans les ouvrages de l'esprit. Le monstre indéfinissable et insaisissable. 98. — Bêtise larvée. Symptômes et caractères. 99. — Effets apparents et constants. Prophylaxie de la bêtise. 100. — Le sot et la sottise. 102. — Débordement de la sottise littéraire. 103. — Modestie à garder. La joie, vertu des forts. L'esprit, gaîté de l'intelligence et forme supérieure de la raison. 104. — L'insurrection de l'ennui. 105. — Le siècle de Louis-Philippe. 106. — La tristesse de la France. Nés le crêpe au bras. Craquements de bon augure. 107.

CHAPITRE VII

LA PHRASE. LOIS GÉOMÉTRIQUES ET MUSICALES DE LA PENSÉE

La phrase. Son rôle dans la composition. 109. — Définition du style. « Le style est l'homme même. » 110. — Les novateurs et la syntaxe. L'iroquois en français. 111. — La pléiade contre l'orthographe. Le français légal. 112. — Le français diplomatique. 113. — Fausse pauvreté du français. La pensée en mots. 114. — Les cinq écrivains suprêmes. Les proportions dans la phrase. 115. — Rapport entre la phrase et le sujet. 116. — Nombre des phrases chez Bossuet, Buffon et Voltaire. 117. — Proportions des alinéas. Calibre de la phrase. La mesure musicale dans la poésie et la prose. 119 à 123. — Exemples. 120 à 122; 124 et 125. — La triade en littérature. 123. — Syntaxe des langues sémitiques. Cristallisation des idées. 126. — Syntaxe des phrases entre elles. Trajectoire de l'idée générale à travers le livre. 127. — Les monosyllabes dans la langue française. 128 à 130. — La ponctuation naturelle. Expérience. 131. — Notation de la parole. Excès ou insuffisance de ponctuation. 132. — Une averse de virgules. 133. — Égalité. Avantages du comma ou deux-points. 134. — Moyen d'apprendre facilement à ponctuer. 135. — Réforme de l'orthographe. Objections. 136, 137.

CHAPITRE VIII

DES MAUVAISES PHRASES

Répétitions. 139. — La chaîne de phrases incidentes. Les « Qui » et les « Que ». *Contes sans Qui ni Que*, par M. Henry de Chennevières. 140. — Abus des mots relatifs. Deux verbes terribles : « Être » et « Avoir ». 141. — Moties. Bonne cuisine et bonne littérature. 142. — Abus des adjectifs et des

SOMMAIRE DES CHAPITRES

superlatifs. Mots bizarres ou hors d'usage. Vocables à deux têtes. 143. — La métaphore et le coq-à-l'âne. 144. — Phrases difficiles. 145. — *Ludovico Magno*. La note sur Francis Wey. 146. — Le tour de phrase. Le madrigal de M. Jourdain. Inversions néologiques. Phrases défectueuses. 147. — Disproportion des parties accessoires. 149. — Description. Poissons. 150. — Parenthèses. 151. — Notes. Un article sur Béranger. Conditions d'une bonne phrase. 152. — Cacographie expérimentale. Droit de franche critique. 153. — La lutte du pauvre contre le riche. 155.

CHAPITRE IX

INSTALLATION. OUTILS ET HABITUDES

Le violon de l'âme. La table à écrire. 157. — Utilité des déplacements pendant le travail. L'éléphant. Choix du siège. 158. — Les outils sacrés. Qualités morales et intellectuelles des fournitures de bureau. 159. — La plume de fer devant la plume d'oie. La vie des choses. 161. — Taille de la plume. 162. — Habitudes et douces folies. Nécessaire de l'écrivain. Les ciseaux et la colle. 163. — Amputation et rapetassage. Le meilleur procédé de correction. 164. — Puissance des infiniment petits. Optique de l'impression. Propriétés de la plume d'oie. 165. — Le tic-tac du coucou. L'idole. 166. — Le peuplier de Kant. Manuscrits de fantaisie. 167. — Manuscrit de *Colomba* et de *La Nouvelle Héloïse*. 168. — Angoisses d'Alexandre Dumas. Poupées de Ponson du Terrail. 169. — Recorrigeurs éternels. Corrections de Balzac et de Cousin. Émile Deschamps et les illisibles. 170. — Composition à la dictée. 171. — Nécessité des habitudes, éclair de repos. L'effort d'écrire. Un kilogrammètre à formuler. 172.

CHAPITRE X

HYGIÈNE DU TRAVAIL

Mesure du temps de travail. 175. — Réflexions préparatoires. Temps qu'on gagne à écrire lentement. Les trouvailles de la réflexion. Notation des idées. 176. — Les inconvénients du travail de nuit. Le travail de Balzac. 177. — Heures propices. Le matin, le soir. La journée. Régime alimentaire. Soulards de génie. 179. — Régime de l'écrivain. Bénédiction du café. 180. — L'abus du café. Le bain. Excitation et équilibre. 181. — Le calme autour de l'écrivain. Le physique et le moral. 182. — Hygiène de l'activité cérébrale. Précautions et dangers. 183. — Vêtement. Les manchettes de Buffon. 184. — Costumes historiques, religieux ou militaires. Horace Vernet. Duchesse Colonna. Sarah Bernhardt. George Sand. Balzac. Buffon. Courchamp. L'abbé de Choisy. 185. — Uniformes littéraires. Si l'écrivain est un dieu. Physionomie voulue. 186. — La barbe en littérature. Métaphysique de la toilette. 187. — Température. 188. — Vents coulis. La vue. Éclairage insuffisant. Lumière artificielle. Repos du regard. 189. — Direction de la lumière. Curieuse expérience sur l'insuffisance de lumière. Le raisonnement des yeux. 190. — Choix de l'éclairage artificiel. Neutralisation des rayons nuisibles. Gouvernement de la lampe. 192. — Éclairage aux bougies. Pupitre incliné. La lunette d'approche et l'accommodation du cristallin. 193. — Surfaces colorées. *Gare à vos yeux!* Le cœur de Francisque Sarcey. 194.

CHAPITRE XI

LE TRAVAIL DE COMPOSITION

Lois intellectuelles de la composition littéraire. 197. — L'être de raison. Conception de l'œuvre. La pose à prendre. 198. — Se laisser voir, se montrer, ou s'étaler ? 199. — Mauvais pli. 200. — Lecture d'ouvrages analogues. La thèse en roman ou en poésie. 201. — L'actualité. 202. — Méditation. Ses abus. Inspiration par le travail. 203. — Association des idées. 205. — Les inspirations du monde extérieur. 206. — Les idées scientifiques. Littérature savante. 207. — L'assemblage des idées. Direction et équilibre de l'ensemble. 208. — Le plan. Difficultés d'exécution. Suspension du travail. 209. — Ivresse cérébrale. Les parties et l'ensemble. 210. — La cueillette des idées. 211. — Transitions. Enchaînements. 212. — Anticipation. Remaniements. 213. — Morceaux détachés. 214. — Flans à estamper les descriptions. Unité de talent. 215. — Travail par fiches. 216.

CHAPITRE XII

RÈGLES GRAPHIQUES POUR LA RÉDACTION DU MANUSCRIT

Ponctuation supérieure. 221. — Règles typographiques. 222. — Autorité absolue du *Dictionnaire de l'Académie*. Manière de modifier le foliotage du manuscrit. 223. — Nécessité des marges au manuscrit. 224. — Notes hors texte.

Sous-notes. 225. — Manuscrit recopié. Corrections. 226. — Suppressions. Additions. Remaniements. Interversions. 227. — Transposition, intercalation, de passages entiers. 228. — Abréviations. Emploi des italiques et des majuscules. Des traits d'union. 229. — Les italiques et les majuscules dans la faiblesse d'esprit. 230. — En-tête d'alinéas en italiques. 232. — Manchettes en notes marginales. Coupures des mots en fin de ligne. 233. — Noms composés. Distribution des guillemets. Les tirets dans le dialogue. 234. — Points de suspension. Signes scientifiques. 235. — Signes auxiliaires de la ponctuation. Accolade. Apostrophe. Astérisque. Parenthèse. Crochets. 236. — Tiret. Paragraphe. Trait d'union. 237. — Pied-de-mouche. Croix. Versets et Répons. Main. Points carrés. 238. — Coupure de mots. 239. — Distribution des alinéas. 240. — Référence en arrière ou en avant. Numérotage unique de tous les paragraphes de l'ouvrage. 241.

CHAPITRE XIII

DES DIVISIONS DE L'OUVRAGE

Compréhension des divisions. Volume. Tome. 243. — Parties. Livres. Paragraphes. Alinéas. 244. — Vignettes. Triangles d'étoiles. Proportions progressives des divisions. 245. — Caractères divers pour les distinguer. 246. — Table des divisions de l'ouvrage ; sa place. Table des signes. Sommaires ou arguments. 247. — Leurs proportions. Caractère à y employer. Leurs avantages. 248. — Manière de les préparer. Leur répartition en détail dans le texte courant. 249. — Sommaires des livres d'étrennes. Index ou table alphabétique. Un *Horace* des Plantins. 250. — Manière de composer les index. 252. — Les indications générales du livre. Faux titre. Liste des ouvrages de l'auteur. 253. — Frontispice ou titre. Réserve des droits de traduction ou de reproduction. Épigraphe. Gravure. Dédicace. Titre de départ. Importance du titre. Sa rédaction. 254. — Les titres de romans. Curieuse histoire à faire. 256. — Pièces liminaires. 258. — Préface en poésie et en pièces de théâtre. Introduction. Dédicace. 259. — Avant-propos. Avis au lecteur. Pièces de vers. Préface d'ami. Post-face. Conclusion. 260. — Ordre des pièces liminaires. Titre courant. 261. — Numéros d'ordre des chapitres. 262.

CHAPITRE XIV

ÉDITION ET ÉDITEURS

Recherche d'un éditeur. Édition par l'auteur. Choix d'un imprimeur. 263. — Impression du livre. Magasinage des exemplaires. Prise en dépôt par des libraires. Emballage et expédition d'exemplaires. 264. — Commissionnaire en librairie. Enveloppement des exemplaires expédiés. Assurance. 265. — Service de presse. Dons d'auteur. Annonces dans les journaux. Correspondance et visites. Comptes inextricables avec les libraires dépositaires. 266. — Ouvrages spéciaux. Les *Évangiles* de la maison Hachette. L'édition par l'auteur est à peu près impraticable. Recours à un éditeur. 267. — Simplicité de l'affaire. Conclusion par traité, par échange de lettres ou par convention verbale. L'édition moderne. 268. — L'imprimerie d'autrefois et celle d'aujourd'hui. Le transatlantique et le tronc d'arbre. Gutenberg. La littérature sans l'imprimerie. Ce que représente la librairie. La Bibliothèque nationale. 269. — Le monument de l'esprit humain. La librairie et la science. Livres d'art. Les *Restaurations de l'École de Rome* et le budget de la France. Les premiers critiques du monde. Immensité des services rendus par les éditeurs en n'éditant pas les méchants livres. La science littéraire des éditeurs. 270. — L'édition obligatoire. Influence des libraires. Lequel, de l'auteur ou de l'éditeur, vit aux dépens de l'autre? 272. — Ladvocat. Le *Livre des Cent-et-Un*. Les grandes puissances typographiques de la France. 273. — Didot. Mame. 274. — Plon. Georges Masson. 275. — Éditeurs spéciaux. La maison Hachette. Maire-Nyon-Pigoreau. 278. — Un livre à faire. Ce que pèse une plume. 279.

CHAPITRE XV

TRAITÉ. PROPRIÉTÉ LITTÉRAIRE

Le contrat de bonne foi. Confiance et respect. Les vaines récriminations. — 281. — Course aux éditeurs. Camaraderie, relations, influences. Édition léonine. 282. — Les candidats à l'édition. 284. — Choix d'un éditeur. Retours de fortune d'un livre. Impossibilité de compter avec les éditeurs. 285. — Droit de vérification de l'auteur. Verbreckhœven et Victor Hugo. Formes diverses du contrat d'édition. Conventions verbales. 286. — Échange de lettres. Délais de payement ou de résiliation. Tarifs des honoraires d'auteur. Taux moyen.

Distinction sur l'époque du payement, 288. — Modèle de traité d'édition, 289. — Explication des articles d'un traité. Propriété littéraire, 291. — Durée, 292. — Prix de cession, 293. — Règlement des droits, 294. — Éditions frauduleuses. Exemplaires donnés. Clichés. 295. — Mains de passe, Droit de traduction et de reproduction, 296. — Clichés, 297.

CHAPITRE XVI

DES ÉPREUVES

Les mesures et les distances dans la page typographique. Conséquences des corrections d'auteur. 299. — Ce qu'il faut de lettres et pièces diverses pour composer une page d'impression. La correction des épreuves. Devoirs délicats de l'écrivain. 300. — Décompte des corrections. Prix d'une heure de correction. Nombre et échange des épreuves. 301. — Envoi et renvoi des épreuves, Collection et revision des placards. 304.

CHAPITRE XVII

DE LA LECTURE ET DE LA CORRECTION DES ÉPREUVES

Attributions des ouvriers typographes. Correction. Correcteur. Corrigeur. 307. — Lecture et correction à l'atelier. Envoi à l'auteur. Les trois sortes de lecture de l'épreuve. Lecture typographique. 309. — Lecture intellectuelle. Lecture littéraire. 310. — Nombre total des lectures d'une épreuve. Correction surprenante des journaux. Réserves et explication. 311. — Les virtuoses de la typographie. Corrections par l'auteur. 312. — La transformation typographique. Les signes de correction. 313. — Série des signes les plus usuels. 314. — Comment s'inscrit une correction. Transpositions de mots ou de passages Ordre et méthode pour corriger les épreuves sans erreur ni fatigue. 317. — Ses avantages. Recueil des épreuves. 318. — Bon à tirer. Responsabilité de l'imprimeur. Carton. La correction des titres courants et du foliotage. 319. — Un drame typographique de 100 pages. 320.

CHAPITRE XVIII

DES COQUILLES

Sine mendâ. La coquille infernale. 321. — Le type du correcteur. Les batailles de la correction. 322. — Les avertissements du correcteur. Puissance de l'instinct professionnel. 323. — Les bienfaits de la coquille. La coquille de Rosette. 324. — Un incunable de la conchyliographie. La plus colossale des coquilles. 325. — Lélémaque !!! 326. — Le clichage et la correction fixée. Bonnes feuilles. 327.

CHAPITRE XIX

L'IMPRESSION DU LIVRE

Beautés de l'imprimerie. Une esthétique à inaugurer. 329. — Influence de la typographie sur l'esprit humain. La possibilité de corriger indéfiniment. 330. — Qui a inventé l'imprimerie. Gutenberg. L'amour du métier et des camarades. 331. — La typographie française. A la mémoire de Pierre Robuchon, imprimeur à Fontenay-le-Comte. 332. — Les affreux défauts des typographes. 333. — Les vertus et les grâces des typographes. La poignée de main. 334. — A l'imprimerie. Approvisionnements. Le papier d'impression et ses diverses qualités selon le format. 335. — Choix du format selon la matière du livre. Grands, moyens et petits formats. Elzévirs, aldes, formats allongés. 336. — L'in-16 carré. Ses avantages. Justification. Formule géométrique de la proportion des marges. 337. — Choix du caractère. 338. — Pureté de style et perfection de gravure. Unité de type dans un même ouvrage. Force du caractère. Nombre de lettres à la ligne. Influence de la composition typographique sur la vision et sur l'effet intellectuel. Les blancs et la lumière. 339. — Nombre de lettres par ligne. L'esthétique typographique. Les bibliophiles. Travail préparatoire de l'imprimeur. Lecture du manuscrit. Conditions graphiques, division, pagination, répartition régulière du texte. 340. — Procédé d'évaluation du nombre de lettres d'un manuscrit. Causes de mécompte. Intérêt, pour l'auteur, à les écarter. 341. — Spécimen de la justification. Distribution du travail de composition. Responsabilité de l'auteur. Attributions des divers collaborateurs. 342. — Le metteur en pages, ses fonctions d'entrepreneur responsable. 343. — Le prote. 344.

CHAPITRE XX

LA COMPOSITION TYPOGRAPHIQUE

La composition typographique. Définition du travail. Lettre, espaces, cadrats, cadratins, interlignes. 345. — Casse. Haut et bas de casse. Le compositour au travail. Manœuvre du compositeur. Aspect de la composition. 346. — Lettres renversées. Cachet et mosaïque. Espacement des mots. Ses nécessités et ses inconvénients. 347. — Impression en page. Tomber en fin de chapitre. Copie à ajouter ou à retrancher. Placement des gravures. 348. — Le titre ou frontispice. Une critique à exploiter. Les beautés du titre. 349. — Règles géométriques de la composition du titre. Conditions intellectuelles de ses énonciations. L'ovale et le vase. La typographie et l'architecture. 351. — Le titre du présent livre. 352. — Titres courants. Couverture. 353.

CHAPITRE XXI
LA VIE ET LA MORT DU LIVRE

Ce qui fait le succès d'un livre. La réputation. 357. — La gloire d'autrefois. L'empyrée littéraire. La république des lettres. 358. — L'immortalité des primitifs. La sérénité et ses privilèges. 359. — Publicité éperdue. Prospectus. Affiches. 360. — Voitures à bras. Scènes en carton. Interviews. Éditions fictives. 361. — Exemplaires donnés. Comptes rendus. 363. — Courtiers et placiers. Influence du libraire. 364. — Réclames de journaux. Critiques banales. Un ennemi! 365. — Déception. Lettres de donataires. Le boyard monténégrin. 366. — L'explorateur du Chimborazo. Le solde. La botte du bouquiniste. 25 centimes! Résurrection inexplicable. Voyage du livre à travers les catalogues. 367. — La gloire transatlantique. 368. — L'enfouissement. Les pruneaux. Abandonné, même des rats! Le pilon. *E finita la commedia*. Le livre est mort. 369.

CHAPITRE XXII
LA CARRIÈRE

Ressources littéraires. 371. — Perfidies de la carrière. Caractère. Originalité. 372. — Statues de boue. Avoir une profession sérieuse. 373. — La manie d'écrire. Histoire effroyable d'un dictionnaire d'histoire naturelle. 374. — Les écrivains payants. 376. — Prudence dans la modestie. Les connaissances. 377. — Rivaux et émules. Salons littéraires. Les femmes. La bonne compagnie. 378. — La presse périodique. Avantages et inconvénients. 379. — Revues de famille. 380. — Revues à volumes. Grandes revues. Encore les femmes. 381. — Le feuilleton. Concurrence des femmes. Littérature puérile. 383. — Jules Verne. 384. — La vraie littérature intellectuelle. Écrire sans relâche. Assortiment en portefeuille. L'ours. La vérité sur la production littéraire, 388. — Catalogues et trouvailles. Canonicat de la critique, 389. — Un bouquin rémunérateur. Agence de comptes rendus, 390. — Lettres de lecteurs. Tournées littéraires. Interviews de reporters, 391. — Le décès en littérature. Mort réelle, mort supposée, 392. — L'apocryphe. Ossian, Macpherson, Napoléon, 393. — Renseignements pécuniaires. Prix de fabrication d'un volume, 394. — Ce que doit rapporter un volume. La Société des gens de lettres. Ses avantages et son mode d'action, 395. — Avances, secours, bourses, pensions. Assistance littéraire et judiciaire, 396. — Prix et concours. L'hôpital. La maison de retraite Galignani. La fin de la carrière, 398.

Ouvrages de l'Auteur
QUI SE TROUVENT A LA MÊME LIBRAIRIE

UNE ACTUALITÉ DE L'AN 1803. *Journal de voyage d'un officier français (le colonel Louis Mouton).*

LES LOIS PÉNALES DE LA FRANCE *en toutes matières et devant toutes les juridictions, exposées dans leur ordre naturel, avec leurs motifs.* 2 volumes grand in-8.

LE DEVOIR DE PUNIR, *introduction à l'étude et à la théorie du droit de punir.* 1 volume.

LA PHYSIONOMIE COMPARÉE, *traité de l'Expression dans l'homme, dans la nature et dans l'art.* 1 volume.

LA BIBLIOTHÈQUE DE L'ÉCOLE DES BEAUX-ARTS. 1 volume.

FRANÇOIS RANCHIN, *premier consul et viguier de la ville de Montpellier pendant la peste de 1693.* 1 volume.

ZOOLOGIE MORALE, *études humoristiques, sentimentales et anthropologiques à propos des bêtes, ornées d'une eau-forte, par Henri GUERNIER.* 2 volumes.

LES VERTUS ET LES GRACES DES BÊTES, *même ouvrage, illustré par Auguste Vimar.*

VOYAGES ET AVENTURES DU CAPITAINE MARIUS CAVAOUADAN, *commandant le trois-mâts la* BONNE MÈRE, *du port de Marseille, avec le portrait du capitaine, dessiné par l'auteur.* 1 volume.

Même ouvrage, illustré de 60 gravures dessinées par Zier. 1 volume.

CONTES, *ornés du portrait de l'*Invalide à la tête de bois, *dessiné et gravé à l'eau-forte par l'auteur.* 1 volume.

NOUVELLES, *ornées du* Canot de l'Amiral, *dessiné et gravé à l'eau-forte par l'auteur.* 1 volume.

FANTAISIES, *ornées d'*Un Précepte d'Horace, *dessiné et gravé à l'eau-forte par l'auteur.* 1 volume.

FUSIL CHARGÉ, *récit militaire.* 1 volume.

CHIMÈRE, *roman philosophique.* 1 volume.

LE SUPPLICE DE L'OPULENCE. 1 volume.

L'AFFAIRE SCAPIN, *suivie de* Cydalise, le Squelette homogène *et* Un Transport de justice. 1 volume.

HISTOIRE DE L'INVALIDE A LA TÊTE DE BOIS, *suivie de trois Nouvelles, illustrations en couleurs, par Georges CLAIRIN.*

AVENTURES ET MÉSAVENTURES DE JOEL KERBABU, *Breton de Landerneau en Bretagne, dans ses voyages en Portugal, aux Indes-Orientales, en Arabie, en Éthiopie, en Chine, au Japon, au Tonkin et en France; ouvrage illustré de 61 gravures, d'après Alfred PARIS.*

LES VOYAGES MERVEILLEUX DE LAZARE PODAN, *Marseillais, en Portugal, au royaume de Siam, et en Chine, ouvrage illustré de 31 vignettes dessinées par Édouard ZIER.*

MACON, PROTAT FRÈRES, IMPRIMEURS

Publications de la Librairie H. WELTER.

EN VENTE
A LA
LIBRAIRIE H. WELTER

Acta Sanctorum (Édition Palmé). 64 vol. in-fol. (3000 fr.)............ net 2500 fr.
Amélineau (E.) Géographie de l'Égypte à l'époque copte. In-8, 1893............ 35 fr.
Amiaud et Scheil. Les inscriptions de Salmanasar II. 1890............ 12 fr. 50
Analecta Liturgica, publ. par Weale et Misset. 3 vol. in-4, 1888-88 (75 fr.)...... net 60 fr.
Aruch completum, hebr., ed. Dr. A. Kohut. 8 vol. in-4, 1878-92. (200 fr.)... net 100 fr.
Beaufort. Dissert. sur l'incertitude des 5 prem. siècles de l'hist. rom. 1866 (15 fr.), net 3 fr. 50
Belfort. Archives de la Maison-Dieu de Château-dun. 1881. (10 fr.)............ net 4 fr.
Bibliothèque grecque vulgaire, publ. p. E. Legrand. VI : Exploits de B. Digénis-Acritas. 1892............ 15 fr.
— VII. Docum. concern. les relations du Patriarcat de Jérusalem avec la Roumanie. 1895. 30 fr.
Bladé (J.-F.). Epigraphie de la Gascogne. 1885. 7 fr. 50
Blanc. Bibliographie italico-française. 2 vol. in-8. 1886............ 30 fr.
Blavignac (J.-D.). La cloche Gr. in-8. 1877. 10 fr.
— Hist. des enseignes d'hôtellerie, etc. 1878. 5 fr.
Blondeaux. Le Christianisme. In-8. 1887. (7 fr. 50)............ net 2 fr.
Boëns. L'art de vivre. Traité d'hygiène. 1890. (6 fr.)............ net 2 fr. 50
Bompois. Sur quelques monnaies anépigraphiques. In-4. 1878. (6 fr.)...... net 3 fr.
— Les types monétaires de la guerre sociale. In-4, avec 3 pl. 1873. (15 fr.).... net 7 fr. 50
— Des monnaies frappées par la communauté des Macédoniens. In-4, 5 pl. 1876. (15 fr.). net 7 fr. 50
Buet (Ch.). La Papesse Jeanne. In-16. 1870. 1 fr.
Burguy. Grammaire de la langue d'oïl, 3e édit., 3 vol. 1882. (32 fr.)............ net 20 fr.
Bury. Philobiblion. Trad. fr. par Cocheris. In-16. 1856. (12 fr.)............ net 4 fr.
Caesar. Texte latin, notes et comment., par Dubner. 2 vol. in-4. 1867. (40 fr.). net 10 fr.
Carbonel (P.). Histoire de la philosophie. In-8. 1882. (7 fr. 50)............ net 4 fr.
Carnandet (J.) et J. Fèvre. Les Bollandistes et l'hagiographie. In-8. 1866. (12 fr. 50.) net 7 fr. 50

Cartault (A.). Terres cuites antiques trouvées en Grèce et en Asie Mineure. In-fol., avec 85 pl. 1882. (120 fr.)............ net 70 fr.
Catalogue des incunables de la Bibliothèque Mazarine, par Marais et Dufresne de St-Léon. 1893............ 40 fr.
Catalogue des thèses soutenues en France depuis 1885.
 I. — Pharmacie (Paris), p. le Dr Dorveaux. 1889............ 5 fr.
 II. — Sciences physiques et naturelles, par A. Maire. 1891............ 10 fr.
 III. — Pharmacie (Province), par le Dr Dorveaux. 1891............ 7 fr. 50
 IV. — Thèses de lettres, par H. Welter, 1896. 10 fr.
Catulle. Texte, trad. p. Rostand, et comm. p. Benoist et Thomas. 2 v. 1882-1890. (20 fr.). net 10 fr.
Cavagnis (F.). Notions de droit public, naturel et ecclésiastique. In-8. 1890. (6 fr.).. net 3 fr. 50
Champier (S.). Le Myrouer des Appothiquaires. 1895............ 4 fr.
Charles d'Orléans. Poésies, publ. par Champollion-Figeac. In-8. 1842. (15 fr.). net 6 fr.
Collinet et Baudot. Armorial des Évêques de Troyes et de Dijon, av. 53 blasons. In-4 1869. (6 fr.)............ net 3 fr.
Combefis (F. Fr.). Bibliotheca Patrum Concionatoria. I. In-4. 1801. (15 fr.).... net 6 fr.
Combes (F.). Les Libérateurs des nations. In-8. rel. toile. 1874. (7 fr. 50.)...... net 2 fr. 50
Costa de Beauregard. Les habitat. lacustres du lac du Bourget. In-4. 1870. (5 fr.).. net 3 fr.
Courrier de Vaugelas. (Études de grammaire). 11 vol. in-4. (85 fr.)............ net 30fr.
Dante. 3 trad. françaises des 15e et 16e siècles, avec introduction par C. Morel. In-8, avec 25 planches. 1895............ 35 fr.
Du Cange. Glossarium mediæ et infimæ latinitatis. 10 vol. in-4, 1883-87. (400 fr.) net 250 fr.
— Sur Hollande (600 fr.)............ 350 fr.
Encyclopædie der Naturwissenschaften (en cours de publication, éditée par E. Trewendt de Breslau), tomes 1 à 31, in-8, illust., br. et neufs. 1879-96. (530 fr.)............ net 250 fr.
Ou séparément : Botanik. 5 vol. (115 fr.). 60 fr.
— Mathematik. 2 vol. (48 fr. 75.). 28 fr.
— Zoologie. Tomes I à VI. (117 fr. 50.).55 fr.
— Mineralogie, Geologie, Palæontologie. 3 vol. (60 fr.) 30 fr. — Pharmacognosie (26 fr. 25) 12 fr. — Physik. Tome 1. (30 fr.) 15 fr. — Chemie. 13 vol. et table. (275 fr.) 165 fr.
Estienne (Henri). Deux dialogues du nouveau langage françois italianizé (1578), publ. par A. Bonneau. 2 vol. in-8. 1883. (25 fr.). net 12 fr.

Publications de la Librairie **H. WELTER**.

Faguet (E.). La tragédie française au 16e siècle, (1550-1600). Nouv. éd. In-8, 1895. . . . 10 fr.
Feach (l'abbé). De l'ouvrier et du respect. In-12, 1888. 1 fr. 50
Foulché-Delbosc. Grammaire espagnole complète, 2e éd. 1889 (4 fr.). . . . . net 2 fr.
— La même, rel. (5 fr.). . . . . . . net 2 fr. 50
— Abrégé de la gr. esp. . . . . 2 fr. 50
— Exercices espagnols. . . . . 2 fr. 50
Gallia Christiana. Réimpress., Palmé, T. I à V, XI et XIII. Chaque vol. (75 fr.). . . net 50 fr.
Je me propose de réimprimer les tomes 6 à 10 et 12.
Gautier (Léon). Les Épopées françaises, 2e édit. 4 vol. 1878-94. . . . . 80 fr.
— Biblio. de la chanson de geste. (Suppl. aux Épopées). 1896. . . . . 15 fr.
— La Chevalerie. 3e éd. In-4, ill. 1895. (25 fr.) . . . . net 12 fr. 50
Gazette anecdotique. Collection complète, 1876-91. 32 vol. (288 fr.). . . . . net 60 fr.
Graesel. Manuel du bibliothécaire. In-8, 1896, relié. . . . . 12 fr.
Guiraudon. Manuel de la langue foule. 1895, relié. . . . . 7 fr. 50
Harrisse (H.). Excerpta Colombiniana. 1887. (35 fr.). . . . . net 25 fr.
— Le même sur Hollande. (50 fr.). . net 40 fr.
— Notes pour servir à l'histoire, la bibliographie et la cartographie de la Nouvelle-France (Canada). 1872. . . . . net 20 fr.
— History of the Discovery of North America. In-4, avec 23 pl. 1892. (150 fr.). . net 120 fr.
— Sur Hollande. (250 f.). . . . . . . net 200 fr.
— Sur Japon. (400 fr.). . . . . net 320 fr.
Hérisson. Relation d'une miss. archéol. en Tunisie. In-4, avec 9 pl. 1881. (25 fr.) net 8 fr.
Histoire littéraire de la France. 31 vol. in-4 et table. . . . . 672 fr.
— Sépar. tous les vol. Prix divers.
Holder. Altceltischer Sprachschatz. 8 liv. parues. 1891-95. (80 fr.). . . . . net 61 fr.
Journal de Micrographie. 1877-92. 15 vol. et 5 livrais. (385 fr.). . . . . net 160 fr.
Journal des savants. Table générale, par Cocheris. In-4. 1861. (35 fr.). . . . . . . net 8 fr.
Kastner. Manuel général de musique milit. In-8, avec 7 pl. 1848. (20 fr.). . . . . . . net 3 fr.
— Sa vie (en allemand), par H. Ludwig. 3 vol., av. fac-sim. et portraits. 1886. (50 fr.) net 5 fr.
— Idem, relié. (61 fr. 50). . . . . . . net 7 fr. 50
Koerting. Dictionnaire latin-roman. 1891. . . . . 27 fr. 50
Koschwitz (E.). Les parlers parisiens. Anthologie phonétique, 2e éd. relié. 1896. 4 fr. 50
Laborde. Athènes. 1851. . . . . 10 fr.
Lacurne. Dict. hist. de l'ancien langage françois. 10 vol. in-4, reliés en 5, d.-chag. 1878-83 (250 fr.). . . . . net 100 fr.
Lacurne. Dict. histor. de l'ancien langage français. Sur papier fort, broché. (400 fr.). . . net 100 fr.
— Sur pap. de Hollande. (600 fr.). . net 150 fr.
Lajard (F.). Rech. sur le culte du cyprès pyramidal. In-4, avec atlas de 21 planches in-folio. 1854. (50 fr.). . . . . net 30 fr.
— Rech. sur le culte de Mithra. In-4 et atlas in-fol. 1847. (260 fr.). . . . . net 180 fr.
Lasteyrie (F. de). Description du trésor de Guarrazar. In-4, avec 5 pl. col. 1860. (15 fr.) . . . . net 5 fr.
Leblois. Les Bibles. 7 vol. 1883-89. (70 fr.) . . . . net 20 fr.
Legrand (E.). Bibliographie hellénique, 2 forts vol. 1885. (60 fr.). . . . . net 40 fr.
— Voyez Bibl. grecque, et Paléologue.
Lemaître (A.). Le Louvre. In-4. 1874. (15 fr.) . . . . net 10 fr.
Lescarbot (Marc). Hist. de la Nouvelle-France. 3 vol. av. 4 cart. 1866. (60 fr.). . net 20 fr.
Livet (Ch.). Dict. de la langue de Molière comparée av. celle de ses contemporains. 3 vol. 1896-97. 45 fr.
— Précieux et précieuses, 3e éd. in-8, 1895. 7 fr. 50
— Idem, 4e éd. in-12, 1896. . . . . 3 fr. 50
— Les intrigues de Molière et celles de sa femme. Pr. et notes par Livet. 1877. . . . . . . 12 fr.
Loiseleur. Les points obscurs de la vie de Molière. 1877. (12 fr.). . . . . net 9 fr.
— Le même, sur papier de Hollande. (24 fr.) . . . . net 12 fr.
Loret. La Muse historique. 4 vol. (60 fr.) . . . . net 12 fr. 50
Lot (F.). L'enseignement sup. en France. 1892. (2 fr.). . . . . net 1 fr. 50
Ludolphe le Chartreux. Vita Jesu Christi. In-fol. (75 fr.). . . . . net 20 fr.
Lydus. De ostensis, de mensibus, et Boethii de diis et praesensionibus, Græce ed., et lat. vertit C. B. Hase. 1823. (21 fr.). . . . . . . net 3 fr.
Marchant (l'abbé). Notes sur les Vestales. In-4. 1877. (8 fr.). . . . . net 2 fr. 50
Mariette (A.). Voyage dans la Haute Égypte. 2e éd. 2 vol. in-fol., avec 83 pl. 1893. (300 fr.) . . . . net 200 fr.
Martin (F.-R.). Les antiquités de l'âge du bronze de la Sibérie. In-4, av. 33 pl. 1893. (50 fr.). . . . . net 30 fr.
Mas-Latrie. Trésor de Chronologie. In-fol. 1889. (100 fr.). . . . . net 60 fr.
Maze. Poteries et faïences. Avec marques et monogrammes. In-4. 1870. (7 fr. 50.) net 3 fr.
Meyer-Lübke. Grammaire des langues romanes. I : Phonétique. 1890. . . . . 20 fr.
— II : Morphologie. 1895. . . . . 25 fr.
— III : Syntaxe, paraîtra prochainement.

Publications de la Librairie **H. WELTER**.

Mystère de la Passion, par Arnoul Gréban, p. p. Paris et Raynaud. 1878. (25 fr.) net 10 fr.
Paléologue (L'Empereur). Lettres (en grec), publ. p. E. Legrand. I : Texte. In-8. 12 fr. 50
— Idem. II : Notes, en préparation.
Palermo (F.). I manoscritti palatini di Firenze ordinati ed esposti. 4 vol. in-4. 1853-1869. (153 fr.) .... 30 fr.
Important pour l'hist. ecclés. et littéraire (surtout dantesque.)
Paris (Gaston). Le haut Enseignement. In-16. 1894. .... 1 fr. 50
Peintures de Pompéi. Texte par P. Rochette. In-fol. av. un choix de 20 pl. 1867. (175 fr.) net 25 fr.
Pélissier (Léon G.). Documents annotés: Lettres de la Condamine, au Magistrat de Strasbourg, de Suarez, de Nicaise, de Dom de Vic, de Baylo et Baluze, de Ménage; la Société populaire d'Aix; les papiers de Huet; le Tartuffe de Gigli; l'Escalade de Genève de 1602; quelques manuscrits d'Italie. 12 parties in-8 et table génér. 1887-92. (30 fr.) net 16 fr.
Périn (F.-J.). Le petit rational liturgique. 1872. (6 fr.) .... 4 fr.
Perrot et Chipiez. Le Temple de Jérusalem. In-fol. avec 12 gr. pl. 1888. (100 fr.) net 48 fr.
— Sur Japon. (200 fr.) .... net 65 fr.
Pétrarque. Sonnets, trad., av. intr. p. Philibert-le-Duc. 2 vol. 1877. (10 fr.) .... net 5 fr.
— Le même, sur pap. Whatman. (50 fr.) net 10 fr.
Picot (M. J. P.) Mém. pour serv. à l'hist. eccl. pendant le 18e siècle. 3. éd. 7 vol. in-8., 1853-1857. (35 fr.) .... net 15 fr.
Poésies gasconnes, publ. p. Trass., 2 vol. 1867-79. (60 fr.) .... net 10 fr.
Ponton d'Amécourt. Vie de Ste-Geneviève, St-Adalard, St-Oyen. In-4. 1870. (6 fr.) net 4 fr.
Possesse. La faïence de Rouen; — et *Bizemont*. Les faïences d'Orléans, in-4. 1869. (4 fr.) net 3 fr.
Poydenot. Découverte d'un cimetière antique à Garin. In-4. 1869. (3 fr.) ..... net 2 fr. 50
Rabiet (E.). Le patois de Bourberain (Côte-d'Or). 2 vol. 1890-91. (10 fr.) .... net 6 fr.
Rangabé (A. R.) Histoire littéraire de la Grèce moderne. 2 vol. in-8. 1877. (7 fr.). net 3 fr. 50
Reboud. Recueil d'inscriptions lybico-berbères, avec 25 pl. et carte. In-4. 1870. (12 fr.) net 8 fr.
Recueil des historiens des Gaules. 23 vol in-fol. 1869-94. (1150 fr.) net 575 fr.
Règlement eccl. de Pierre le Grand, en russe et en français, publ. par C. Tondini. 1874. (10 fr.) .... net 4 fr.

Reiss et Stubel. La Nécropole d'Ancon (Pérou). Texte anglais, 3 vol, in-fol. avec 141 pl. en chromolithogr. 1880-1887. (325 fr.) net 200 fr.
Revelationes Gertrudianae et Mechtildianae. 2 vol. 1875-77. (40 fr.) .... net 20 fr.
Revue des Archives, des Bibliothèques et des Musées. Année 1889-90.1 vol. de 510 pp. gr. in-8. .... 20 fr.
Revue des questions historiques. 1868-88 et tables. 46 vol. (460 fr.) ...... net 200 fr.
Revue des patois gallo-romans. Collection complète. 1887-93. (105 fr.) ...... net 50 fr.
Rivière. L'Antiquité de l'homme dans les Alpes-Maritimes. In-4 (sans les planches). 1887. (60 fr.) .... net 8 fr.
Robert (Ulysse). Docum. inéd. concernant l'hist. littér. de la France. In-4. 1875. (5 fr.) net 3 fr.
Rocher (E.). La province chinoise de Yün-Nan. 2 vol. 1877-80. (25 fr.) .... net 10 fr.
Ronsard. Œuvres inéd. publ., p. Blanchemin. In-fol. 1855. (25 fr.) .... net 10 fr.
Rougé (de), Moïse et les Hébreux. — **De Saulcy**. Les prédications du Christ. In-4. 1867. (5 fr.) net 2 fr.
Roussey. Glossaire du parler de Bournois (Doubs). 1894. .... 15 fr.
Rozières et Chatel. Table des Mémoires de l'Académie des Inscriptions et de l'Académie des Sciences morales. In-4. 1856. (25 fr.) net 8 fr.
Ruelle (Emile). Bibliographie générale des Gaules. 1880-84. (40 fr.) .... net 20 fr.
Sagard. Le grand voyage au pays des Hurons. 2 vol. (50 fr.) .... net 25 fr.
Saulcy (de). Voyage autour de la mer Morte. Texte (2 v. in-8) et atlas in-4 de 71 planches. 1853. (180 fr.) .... net 70 fr.
— Les monnaies datées des Séleucides. 1871. (5 fr.) .... net 3 fr.
— Les livres d'Esdras et de Néhémie. 1868. (5 fr.) .... net 2 fr. 50
Scheil. Inscr. assyr. de Samsi Ramman IV. In-4. 1889. .... 8 fr.
Schilling-Vogel. Grammaire espagnole, avec clef. 2 vol (7 fr.) .... net 3 fr. 50
Société française de numismatique et d'archéologie. Annuaire et comptes rendus. 21 vol. 1866-91. (630 fr.) .... net 150 fr.
Nombr. vol. sépar. variant de 15 à 30 fr. chacun.
— Mém. de la même Société. 11 vol. in-8. et in-4. (86 fr.) .... net 25 fr.
Sorel (E.). Contrib. à l'étude de la Bible. 1889. (7 fr. 50.) .... net 2 fr.
Souhart. Bibliographie des ouvrages sur la chasse. 1886. (25 fr.) .... net 10 fr.

Publications de la Librairie H. WELTER.

St-François de Sales. Le Pape, in-16. 1 fr. 50
Staël-Holstein, (Mme de). Œuvres complètes, 3 vol. in-8 jésus, (30 fr.)...... net 12 fr.
Tachet de Barneval. Histoire légendaire de l'Irlande, in-8, 1856. (6 fr.)..., net 2 fr. 50
Théâtre français au moyen-âge, p. p. Monmerqué et F. Michel, 1885. (10 fr.)... net 6 fr.

Thomae Aquinatis excerpta philosophica. Ed. P. Carbonel, 2 vol. 1882. (15 fr.).... net 8 fr.
Usuard. Martyrologium, Ed. Rigollot et Carnandet, In-fol. 1860, (75 fr.)...... net 20 fr.
Voigt (Georges). Pétrarque et Boccace ou les débuts de l'humanisme en Italie, trad. par Le Monnier, 1894................... 10 fr.

LE TRÉSOR DE CHRONOLOGIE
D'HISTOIRE & DE GEOGRAPHIE
Par M. le Comte de MAS-LATRIE
Un fort volume grand in-folio

60 fr. net au lieu de............ **100** fr.

Reliure en demi-chagrin 10 fr. en sus; en demi-maroquin 20 fr. en sus.

LES
ÉPOPÉES FRANÇAISES
ÉTUDE SUR LES ORIGINES ET L'HISTOIRE DE LA LITTÉRATURE NATIONALE
Par Léon GAUTIER
Membre de l'Institut.

Ouvrage trois fois couronné par l'Académie des Inscriptions et Belles-Lettres.

(GRAND PRIX GOBERT EN 1868).

SECONDE ÉDITION, ENTIÈREMENT REFONDUE.

Tome I. — **Histoire externe des Chansons de geste.** 1 vol. in-8 de XII-564 p. 1878. Ne se vend plus séparément.
Tome II. — Idem. Suite. 1 vol. in-8 de VIII-803 p. 1894.   Prix.... 20 fr.
Tome III. — **Cycle de Charlemagne.** 1 vol. in-8 de XVI-808 pages. 1880.
       Prix.... 20 fr.
Tome IV. — **Cycle de Guillaume.** 1 vol. in-8 de XII-576 pages. 1882.
       Prix.... 20 fr.

Il a été tiré de chaque volume 75 *exemplaires sur papier vergé de Hollande*, au *prix double* de celui du papier ordinaire.

www.ingramcontent.com/pod-product-compliance
Lightning Source LLC
Chambersburg PA
CBHW051830230426
43671CB00008B/897